北京高等教育精品教材
BEIJING GAODENG JIAOYU JINGPIN JIAOCAI

高等院校物流管理专业系列教材·物流企业岗位培训系列教材

供应链管理

（第4版）

袁峰　詹晖 ◎ 主　编
郑强国　杨阳 ◎ 副主编

清华大学出版社
北京

内 容 简 介

本书根据国内外供应链管理的最新发展,结合我国供应链管理应用实际,具体介绍供应链管理中的战略管理、构建与优化、合作关系管理、采购管理、生产计划与控制、库存管理、绩效评价与激励、客户关系管理、供应链风险管理等基础理论知识,并通过就业能力训练与培养提高读者的应用能力。

本书知识系统、内容翔实、注重创新、与时俱进,因而既可作为普通高等院校本科物流管理专业的首选教材,同时兼顾高职高专及应用型大学的教学,也可用于物流和生产企业从业者的在职培训,并为物流供应链管理者提供有益的学习指导。

本书封面贴有清华大学出版社防伪标签,无标签者不得销售。
版权所有,侵权必究。举报:010-62782989,beiqinquan@tup.tsinghua.edu.cn。

图书在版编目(CIP)数据

供应链管理 / 袁峰,詹晖主编. -- 4版. -- 北京:清华大学出版社,2024.10. -- (高等院校物流管理专业系列教材). -- ISBN 978-7-302-67328-6

Ⅰ. F252

中国国家版本馆 CIP 数据核字第 2024W4W523 号

责任编辑:贺 岩
封面设计:汉风唐韵
责任校对:王荣静
责任印制:曹婉颖

出版发行:清华大学出版社
网　　址:https://www.tup.com.cn,https://www.wqxuetang.com
地　　址:北京清华大学学研大厦 A 座　　邮　编:100084
社 总 机:010-83470000　　邮　购:010-62786544
投稿与读者服务:010-62776969,c-service@tup.tsinghua.edu.cn
质量反馈:010-62772015,zhiliang@tup.tsinghua.edu.cn
印 装 者:北京嘉实印刷有限公司
经　　销:全国新华书店
开　　本:185mm×230mm　　印　张:15.5　　字　数:315 千字
版　　次:2004 年 9 月第 1 版　2024 年 10 月第 4 版　　印　次:2024 年 10 月第 1 次印刷
定　　价:49.00 元

产品编号:097669-01

高等院校物流管理专业系列教材·物流企业岗位培训系列教材

编审委员会

主　任

　　牟惟仲　　中国物流技术协会理事长、教授级高级工程师

副主任

　　翁心刚　　北京物资学院副院长、教授
　　冀俊杰　　中国物资信息中心原副主任、总工程师
　　张昌连　　中国商业信息中心原主任、总工程师
　　吴　明　　中国物流技术协会副理事长兼秘书长、高级工程师
　　李大军　　中国物流技术协会副秘书长、中国计算机协会理事

委　员

　　张建国　　王海文　　刘　华　　孙　旭　　刘徐方　　赵立群
　　孙　军　　田振中　　李耀华　　李爱华　　郑强国　　刘子玉
　　林玲玲　　王　艳　　刘丽艳　　袁　峰　　卢亚丽　　周　伟
　　张劲珊　　董　铁　　罗佩华　　吴青梅　　于汶艳　　郑秀恋
　　刘芳娜　　刘慧敏　　赵　迪　　刘阳威　　李秀华　　罗松涛

总　编

　　李大军

副总编

　　王海文　　刘徐方　　刘　华　　田振中　　郑强国

序言

物流是国民经济的重要组成部分，也是我国经济发展新的增长点。2020年10月，党的十九届五中全会审议通过《中共中央关于制定国民经济和社会发展第十四个五年规划和二〇三五年远景目标的建议》，为我国物流产业发展指明了前进方向，并对进一步加快我国现代物流发展、提高经济运行质量与效益、实现可持续发展战略、推进我国经济体制与经济增长方式的根本性转变，具有非常重要而深远的意义。

"一带一路"建设和我国与沿线国家互联互通的快速推进，以及全球电子商务的迅猛发展，不仅有力地促进了我国物流产业的国际化发展，而且使我国迅速融入全球经济一体化的进程，中国市场国际化的特征越发凸显。

物流不但涉及交通运输、仓储配送、通关报检等业务环节，同时也涉及国际贸易、国际商务活动等外向型经济领域。当前面对世界经济的迅猛发展和国际市场激烈竞争的压力，如何加强物流科技知识的推广应用、加快物流专业技能型应用人才的培养，已成为我国经济转型发展过程中亟待解决的问题。

针对我国高等职业教育院校物流教材陈旧和知识老化的问题，为了满足国家经济发展和就业需要，满足物流行业规模发展对操作技能型人才的需求，在中国物流技术协会的支持下，我们组织北京物资学院、大连工业大学、北京城市学院、吉林工程技术师范学院、北京财贸职业学院、郑州大学、哈尔滨理工大学、燕山大学、浙江工业大学、河北理工大学、华北水利水电大学、江西财经大学、山东外贸职业学院、吉林财经大学、广东理工大学等全国20多个省市应用型大学及高职高专院校物流管理专业的主讲教师和物流企业经理共同编写了此套教材，旨在提高高等院校物流管理专业学生和物流行业从业者的专业技术素质，更好地服务于我国物流产业和物流经济。

作为普通高等院校物流管理专业的特色教材，本套教材融入了物流运营管理的最新教学理念，注重与时俱进，根据物流业发展的新形势和新特点，依照物流活动的基本过程和规律，全面贯彻国家"十四五"教育发展规划，按照物流企业对人才的需求模式，加强实践能力训练，注重校企结合、贴近物流企业业务实际，注重新设施设备操作技术的掌握，强化实践技能与岗位应用能力培训，并注重教学内容和教材结构的创新。

本套教材根据高等院校物流管理专业教学大纲和课程设置，对帮助学生尽快熟悉物流操作规程与业务管理，毕业后顺利走上社会具有特殊意义，因而既可作为本科或高职院校物流管理专业的教材，也可作为物流、商务贸易等企业在职员工的培训用书。

中国物流技术协会理事长　牟惟仲
2022 年 10 月于北京

第4版前言

全球产业链、供应链重塑已经成为世界经济发展的明显趋势,打造智慧供应链体系,已成为21世纪全球竞争的利器。伴随着信息化、数据化和物联网的发展,我国正走向供应链强国和物流强国,而供应链管理对整个产业链、价值链上物流企业经济运行的质量和效益影响重大。供应链管理既是物流运营的关键环节,也是物流系统中的重要组成部分,因而越来越受到我国物流行业和物流企业的高度重视。

2017年是中国供应链管理元年,国家出台了关于供应链管理创新实践的总要求,供应链管理成为一个独立的企业分类。供应链管理在未来将深刻地改变物流企业的运作模式并彻底改造传统物流业,将会在物流产业化与现代化发展进程中发挥重要作用,并将成为经济建设新动能。因此,在应对物流市场国际化发展的激烈竞争中,对从事供应链管理的人员素质提出了新的要求,加强供应链管理学习和培养实际应用能力,既是物流企业可持续快速发展的战略选择,也是本书出版的意义。

本书作为高等院校物流管理专业的特色教材,自出版以来,深受全国高校广大师生的欢迎,目前已经3次再版且多次重印;并于2007年被评为"北京高等教育精品教材"。此次第4版修订,作者审慎地对原教材进行了反复推敲和认真修改,更新案例和数据资料,补充新知识,以使其更贴近现代经济生活发展实际,更好地为我国物流经济和物流教学实践服务。

本书由李大军筹划并具体组织,袁峰和詹晖主编,袁峰统改全稿,郑强国和杨阳为副主编,由牟惟仲教授审订。作者分工:牟惟仲(序言),杨阳(第一章、第四章),詹晖(第二章、第五章、第九章),袁峰(第三章、第六章、第八章),郑强国(第七章、第十章),华燕萍(文字修改、版式调整),李晓新(制作教学课件)。

在本书修订过程中,我们参阅了国内外大量供应链管理的最新书刊、网站资料、企业案例，以及国家历年颁布实施的相关法规和管理规定，并得到中国物流技术协会有关专家教授的具体指导，在此一并致谢。为配合教学提供电子课件，读者可以扫描书后二维码免费下载使用。因作者水平有限，书中难免有疏漏和不足，恳请专家、同行和读者批评指正。

编　者

2024 年 4 月

目录

第一章 供应链管理概述 ·················· 1
    开篇案例 ···························· 1
    第一节 供应链管理的产生与发展 ········· 2
    第二节 供应链与供应链管理 ············ 12
    课后习题 ··························· 18

第二章 供应链战略管理 ·················· 20
    开篇案例 ··························· 20
    第一节 供应链的基本类型 ············· 21
    第二节 供应链战略的基本类型 ········· 24
    第三节 业务外包和自营的选择 ········· 28
    第四节 第三方物流与第四方物流的选择 ··· 34
    课后习题 ··························· 39

第三章 供应链的构建与优化 ·············· 41
    开篇案例 ··························· 41
    第一节 供应链构建的体系框架 ········· 42
    第二节 供应链的结构模型 ············· 44
    第三节 供应链构建设计策略 ··········· 51
    第四节 供应链构建设计与优化方法 ····· 56
    课后习题 ··························· 62

第四章 供应链合作关系管理 ·············· 63
    开篇案例 ··························· 63

第一节　供应链合作伙伴关系概述 …… 64
第二节　供应链合作伙伴关系开发及管理 …… 70
第三节　供应链合作伙伴关系构建及管理 …… 77
课后习题 …… 79

第五章　供应链采购管理 …… 81

开篇案例 …… 81
第一节　传统的采购模式 …… 83
第二节　供应链管理环境下的采购 …… 88
第三节　供应链管理环境下的采购策略 …… 94
课后习题 …… 104

第六章　供应链的生产计划与控制 …… 106

开篇案例 …… 106
第一节　生产计划与控制 …… 107
第二节　供应链管理中的生产计划与控制方式 …… 118
第三节　供应链管理环境下生产计划与控制系统的协调 …… 129
课后习题 …… 133

第七章　供应链库存管理 …… 135

开篇案例 …… 135
第一节　供应链管理环境下的库存问题 …… 136
第二节　供应链中的"牛鞭效应" …… 141
第三节　供应链库存管理方法与优化 …… 145
第四节　供应链管理环境下的多级库存管理与控制 …… 157
课后习题 …… 164

第八章　供应链绩效评价与激励 …… 166

开篇案例 …… 166
第一节　供应链绩效评价概述 …… 168
第二节　供应链绩效评价的内容 …… 170
第三节　供应链绩效评价指标的选择 …… 174
第四节　供应链绩效评价的一般方法 …… 178
第五节　供应链企业的激励 …… 180

课后习题 ·· 190

第九章　供应链客户关系管理　192

　　开篇案例 ·· 192
　　第一节　客户关系管理概述 ······················· 193
　　第二节　客户关系管理的功能与应用的要点 ······················· 195
　　第三节　客户关系管理的客户服务要素分析 ······················· 197
　　第四节　客户服务绩效标准与检查 ······················· 200
　　课后习题 ·· 205

第十章　供应链风险管理　207

　　开篇案例 ·· 207
　　第一节　供应链风险的含义 ······················· 208
　　第二节　供应链风险识别与分析 ······················· 210
　　第三节　供应链风险响应与管理方法 ······················· 218
　　第四节　重构弹性供应链 ······················· 224
　　课后习题 ·· 232

参考文献　234

第一章

供应链管理概述

学习目标

- 了解供应链管理的产生与发展；
- 掌握供应链管理的概念与特征。

技能目标

- 学会运用理论知识构建供应链；
- 根据物流企业实际情况选择合适的供应链管理模式。

开篇案例

区块链+供应链实现商品流动链条可追溯和可视化

产品溯源是一个端到端的系统。以食品溯源系统为例，其中数据由采购方、物流商、销售商等不同参与节点提供，他们不属于同一组织，彼此间存在"不信任"。利用区块链技术可以实现商品流动链条的可追溯和可视化，保证各参与节点全程状态信息真实可溯，监管机构、购买方、产业链上下游企业等多重主体能够对产品进行追踪。

食品溯源是产品溯源中最成熟的案例之一，垂直行业企业利用区块链技术，针对医药、关键零部件等供应链溯源亦取得了明显成效。

赣南脐橙、新疆大枣、五常大米、青海野生黑枸杞、安华黑茶……这些耳熟能详的地方特产已经入驻北京太一云科技有限公司打造的中国食品链平台。该平台以食品安全溯源为出发点，将原产地生产商、加工商、物流商、电商和销售商以及终端消费者集聚在中国食品链生态体系中，建立起链上链下共治的中国食品产业的信用体系,以及可追溯的食品生产和流通体系。

依托京东云技术底座及"产业基因",京东智臻链防伪溯源平台已为生鲜、母婴、美妆、奢侈品、跨境商品、医药等数十个线上线下零售场景,超1500家企业提供"端到端"的溯源服务,覆盖超1900个品牌的40万种商品,落链数据达到10亿级。

三一集团此前以白色铜版纸搭载物料标签作为产品标识,由于产品配件品类多、数量大、范围广,配件销售过程中时常遇到假货冲击,再加上配件流通过程不可视,数据很难被追溯。三一集团与树根格致科技(湖南)有限公司联手打造"工业品配件防伪溯源系统"后,配件流通数据可实时上链,配件的"工厂—客户"流通过程全链路100%可视,客户假冒伪劣配件率降至1‰以内,配件销售增长5%,实现了配件真正意义上的防伪。

资料来源:齐旭.区块链+供应链:共建全国统一大市场[N].中国电子报,2022-05-10(001).

案例导学

2022年4月10日发布的《中共中央国务院关于加快建设全国统一大市场的意见》提出,立足内需,畅通循环是首要任务,并要求以高质量供给创造和引领需求,使生产、分配、流通、消费各环节更加畅通,提高市场运行效率。

"在全国统一大市场的发展趋势中,各产业的供应链是复杂且多变的,要完整涵盖到生命周期,必然仰赖全国范围的溯源系统,确保全供应链的信息能完善存储、互通互联与监管。"中国人民大学交叉科学研究院院长、区块链研究院执行院长杨东在接受《中国电子报》记者采访时表示。在他看来,星火链网、长安链和区块链服务网络(block-chain-based service network,BSN)发展联盟等区块链生态圈基础设施,正在积极朝向这一愿景建立全国范围的区块链服务生态网络,提供跨企业和跨行业间共同使用。

第一节　供应链管理的产生与发展

一、21世纪企业竞争的特点

自20世纪80年代以来,在全球经济、网络经济、信息经济和知识经济日益明显的超强竞争作用下,企业的经营环境正从过去相对稳定、可预测的静态环境转向日益复杂多变和充满不确定性的动态环境,企业的竞争势态出现了如下特点。

(一) 从静态竞争转向动态竞争

在传统的静态竞争中,实现可持续性仅仅意味着在目标环境和可用资源既定的情况下,企业为维持竞争优势而针对竞争对手的模仿、异化和替代等行动进行决策和实施一系列行动方案。也就是说,竞争的主要目标是保持既有优势,而不是创造新的竞争优势,但竞争优势并不能通过这种方式长久保持下去,激烈的竞争和动荡的环境早晚会把所有的竞争优势侵蚀殆尽。

而动态竞争是以高强度和高速度为特点，每一个竞争对手不断地建立自己的竞争优势并削弱对手的竞争优势。竞争对手之间的战略互动明显加快，竞争优势都是暂时的，不能长期保持。竞争的有效性不仅取决于时间的先后，更主要的是评估竞争对手反应和改变需求或竞争规则的能力。因此，从动态的角度来看，动态环境中企业竞争优势的核心问题是更快地培养或寻找可以持续更新的竞争优势源泉。

任何产品推出时肯定不会是完美的，完美是一种动态的过程，所以要迅速让产品去感应用户需求，从而一刻不停地升级进化、推陈出新，这才是保持领先的唯一方式。为了在市场上占有一席之地，很多制造商选择不断推出新产品来满足细分市场上各种不同的消费者。往往是一个产品投放市场不久，企业就又推出新的产品，有时一个产品刚进入市场，另一个新产品的宣传就紧随而至。

例如，国内一线手机厂商如华为、小米、荣耀、OPPO 和 vivo 通常一年要推出多部智能手机，以保持销售势头和市场份额。华为的手机业务部门每年都会出推两个系列的手机——华为 P 系列和 Mate 系列。

在 20 世纪 90 年代初期，日本汽车制造商平均两年可向市场推出一个新车型，而同期的美国汽车制造商推出相同档次的车型却要 5~7 年。可以想象，美国的汽车制造商在市场中该有多么的被动，这也是日本的汽车在 20 世纪 80—90 年代占据美国市场的原因。

(二) 从产品导向转向客户导向

在传统的竞争中，企业的唯一行动就是选择一个产品市场竞争战略，围绕市场份额展开竞争。在这样的战略指导下，企业不会去顾及客户潜在的个性化需求，而是以产品生产为导向组织自身的各项活动，采取产品(product)、价格(price)、地点和渠道(place)、促销(promotion)的 4P 营销策略以及推动(push)生产模式，将已生产好的产品推向市场，以求将同样的商品卖给尽可能多的客户。

在新的竞争形式下，社会商品极大丰富，出现了市场饱和与商品过剩的现象，任何一个企业要想在现有的市场中扩大自己的份额，都会招致竞争对手强烈的报复从而付出高昂的代价；另外，客户基本需求完全可以得到满足，进而推动客户需求层次的提升并朝个性化方向不断发展。

因此，企业竞争战略应从扩大市场份额转向扩大客户价值。在这种竞争战略指导下，企业注重更快地把握客户不断变化和个性化的需求并加以满足，为客户提供更高质量和价值的产品和服务，发展与客户牢固的伙伴关系，进而寻求客户关系的长期性和客户价值的最大化。

企业应以客户需求为导向组织企业的各项活动，应用消费者的欲望和需求(consumer wants and needs)、消费者的成本(cost to satisfy)、购买的便利性(convenience to buy)、与客户交流(communication)的4C营销策略以及客户需求拉动(pull)生产模式,根据客户个性化的需求来组织生产、递送和服务。

例如,戴尔公司有30名代表长期驻扎在波音公司,这30名代表不但负责波音公司PC机的日常管理工作,还负责波音公司PC机的库存管理工作,同时也负责预测波音公司PC机的需求。通过对波音公司计算机部门的日常管理和库存管理,戴尔公司的30名代表能够并且易于理解波音公司的经营环境,从而有利于提高其对波音公司PC机需求的预测准确率,使戴尔公司能够按个性化需求向波音公司提供PC机。

小米公司倡导"让用户参与、让用户爽",这是用户参与的开放式创新的一个重要体现。以客户为中心,打造客户超凡的体验,并通过多种互联网营销手段聚集人气与客户互动是小米开放式创新的最大特点。

做到产品的快速发布只是第一步,其根本目的就是让用户尽快用到新功能,企业能够尽快得到用户反馈信息,以便及时地对产品开发做出调整。因此,一个产品团队是否能够快速获取用户反馈、是否真正重视反馈并及时做出响应非常重要,开放式创新模式下,一方面必须非常重视来自用户的反馈意见以不断进行产品创新;另一方面通过互联网与客户进行的互动,实则是市场营销的必不可少的活动,并可以积累起与客户互动的经验,同时获得客户的黏性。

也就是说,智能手机的开放式创新必须强调产品创新与市场营销的紧密融合与互相促进。全民客服体系则是小米公司粉丝文化中最重要的升级版沟通机制,这甚至影响到了小米公司的产品成败,小米公司通过互联网上的抖音、论坛、微博等社交工具直接接触用户,并推出了"全民客服"计划。

小贴士

拉动式生产是丰田生产模式两大支柱之一"准时生产"(just in time,JIT)得以实现的技术承载。这也是大野耐一凭借超群的想象力,从美国超市售货方式中借鉴到的生产方法。相对于过去的推动式生产,前一作业将零件生产出来"推给"后一作业加工,在拉动式生产中,是后一作业根据需要加工多少产品,要求前一作业制造正好需要的零件。

(三)从单一市场基于价格的竞争转向多点和多因素的综合竞争

在传统的静态竞争中,企业的竞争往往最终会归结到单一市场的基于价格的竞争,即降低价格是企业获得更大市场份额的主要手段。随着客户需求的多样化和个性化,仅仅靠降低标准化产品的价格已无法对客户产生吸引力。

另外,市场在不断地细分,每一个单一市场的总额在缩小,降低价格不仅无法使企业获得更大的市场份额,反而可能引发价格大战,导致企业和竞争对手两败俱伤。

在这种不断变化和细分市场的市场环境中,企业必须采用多点竞争和多因素竞争战略,即针对多个细分市场(多点),在多样性、时间、价格、质量和服务等因素上达到综合最优,或根据客户需求的具体情况选择基于客户最敏感因素的竞争战略,从而提高累积的市场份额。

例如,在20世纪80年代中期,"克莱斯勒"是美国三大汽车公司中规模最小、经营状况最差的一家。面对崩溃的局面,"克莱斯勒"采取了一项基本改革:大幅度减少其内部的技术与零部件开发活动,转向设计、组装、营销领域。于是供应商以最新的技术装备"克莱斯勒"的汽车,同时"克莱斯勒"也进入了一个设计与车型的复兴期。它通过及时地推出备受欢迎且有利可图的小型货车、皮卡货车、运动型多功能汽车(sport utility vehicle, SUV)和幻想汽车,从而超越了它的竞争对手。

我国家电市场竞争激烈。面对其他家电的价格竞争,海尔另辟蹊径,采取即需即供、优质服务和产品多样化等策略赢得了竞争优势。为了做到零库存下的即需即供,海尔的供应链将以前的按月下单改为了按周下单,从面向库存的生产转向按订单的生产。2010年,海尔的库存周转天数为5天,而同行业平均是50天,全国企业平均周转天数是78天。

在服务方面,早在1993年海尔空调就在全国率先推出"三免服务",接着又相继推出许多服务措施,如24小时服务到位、星级服务、社区服务站等9次升级,全国星级服务网络覆盖率先通过ISO 9002国际质量认证等;在服务理念上,海尔奉行客户至上,提出"只要客户一个电话,剩余工作都由海尔来做"以及"用户的难题就是我们的难题"。

海尔在成功地推出海尔冰箱之后,利用品牌的延伸性,又成功地推出海尔空调、洗衣机、电视机等新产品。海尔还针对不同地区的生活习惯和文化特点,设计出适应当地要求的个性化产品。

(四) 从国内和区域竞争转向国际和全球竞争

在经济全球化以前,企业的竞争主要发生在一个国家或地区内。随着世界经济的发展以及信息技术的应用,整个世界成为日益紧密的经济体,国家、地区之间的经济壁垒逐步消除,任何一个地区或局部的市场都会面临国际竞争。

信息与网络技术的发展打破了时间和空间对经济活动的限制,这使得各种信息能够很快超越国家和地域的界限,在世界范围内有效地传递和共享,为国家、企业的经济发展提供了新的手段和条件,企业能够在更大的范围内建立跨国、跨地域甚至全球化的市场。不仅国内的企业、产品和服务要走出国门,而且外国的企业、产品和服务也会进入本国境内。

在这种情况下,企业不仅要在国内彼此相互竞争,还要与国外企业展开竞争,国际竞争力成为企业生死存亡的关键,经济竞争从国内和区域竞争演变成国际和全球竞争。

通用汽车公司的Pontiac Le Mans已经不能简单定义为美国制造的产品,它的组装生产是在韩国完成的，发动机、车轴、电路是由日本提供的，设计工作在德国完成，其他一些零部件来自中国台湾地区、新加坡和日本，广告和市场营销服务由西班牙提供，数据处理在爱尔兰和巴巴多斯完成，其他一些服务，如战略研究、律师、银行、保险等，分别由底特律、纽约、华盛顿等地提供，只有大约总成本的40%发生在美国本土。

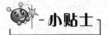 小贴士

> 美国著名供应链管理专家马丁·克里斯托夫关于供应链的一句名言："真正的竞争不是企业与企业之间的竞争，而是供应链和供应链之间的竞争。"

二、企业面临的挑战

随着卖方市场向买方市场的转变，企业面临着激烈的竞争。一方面，企业为在市场竞争中取得优势，需要更快地、不断地推出新产品以迎合客户的喜好；另一方面，市场上丰富的同类产品使客户有更多的选择余地，并促进了客户需求的多样化以及目标客户群的进一步细分。这使得产品的种类数量快速膨胀、价格迅速下降、生命周期急剧缩短，企业面临着时间、成本、质量和多样性等多方面的挑战。

（一）时间

由于消费者需求的不断变化和竞争型产品的不断推出，产品的生命周期变得越来越短。例如，消费类电子产品的生命周期，在20世纪70年代平均为8年，20世纪80年代缩短为不足两年，现在则缩短为一年甚至更短。

世界级的电子产品制造商三星电子公司的副总裁兼三星印度市场主管RavinderZutshi表示"没有任何一款消费电子产品的生命周期能超过12个月"，智能手机的飞速发展，使得消费者的手机两年一换成为普遍现象。由于细分市场规模越来越小且不断变化，企业只有以更快的速度生产出更多品种的产品才能不断地取得成功。产品技术变化的速度日益加快，因此必须以同样的速度缩短产品开发周期。

多变的市场和不稳定的客户需求使得企业只有采用面向订单的生产方式来避免高库存和滞销产品。但是，从接到客户订单到生产出满足客户需求的定制产品总是需要时间的，而大多数客户没有耐心长时间等待。在价格和质量相当的情况下，人们往往会把订单下达给能够最快提供、满足其需求产品的企业。因此，企业要想获得客户订单，就必须尽可能缩短交货提前期，以便在接到客户订单后，能够以最短时间生产和递送满足客户需求的产品。

（二）成本

激烈的市场竞争和众多的替代产品迫使企业在快速提供满足客户需求的产品和服务

的同时,还必须保持低成本和低价格。由于贸易壁垒的消除,更多的竞争者涌入市场参与竞争,特别是来自发展中国家的制造商,它们的生产成本更低。

全球竞争的加剧已经使得价格达到有史以来的最低点。市场自由度的增加使得新的竞争者更加易于进入市场,这一现象使得许多行业的产能过剩,从而导致供给过剩,增加了降价的压力。另外,互联网(Internet)的广泛应用使得价格信息的对比十分便捷,这也助长了降价的趋势。

为了缓解不断的降价压力,保证一定的利润水平,企业必须寻求降低成本的方法,以度过降价的危机。由于企业已经实施了许多降低成本的方法与策略,所以寻找到新的成本降低方法将是一个很大的挑战。

(三) 质量

客户对质量的高期望值进一步推动了企业竞争。随着产品供应越来越丰富,客户对质量的认识也在发生变化,由以前强调性能、可靠性和耐久性拓展到安全性、美学性、附加功能、售后服务、客户价值和响应速度等方面。现在,客户在购买产品时,不仅关心产品本身的质量,也十分重视服务质量,如客户期望准时、反应快速、更精确的提货和送货服务。因此,物流配送应成为全面质量管理(total quality management,TQM)的关注点。

另外,产品的质量不仅取决于产品制造商的能力和水平,也受到零部件和原材料供应商的影响。因此,企业质量管理的领域不仅仅包含制造过程,还包含采购和供应商管理、销售与配送渠道以及售前和售后服务等。这使得质量控制变得更加复杂和困难。

拓展阅读1.1 全面质量管理

(四) 多样性

自20世纪70年代以来,统一的大市场逐渐不复存在,市场随着客户需求的变化不断细分。企业为了满足不同细分市场的客户需求而推出种类繁多的产品和服务。

例如,20世纪80年代以前,制造商只生产一种一次性尿布。20世纪90年代,宝洁公司(P&G)推出了系列产品,包括13种设计各异的一次性尿布,是根据婴儿从初生到学会走路这一成长阶段的变化而精心设计的。

另外,全球化也促进了产品的多样化。企业需要为不同国家和地区的客户提供符合他们要求和习惯的产品。例如,创立于1984年的海尔集团,从开始单一生产冰箱起步,拓展到家电、通信、信息技术(information technology,IT)数码产品、家居、物流、金融、房地产、生物制药等多个领域,成为全球领先的美好生活解决方案提供商。欧睿国际(Euromonitor)发布数据显示:海尔大型家用电器2014年品牌零售量占全球市场的10.2%,位居全球第一。这是海尔大型家电零售量第六次蝉联全球第一,也是首次突破两位数。

截至2023年7月,海尔在全球有35个工业园、10大研发中心、71个研究院、138个制造中心,全球用户遍布100多个国家和地区。仅就洗衣机而言,不同的用户有不同的需求。例如,仅电压一项就有很多种需求,日本的电压是100伏,美国是110伏,澳大利亚是240伏,中国是220伏,中东还有双电压,或许需要200多个电机才能满足所有用户的需求。

产品和服务的多样性使物料的种类增加,从而导致物料批量小、采购难度大、库存量增大。产品的多样性还会增大生产计划的复杂性和增加生产准备时间,并使得售后服务难度加大。这些都将导致成本的增加,即多样性成本。

三、供应链管理的产生

供给者和需求者间的供需关系导致了供应链问题的产生,20世纪60年代人们开始正式研究供应链。供应链和供应链管理随着研究的过程发生了巨大的变化,供应链管理的应用也取得了惊人的成绩。

例如,HP、IBM等知名企业供应链战略的成功运作,使企业盈利能力和竞争力增强的同时也吸引了研究人员对供应链管理的广泛和深入的研究。企业采用传统的"纵向一体化"管理模式显然难以适应上述竞争态势和挑战,这就促成了代表"横向一体化"思想的供应链管理模式的产生。

(一) 传统的"纵向一体化"管理模式的弊端

在"纵向一体化"(vertical integration)管理模式下,企业出于对制造资源的占有要求和对生产过程直接控制的需要,传统上常采用的策略是扩大自身规模或增加参股供应商,与为其提供原材料、半成品或零部件的企业是一种所有关系。

例如,许多企业拥有从铸造、毛坯准备、零件加工、部件生产和产品装配到包装、运输等一整套设施、设备及组织结构,形成了"大而全""小而全"的经营方式,在产品开发、加工制造和市场营销3个基本环节呈现出"中间大、两头小"的橄榄型特征。这种类型的企业投资大,建设和回收期都长,既难以对市场变化做出快速响应,又存在较大的投资风险。

另外,"纵向一体化"管理模式会迫使企业从事不擅长的业务活动,如零部件生产、设备维修、运输等。一个可能的结果是:不仅这些不擅长的业务没有抓起来,而且影响了企业的关键性业务,导致其无法正常发挥出核心作用;企业不仅失去了竞争的优势,而且增加了生产成本。

例如，直到 20 世纪 90 年代，通用汽车公司仍然自己生产 70% 的零部件，而福特公司只有 50%，克莱斯勒只有 30%。这种方式使通用汽车公司每生产一套动力系统就比福特公司多付出 440 美元，比克莱斯勒多 600 美元，在市场竞争中始终处于劣势。

另外，采用"纵向一体化"管理模式的企业还面临必须在不同业务领域直接与不同的对手进行竞争的问题。企业在资源、精力、经验都十分有限的情况下四面出击，会导致企业核心竞争力的分散。

事实上，即使是 IBM 这样的大公司，也不可能拥有进行所有业务活动所必需的才能。因此，从 20 世纪 80 年代起，IBM 就不再进行纵向发展，而是与其他企业建立广泛的合作关系。

(二) 代表"横向一体化"思想的供应链管理模式的产生

鉴于"纵向一体化"管理模式的种种弊端，从 20 世纪 80 年代后期开始，国际上越来越多的企业放弃了这种经营模式，随之而来的是"横向一体化"（horizontal integration）思想的兴起。"横向一体化"就是利用企业外部资源快速响应市场的需求，只抓企业发展中最核心的东西：产品方向和市场。至于生产，只抓关键零部件的制造，甚至全部委托其他企业加工。

例如，福特汽车公司的 Festival 车就是由美国人设计的，在日本的马自达生产发动机，由韩国的制造厂生产其他零件和装配，最后在美国市场上销售。制造商把零部件生产和整车装配都放在了企业外部，这样做的目的是利用其他企业的资源促使产品快速上马，避免自己投资带来的基建周期长等问题，赢得产品在低成本、高质量、早上市等诸多方面的竞争优势。

信息与网络技术的发展，使企业间开展业务合作变得更加方便，核心竞争力成为企业生存和发展的关键。与其他企业密切合作、集中精力发展自身核心业务的扩张方式逐渐受到企业的认同，"横向一体化"已成为现代企业发展扩张的主要模式。

该模式的要点是在核心业务领域做强做大，从而使其成为产品价值链上的一个关键环节，并使企业处于有利的竞争地位。

这就是供应链管理的思想：不需要企业处处都强过他人，想处处都具优势的结果是丧失优势。因此，企业需要一种有别于他人的核心优势，然后联合那些在某一方面具有优势的企业，构成具有整体优势的企业联盟。

"横向一体化"形成了一条从供应商到制造商再到分销商的贯穿所有企业的"链"。由于相邻节点企业表现出一种需求与供应的关系，当把所有相邻企业依次连接起来，便形成了供应链（supply chain）。这条链上的节点企业必须达到同步、协调运行，才有可能使链上的所有企业都能受益。于是便产生了供应链管理（supply chain management SCM）这一新的经营与运作模式。

四、供应链管理的发展

供应链从 20 世纪 60—70 年代开始逐渐受到广泛关注,到现在已经有了很大的发展,按涵盖的范围可分为以下 4 个层次。

(一) 内部供应链

企业内部功能集成阶段,它把原材料及库存控制集成一体,较为关注企业采购和内部物流管理,采用计划、采购、控制等物流管理职能,只谋求个别职能的集成带来的少数利润,却忽略了一体化效益。把供应链当作企业内部流程,采购、生产、分销等功能的协调都是为了使内部流程优化。

(二) 供应管理

有些学者把供应链的概念与采购、供应管理相关联,用它来表示与供应商之间的关系,这种观点得到了研究合作关系、准时生产、精细供应、供应商行为评估和用户满意度等问题的学者的重视。20 世纪 60—80 年代由日本丰田汽车公司发展起来的准时生产方式(just-in-time,JIT)就是这种思想的典型代表。

正是凭借与供应商良好的合作关系,丰田汽车公司一举超越了美国的竞争对手,形成了持续 20 多年的竞争优势。但这样一种关系也仅仅局限在企业和供应商之间,没有考虑企业与下游渠道的合作关系。

20 世纪 90 年代出现的企业资源计划(enterprise resources planning,ERP)为这种思想提供了良好的支持。ERP 系统能够基于 Internet/Intranet 实现企业内部和外部的信息集成,支持物料需求计划(material requirements planning,MRP)与 JIT 生产方式的结合,把客户需求、企业内部的制造活动以及供应商的制造资源整合在一起,支持企业与供应商建立合作关系与资源集成。

拓展阅读 1.2 准时生产方式

(三) 链式结构供应链

链式结构供应链发展起来的供应链管理概念关注与其他企业的联系,注意供应链企业的外部环境,认为它应是一个"通过链中不同企业的制造、组装、分销、零售等过程将原材料转化成产品,再到最终用户的转化过程",这是更大范围、更为系统的概念。例如,美国的史迪文斯(Stevens)认为:"通过增值过程和分销渠道控制从供应商的供应商到客户的客户的流就是供应链,它开始于公益的源点,结束于消费的终点。"

伊文斯(Evens)认为:"供应链管理是通过前馈的信息流和反馈的物料流及信息流,将供应商、制造商、分销商、零售商以及最终的用户连成一个整体的模式。"这些定义都注意了供应链的完整性、供应链中所有成员操作的一致性,形成了包含上下游节点企业的链式结构供应链。

到20世纪90年代中后期,支持企业外部资源管理和企业间管理的信息系统已相当丰富。例如,客户关系管理(customer relationship management,CRM)可以有效地管理客户信息和分析客户价值,从而有效提高客户满意度和企业收益;分销资源计划(distribution resource planning,DRP)为分销商、零售商等提供信息平台,在企业的分销渠道中实现信息共享,有效地缩短供应链,使企业的工作效率和业务范围得到有效的提高。

另外,互联网技术和电子数据交换(electronic data interchange,EDI)技术也为供应链企业间的信息传递与共享提供了便捷的途径和手段。这些信息技术与系统促进了供应链管理的快速发展。

(四) 网状结构供应链

20世纪90年代后期,供应链的概念更加注重围绕核心企业的网链关系,如核心企业与供应商、供应商的供应商乃至与一切上游的关系,与客户、客户的客户及一切下游的关系。此时对供应链的认识已经超出了"链"的范围,形成了一个网链的概念,具体如图1-1所示。

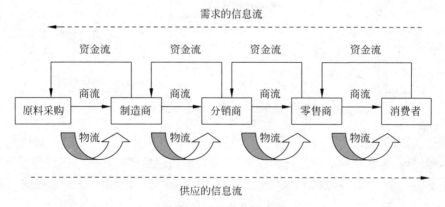

图1-1 网状结构供应链

哈里森(Harrison)进而将供应链定义为:"供应链是执行采购原材料,将它们转换为中间产品和成品,并且将成品销售到用户的功能网链。"这一概念同时强调供应链的战略伙伴关系问题。通过建立战略伙伴关系,可以更有效地与重要的供应商和客户开展工作。

第二节　供应链与供应链管理

杰克·韦尔奇(Jack Welch)曾说过,如果在供应链运作上不具备竞争优势,那么,干脆就不要竞争。英国著名物流专家马丁·克里斯托弗(Martin Christopher)讲过这样的话:"市场上只有供应链而没有企业,真正的竞争不是企业与企业之间的竞争,而是供应链与供应链之间的竞争。"供应链已经成为企业的生命线,只有对供应链不断地进行优化整合,才能使企业在当今市场竞争中立于不败之地。

一、供应链的概念

供应链的思想源于物流(logistics),原指军方的后勤补给活动。随着商业的发展,逐渐推广应用到商业活动上。流通系统最终目的在于满足消费者,将流通所讨论的范围扩大,把企业上下游成员纳入整合范围,就发展成了供应链。

例如,一个顾客走进沃尔玛零售店去购买雀巢奶粉,供应链始于顾客对奶粉的需求,顾客首先就会访问沃尔玛零售店。沃尔玛的奶粉存货由成品仓库或者分销商用卡车通过第三方物流公司供应。雀巢公司为分销商供货,雀巢乳品制造工厂从各种供应商那里购进原材料,这些供应商可能由更低层的供应商供货。这一供应链如图 1-2 所示,图中箭头反映实体产品流动的方向。

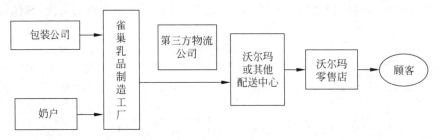

图 1-2　雀巢奶粉供应链

但是,供应链的概念经历了一个发展过程。早期的观点认为供应链是制造企业中的一个内部过程,是将采购的原材料和收到的零部件,通过生产的转换与销售等过程传递到企业用户的一个过程,传统的供应链概念局限于企业的内部操作,注重企业的自身利益目标。

随着企业经营的进一步发展,供应链的概念范围扩大到了与其他企业的联系,扩大到供应链的外部环境,偏向于定义它为一个通过链中不同企业的制造、组装、分销、零售等过程将原材料转化成产品到最终用户的转换过程,它是更大范围、更为系统的概念。

第一次提出供应链概念的是华利安(John B. Houlihan),他指出供应链是一个涉及多个企业的整体系统,从而引起了人们对上下游企业之间的合作与协调问题的关注。现代供应链的概念更加注重围绕核心企业的网链关系,如核心企业与供应商、供应商的供应商乃至一切前向的关系,与用户、用户的用户及一切后向的关系。此时供应链的概念形成了一个网链的概念。

美国供应链协会认为:供应链是目前国际上广泛使用的一个术语,涉及从供应商的供应商到顾客的顾客最终产品生产与交付的一切努力。供应链管理贯穿整个渠道来管理供应与需求、原材料与零部件采购、制造与装配、仓储与存货跟踪、订单录入与管理、分销以及向顾客交货。

我国《物流术语》GB/T 18354—2006(2007年5月1日起实行)中对供应链的定义是:供应链是生产及流通过程中,涉及将产品或服务提供给最终用户活动的上游与下游组织所形成的网链结构。

通过上述的分析,可以给出一个比较确切的定义:供应链是围绕核心企业,通过对信息流、物流、资金流的控制,从采购原材料开始,制成中间产品以及最终产品,最后由销售网络把产品送到消费者手中的将供应商、制造商、分销商、零售商直到最终用户连成一个整体的网链结构和模式。它是一个范围更广的企业结构模式,包含所有加盟的节点企业,从原材料的供应开始,经过链中不同企业的制造加工、组装、分销等过程直到最终用户,如图1-3所示。

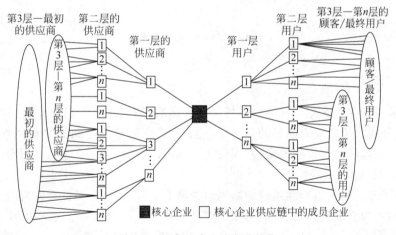

图1-3 供应链系统的分层结构

这个概念强调了供应链的战略伙伴关系,从形式上看,客户在购买商品,但实质上客户是在购买能带来效益的价值。各种物料在供应链上移动,是一个不断采用高新技术增加其技术含量或附加值的增值过程。

二、供应链的特征

从供应链的结构模型可以看出,供应链是一个网链结构,由围绕核心企业的供应商、供应商的供应商和用户、用户的用户组成。一个企业是一个节点,节点企业和节点企业之间是一种需求与供应关系。供应链主要具有以下特征。

(一) 复杂性

因为供应链节点企业组成的跨度(层次)不同,供应链往往由多个、多类型甚至多国企业构成,所以供应链结构模式比一般单个企业的结构模式更为复杂,如图 1-4 所表示的供应链涵盖了整个物流(从供应商到最终用户的采购、制造、分销、递送等职能)领域过程。各企业在法律上都是独立的,它们之间形成了基于供应、生产和销售的多级复杂交易关系,在经济利益上不可避免地存在着冲突和矛盾。

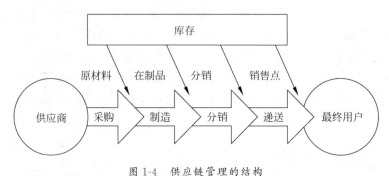

图 1-4 供应链管理的结构

(二) 动态性

供应链管理因企业战略和适应市场需求变化的需要,其中节点企业需要进行动态的更新,这就使得供应链具有明显的动态性。同时,供应链成员之间的关系是合作与竞争,一旦成员企业经济实力发生改变,其在网络中的地位也随之发生变化,从而造成成员间关系的动态变化。

例如,当某种物料或产品供应短缺同时价格上涨时,一家公司就会发现与这类物料或产品的供应商建立联盟比较有利,可以保证短缺物品的持续供应。这种联盟对双方都有利:对供应商来说,它们得到了新的市场和新的、未来产品的销售机会;对采购方来说,它们得到了长期的供货及稳定的价格。

此后,当新的竞争者生产这种短缺的产品或者需求下降时,供应商对采购方来说或许就不再有价值。采购方反而会发现与其他潜在的供应商磋商会带来更大的利益,这样它会决定与原有供应商取消联盟关系。由此可以看出,供应链是经常变动的,因此会给有效管理带来很多问题。

(三) 面向用户需求

供应链的形成、存在和重构都是基于一定的市场需求而发生的,并且在供应链的运作过程中,用户的需求拉动是供应链中信息流、产品/服务流、资金流运作的驱动源,因此供应链也称为需求链。

(四) 交叉性

节点企业可以是这个供应链的成员,同时又可以是另一个供应链的成员,众多的供应链形成交叉结构,增加了协调管理的难度。

(五) 层次性

各企业在供应链中的地位不同,其作用也各不相同。按照企业在供应链中地位的不同,各节点企业可以分为核心主体企业、非核心主体企业和非主体企业。核心主体企业一般是行业中实力较强的企业,它拥有决定性资源,在供应链管理中起主导作用,它的进入和退出直接影响供应链的存在状态。

在一个供应链中,居于中心位置的是核心主体企业,它是供应链业务运作的关键,不仅推动整个供应链运作,为客户提供最大化的附加值,而且能够帮助供应链上的其他企业参与到新的市场中。

供应链是一个范围更广泛的企业结构模式,它包含所有加盟的节点企业,从原材料的供应开始,经过链中各种企业的加工制造、组装、分销等过程直到最终用户。它不仅是一条连接供应商到用户的物料链、信息链、资金链,而且是一条增值链,物料在供应链上因加工、包装、运输等过程而增加其价值,给相关企业带来效益。

三、供应链管理的概念

供应链管理是一种全新的管理思想,于 20 世纪 80 年代末被提出。供应链管理就是企业对供应链的流程进行计划、组织、协调和控制,以优化整条供应链,目的是将客户需要的产品通过物流送达客户,整个过程要尽量降低供应链的成本。

供应链管理对企业资源管理的影响,可以说是一种资源配置的创新。供应链中的每个节点企业在网络中扮演着不同的角色,它们既相互合作,谋求共同的收益,又在经济利益上相互独立,存在一定的冲突。处于同一供应链中的企业在分工基础上相互依赖,通过资源共享、优势互补结成伙伴关系或战略联盟,以谋求整体利益最大化;而在利益分割中又存在矛盾和冲突。

供应链管理体现的是集成的系统管理思想和方法。正如全球供应链论坛所描述的:

"为消费者带来有价值的产品、服务及信息,从源头供应商到最终消费者的集成业务流程。"供应链管理把供应链上的各个节点企业作为一个不可分割的整体,通过对节点企业的相关运营活动进行同步化、集成化管理,整合它们的竞争能力和资源,从而形成较强的竞争力,为客户提供最大价值。

四、供应链管理的目标

供应链管理的目标是供应链整体价值最大化。供应链管理所产生的价值是最终产品对顾客的价值与为满足顾客需求所付出的供应链成本之间的差额。供应链管理使节点企业在分工基础上密切合作,通过外包非核心业务、资源共享和协调整个供应链,不仅可以降低成本、减少社会库存,使企业竞争力增强,而且可以通过信息网络、组织网络实现生产与销售的有效连接和物流、信息流、资金流的合理流动,使社会资源得到优化配置。

供应链管理的整体目标是使整个供应链的资源得到最佳配置,为供应链企业赢得竞争优势和提高收益率,为客户创造价值。供应链管理强调以客户为中心,即做到将适当的产品或服务(right product or service)按照合适的状态与包装(right condition and packaging),以准确的数量(right quantity)和合理的成本(right cost),在恰当的时间(right time)送到指定地方(right place)的确定客户(right customer)手中。

因此,最好的供应链管理不是将财务指标作为最重要的考核标准,而是密切关注产品进入市场的时间、库存水平和市场份额这一类情况。以客户满意为目标的供应链管理必将带来供应链中各环节的改革和优化,因此,供应链管理的作用就是在提高客户满意度的同时也实现销售的增长(市场份额的增加)、成本的降低以及固定资产和流动资产更加有效的运用,从而全面提高企业的市场竞争实力。

五、供应链管理的特征

(一) 以满足客户需求为根本出发点

任何一个供应链的目的都是满足客户的需求,并在满足客户需求的过程中为自己创造利润。在供应链管理中,客户服务目标优先于其他目标,以客户满意为最高目标。供应链管理必须以最终客户需求为中心,把客户服务作为管理的出发点,并贯穿供应链的全过程,把改善客户服务质量、实现客户满意目标作为实现利润、创造竞争优势的根本手段。

(二) 以共同的价值观为战略基础

供应链管理首先解决的是供应链伙伴之间信息的可靠性问题。如何管理和分配信息取决于供应链成员之间对业务过程一体化的共识程度。供应链管理是在供应链伙伴间形成一种相互信任、相互依赖、互惠互利和共同发展的价值观和依赖关系。

供应链战略需要供应链上的企业从整个供应链系统出发，实现供应链信息的共享，加快供应链信息传递，减少相关操作，简化相关环节，提高供应链的效率，降低供应链成本，在保证合作伙伴合理利润的基础上，提升企业竞争能力和赢利能力，实现合作伙伴间的双赢。

(三) 以提升供应链竞争能力为主要竞争方式

在供应链中，企业不能仅仅依靠自己的资源来参与市场竞争，而要通过与供应链参与各方进行跨部门、跨职能和跨企业的合作，建立共同利益的合作伙伴关系，实现多赢。供应链管理是跨企业的贸易伙伴之间密切合作、共享利益和共担风险；同时，信息时代的到来使信息资源的获得更具有开放性，这就迫使企业间要打破原有界限，寻求建立一种超越企业界限的新的合作关系。

因此，加强企业间的合作已成必然趋势，供应链管理的出现迎合了这种趋势，适应了新的竞争环境的需要，改变了企业的竞争方式，将企业之间的竞争转变为供应链之间的竞争。

(四) 以广泛应用信息技术为主要手段

信息流的管理对供应链的效益与效率是一个关键的因素。信息技术在供应链管理中的广泛应用，大大减少了供应链运行中的不增值活动，提高了供应链的运作绩效。

供应链管理应用网络技术和信息技术，重新组织和安排业务流程，进行集成化管理，实现信息共享。只有通过集成化管理，供应链才能实现动态平衡，才能进行协调、同步、和谐的运作。

(五) 以物流的一体化管理为突破口

供应链管理把从供应商开始到最终消费者的物流活动作为一个整体进行统一管理，始终从整体和全局上把握物流的各项活动，使整个供应链的库存水平达到最低，实现供应链整体物流最优化。

物流一体化管理能最大限度地发挥企业能力、降低库存水平，从而降低供应链的总成本。因此，要实现供应链管理的整体目标，为客户创造价值，为供应链企业赢得竞争优势和提高收益率，供应链管理必须以物流的一体化管理为突破口。

(六) 以非核心业务外包为主要经营策略

供应链管理是在自己的"核心业务"基础上，通过协作的方式来整合外部资源以获得最佳的总体运营效益，除核心业务以外，几乎每件事都可能是"外源的"，即从公司外部资源整合。企业通过非核心业务外包可以优化各种资源，既可提高企业的核心竞争能力，又可参与供应链,依靠建立完善的供应链管理体系,充分发挥供应链上合作伙伴的资源和优势。

拓展阅读1.3 供应链管理在互联网时代将回归客户导向的本质

课后习题

一、单选题

1. 供应链不仅是一条连接供应商到用户的物料链、信息链、资金链,而且是一条(　　)。
   A. 加工链　　　B. 运输链　　　C. 分销链　　　D. 增值链

2. 应链从上、下游关系来理解,不可能是单一链状结构,而是交错链状的(　　)。
   A. 网络结构　　B. 闭环结构　　C. 星状结构　　D. 总线结构

3. 供应链管理的目的在于追求效率和(　　)的费用有效性。
   A. 业务部门　　B. 采购部门　　C. 生产部门　　D. 整个系统

4. 基于需求驱动原理的供应链运作模式是一种(　　)运作模式,与传统的推动式运作模式有着本质的区别。
   A. 顺式拉动　　B. 顺式推动　　C. 逆向拉动　　D. 逆向推动

5. (　　)指的是供应链各节点企业均以其能够产生竞争优势的资源来参与供应链的资源集成,在供应链中以其优势业务的完成来参与供应链的整体运作。
   A. 资源横向集成　　　　　　　B. 系统原理
   C. 多赢互惠原理　　　　　　　D. 合作共享原理

二、多选题

1. 供应链是围绕核心企业,通过对(　　)的控制。
   A. 信息流　　　B. 物流　　　C. 资金流　　　D. 业务流
   E. 价值流

2. 供应链具有的特征是(　　)。
   A. 复杂性　　　B. 动态性　　　C. 面向用户需求　　D. 交叉性
   E. 层次性

3. 实现供应链管理的最终目标:(　　)合一。
   A. 社会目标(满足社会就业需求)　　B. 经济目标(创造最佳利益)

C. 环境目标(保持生态与环境平衡)　　D. 生产目标(更多的产品)
　　E. 库存目标(更少的库存)
4. 供应链管理的主要职能包括(　　)。
　　A. 营销管理　　　　　　　　　　B. 物流一体化管理
　　C. 生产过程管理　　　　　　　　D. 财务管理
　　E. 仓储管理

三、名词解释
1. 供应链
2. 供应链管理

四、简答题
1. 供应链管理的目标是什么？
2. 供应链管理的基本特征有哪些？

五、论述题
1. 论述供应链管理的内容。
2. 论述供应链管理实施的步骤。

第二章

供应链战略管理

学习目标

- 了解供应链的基本类型；
- 熟悉精益供应链战略与敏捷供应链战略的区别；
- 掌握业务外包和自营、第三方物流和第四方物流相关知识。

技能目标

- 学会运用理论知识分析企业的供应链类型；
- 根据物流企业实际情况，选择合适的业务进行外包。

 开篇案例

工业4.0时代家电制造企业如何做好供应链管理？

导读： 在互联网时代，传统的家电制造业将难以为继，大规模生产的推动式供应链时代将宣告终结，会逐渐进入拉动式供应链的新时代，追求个性化、定制化。大数据结合其他先进技术，重构传统价值链，确保产品交付能够更好地满足消费者的个性化需求。

2014年11月，青岛海尔冰箱事业部忙于一个关于供应商分级管理的项目实施。这意味将来海尔采购将以配套为主，为下一步的模块化制造做准备，同时，这也是为工业4.0战略作铺垫。

由德国率先提出的工业4.0战略，是以智能制造为主导的第四次工业革命。该战略旨在通过充分利用信息通信技术和网络空间虚拟系统——信息物理系统相结合的手段，将制造业向智能化转型，分为三大主题，分别是智

能工厂、智能生产、智能物流。

对于消费者而言,"工业4.0"就是一个将生产原料、智能工厂、物流配送、消费者全部编织在一起的大网,消费者只需用手机下单,网络就会自动将订单和个性化要求发送给智能工厂,由其采购原料、设计并生产,再通过网络配送直接交付给消费者。最终价值在于在提高生产效率的同时也降低生产成本。

资料来源:中国物流与采购网《申明江:工业4.0时代家电制造企业如何做好供应链管理?》,2015-04-02,2022-06-18

案例导学

身处风口,各大家电厂商在直面"产业结构互联网化"的2015年,加速思维"触网"。

2015年年初,TCL、创维、康佳、夏普、先锋领导人接连造访南京,与苏宁董事长张近东"密谋"变革。

凑近看,其实不难发现:今年家电供应链"大佬"们的战略协同,被一改常态地放在了春节以前,不仅时间上比往年提早了一个月,而且节奏明显加快。

打破信息壁垒,利用平台商的大数据资源,利用工业4.0概念经营"极致单品",是供应链深度合作的下一站出口,是满足客户个性化、定制化必经之路。

第一节 供应链的基本类型

根据不同的划分标准,可将供应链进行不同分类。

一、基于核心企业地位的分类

核心企业的差异性以及差异分化产生不同供应链类型。由于不同企业位于供应链不同的环节中,有技术研发型企业、生产制造型企业和销售型企业,这些企业随着环境变化和制度变革,其地位在供应链中也在发生着改变。例如,制造业发展到一定阶段,生产制造型企业的核心地位会被技术型和服务型主导的企业替代。

核心企业以其核心竞争力取得供应链的中心地位,根据这种中心地位,供应链可以分为三类:基于营销型企业为主导的供应链(Need模式供应链),基于技术研发型企业为主导的供应链(Seed模式供应链)和基于服务型企业为主导的供应链(Feed模式供应链)。

(一) Need模式供应链

Need模式供应链是以营销型企业为核心企业的供应链。例如,沃尔玛、Carefare、MET-RO、B&Q等企业控制着销售渠道,组织基于供应链的生产。在这个模式中,整个供应链的驱动力源于营销型企业所控制与掌握的市场信息和销售渠道,通常在这个模式下,由于需求时效性的存在迫使Need模式供应链将产品的开发、设计、生产制造、分销和服务集成于集散地或消费地,实现即时销售、即时生产、即时设计以达到对市场的快速反应,并根据市场变动而不断调整,所以产品的研究与开发(R&D)必须融入供应链系统之中。

生产季节性和时尚性产品往往采用 Need 模式供应链。例如,服装、鞋类产品具有款式、面料等方面的流行性和需求多样性,只有将面料和服装设计、研发纳入供应链体系中,才能使整个系统更加敏捷。

(二) Seed 模式供应链

Seed 模式供应链中,技术研发型企业或技术研发型生产企业在供应链中起核心主导作用。基于 Seed 模式供应链系统中,相应的 R&D 部分按技术层次,可分为位于金字塔尖的核心技术企业、中间技术层企业和底层技术企业,基于 Seed 模式的供应链系统是一个 R&D 部分与供应链系统其他部分(如制造与加工, manufacturing & processing, M&P)相分离的供应链系统。

该供应链系统是一种以 R&D 为驱动的引导消费模式,它是先有了某种技术(如同"种子"),然后把这种技术做成产品或渗透到某种产品中,最后再把这种产品推向市场。也就是说,R&D 不像 Need 模式供应链根据市场需求量身定做,所以市场与技术研发的联系在 Seed 模式供应链中相对较弱,技术研发趋向从生产中分离出来,向科技研发先进的地域集中。同时,由于这种模式的技术研发具有前趋性、领导性以及传递的便利性特点,对供应链系统能够快速反应,不会产生时滞影响。

相反,这种分离模式更有利于整个供应链系统竞争优势的提高,因为知识密集型的技术研发和技术劳动密集型的生产制造在同一地域中不能充分发挥各自的潜能。比如,印度 Bangalore 的软件,其软件核心技术设计在美国,而软件的外层设计生产在印度,即使是印度最大的软件公司,诸如 TCS、Wipro、Infosys Technologies,也只是编写一些被称为"一袋土豆"的初级产品。

(三) Feed 模式供应链

Feed 模式供应链中,服务型机构和企业在供应链中占据了主导地位,这是由于产业分工高度发达,衍生出了大量不同环节的机构和企业,这些机构和企业的相互协作能力很强。在这些环节中,低附加值环节在发展中慢慢退出了主导地位,相反,相关的支持和服务型机构和企业则在供应链中占据主导地位,而供应链中的核心企业要保持竞争力也取决于它们。在 Feed 模式供应链中,大学、研究所、研发中心、信息金融机构、风险投资公司、培训机构、第三方物流企业、公共组织等在供应链中占据主导地位。

比如,在美国硅谷区内有许多著名的大学研究机构,如斯坦福大学、加州大学伯克利分校、圣克拉拉大学等,世界上的诺贝尔奖获得者有近 1/4 在这里工作,该地区有 6 000

多名博士,占加州博士总数的 1/6。并且该区域在融资上也有着很大的优势,区内现有 300 多家风险投资公司,占美国风险投资企业的 1/2,2010 年美国风险投资总额的 29% 集中在硅谷。正是这些服务型组织机构使得硅谷的供应链发展具有强劲和持续的竞争力。

二、基于企业合作方式的分类

(一) 关联型供应链

关联型供应链,是指由两条或两条以上供应链组成的网络,其中的核心生产企业之间存在废弃物再利用关系。如图 2-1 所示,在供应链 1 中,核心生产企业在生产产品 1 的同时也会产生废弃物,而这些废弃物可以作为原材料被关联供应链 2 再利用,围绕这样的原材料供给关系的供应链 1 和供应链 2 就组成了关联型供应链。

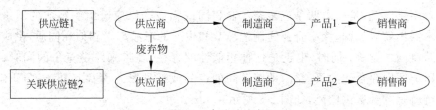

图 2-1 关联型供应链

关联型供应链中,一条供应链的核心企业在生产过程中产生的废弃物可以作为原材料供给另一条供应链,通过废弃物的再利用,不仅可以生产出自己专业化的产品,而且可以节约资源、减少环境负效应。因此,关联型供应链通过供应链与供应链之间的合作与协调,实现资源再利用,从而最终实现环境效益与经济效益的双赢。

(二) 嵌入型供应链

嵌入型供应链,是指主导产业核心企业的供应链,与其所需要物流服务的第三方物流企业所形成的两条或两条以上供应链组成的网络。该类型的供应链往往是生产制造企业供应链与位于该区域的物流园区的物流服务企业供应链进行耦合的结果,如图 2-2 所示。

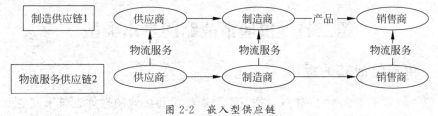

图 2-2 嵌入型供应链

一方面,企业分工越来越精细,企业之间的物流联系也越来越复杂,物流外包也就越来越频繁,企业物流管理也变得越来越重要,而物流园区则成为能较好地承担起为供应链提供物流服务的平台,物流园区通过自身各个不同功能的企业有机地嵌入到供应链上下游的每一个环节中去,使得分工精细的上下游企业,通过物流园区的第三方物流企业的"无缝"黏合,在内部形成不同环节企业相互耦合的流线型供应链,实现柔性的即时销售、即时生产、即时采购,保证企业物流运作低成本、高效率和快交货,防止集群企业分工精细导致的企业刚性加大的风险。

另一方面,物流园区以功能化、规模化、综合化为集群式供应链的企业提供物流服务,这也在客观上要求物流园区所在地域的腹地经济较为发达,有足够多的物流需求,否则物流园区的建设和发展就会面临"无米之炊"。

(三) 竞合型供应链

竞合型供应链,是指由两条或多条产业相同或相似的供应链组织组成的网络。由于企业技术溢出效应加剧,核心企业间制造环节和生产的产品趋于相似和同质,供应链之间存在着跨链间的竞争;同时,也正是这种相似性的存在,在带来跨链竞争的同时,也产生供应链跨链间库存合作的可能性,即跨链间的产品或部件紧急库存互补,以防止缺货,这种供应链就是竞合型供应链,如图 2-3 所示。

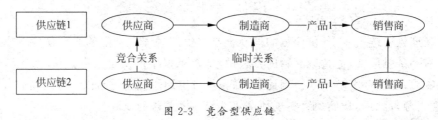

图 2-3 竞合型供应链

所要说明的是,这种紧急合作关系是"双向的"和"互惠的",如果只是单边的合作关系,则很难维持这种竞合型供应链,只有是"双向的"和"互惠的",一条供应链为另一条供应链提供补充,也就为自己今后从另一条供应链得到紧急库存打下基础。否则,这种竞合型供应链是难以为继的。

第二节 供应链战略的基本类型

一、供应链战略的提出

供应链战略不是天生自成的,而是需要根据公司和企业的发展远景来制定的。一个企业的战略对该组织具有深远影响,如何制定供应链战略,首先要了解企业中有关决策的层次,如图 2-4 所示。

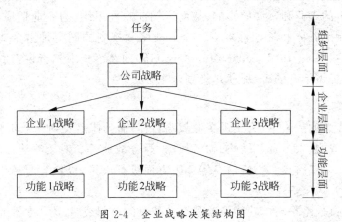

图 2-4 企业战略决策结构图

> **小贴士**
>
> 北京大学张维迎教授认定:"有些企业的核心竞争力是与生俱来的。""比如,比尔·盖茨从一开始就是微软公司的核心竞争力。"

(一) 任务

任务回答的是"企业是从事什么的"这样一个问题,为企业确立了方向和目标。特别是对提供无形服务的组织来说,这是十分重要的。模糊的定位、不正确的目标,不仅使自己处于战略难以实施的境地,同时也难体现区别于竞争对手的核心优势。

有些企业能很好地做到这一点。例如:美国 Roadway Express 这家运输公司的任务是通过提供可靠、反应灵敏和有效率的服务促使客户满意,其主要产品通过北美的国际航线不到两天就能送到;美国联合包裹运送服务公司(United Parcel Service,UPS)的任务是为客户提供杰出的服务,即提供几乎遍及世界各个角落的包裹快递服务。

(二) 企业战略与功能战略

企业的任务一旦确定下来,也就描述了企业所从事的业务范围,但它没有具体说明企业如何去做,为了实现既定的任务,需要确定企业供应链战略和规划。

1. 企业战略

企业战略的重要性,可用未来学家托夫勒指出的"没有战略的企业,就像是在险恶气候中飞行的飞机,始终在气流中颠簸、在暴风雨中沉浮,最后可能迷失方向。即使飞机不坠毁,也会有耗尽燃料的危险"来表示。

所以，制定企业战略就需要考虑新技术的出现、新需求的产生、新的竞争对手、多变的环境对其所从事的事业和发展的影响，从而运用前瞻性思维，为企业适应环境、寻求长期生存和发展而制定总体和长期性规划。企业战略和规划的制定是由企业最高层来谋划的，通用电气公司(General Electric Company，GE)前董事长韦尔奇说："我每天没做几件事，但有一件永远做不完的事，那就是规划未来。"

2. 功能战略

它是在企业总的战略下，为实现企业战略目标，而具体落实到各个职能部门的具体行动计划，如营销战略、人力资源战略、物流战略、财务战略等。对于物流战略来说，它是对物流中心、运输、存储、包装、物流信息等多个方面进行决策，以最终服务于企业总供应链战略。

总之，供应链战略是高于功能战略和企业战略的公司战略，为了使供应链战略确实有效地实施，需高层管理者与各个部门进行有效沟通，共同制定供应链战略，如图 2-5 所示。

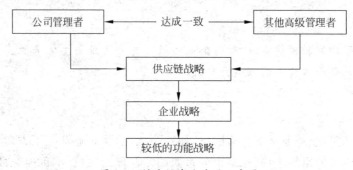

图 2-5　供应链战略沟通示意图

二、供应链战略类型及选择

每个企业的供应链战略可能千差万别，但是在这些千差万别的供应链战略中，有着两个基本类型：精益供应链战略和敏捷供应链战略。精益供应链战略侧重以成本取胜，敏捷供应链战略侧重以速度取得竞争优势。

(一) 精益供应链战略

精益供应链战略是指供应链管理做到准时采购、准时生产和准时销售，从而使供应链总成本最小化，并能确保客户所能接受的服务水平。

早期的精益供应链战略思想始于丰田汽车公司。精益供应链战略总结起来有 5 条主要原则。

(1)"价值"原则，确立了目标，指明了如何追加客户产品的价值、使客户觉得有价值。

(2)"价值流程"原则,设计出制造此产品的方法,提出了对供应链的要求,以及如何选择流程中的合作伙伴。

(3)"价值流动"原则,给出有效的物料流动,做到杜绝浪费,减少中止、停滞期。

(4)"按需准时生产"原则,表明如何克服困难来控制物料流动。

(5)"完美目标"原则,要求不断寻求改进。

丰田汽车公司在精益模式实践中,发现供应链系统在6个方面最容易发生浪费的现象,也是实施精益供应链战略关注的重点:质量(使内部客户和外部客户不满意)、错误的生产能力和水平(生产目前不需要的产品或拥有目前不必要的生产能力)、拙劣的工序(拥有不必要的、太复杂或费时的操作过程)、停滞(操作开始或结束、设备维修等造成的停工时间)、移动(产品在生产过程中不必要、不便利的移动)、库存(太多库存)。

精益供应链战略在对上述方面进行详细分析后,取消了不增加价值的环节,使整个供应链系统简洁、高效。但需注意,低成本的运作不是精益的运作,精益运作是一种维持客户服务水平的同时降低成本的方法。

(二) 敏捷供应链战略

敏捷供应链战略与精益供应链战略是相对的(如表2-1所示)。敏捷供应链战略侧重于反应能力,强调的是速度和时间。

表2-1 精益供应链战略与敏捷供应链战略的比较

因 素	精益供应链战略(lean)	敏捷供应链战略(agile)
目标	有效经营	灵活满足需求
约束	清除所有的浪费	客户满意
变化率	长期稳定	对变化的环境做出反应
业绩评定标准	生产率、利用率	前置期、服务水平
工作	标准化、制度化	易变的、定制的、柔性化
控制	正式的规划循环	较简单的人员授权

敏捷供应链中的"敏捷"有两层含义:一是反应的速度;二是根据不同客户需求进行量身定做的能力,强调客户的满意度。之所以强调客户的满意度,是因为它能使企业得到更多的回头业务,而吸引一个新客户的花费是维持老客户成本的5倍,同时老客户的口碑也会带来新客户。

精益供应链战略与敏捷供应链战略粗看相互冲突,其实两者间并没有严格的界限,互不排斥。①如果供应商能改进客户间的联系,则既能降低成本,又能改善客户服务,会使精益变得敏捷;②如果制造商通过网络销售材料,通过供应商管理库存(vendor managed inventory,VMI),会使得敏捷更加精益。

企业在实施供应链战略前,对供应链上所有的企业不可能100%拥有产权,每个企业也不可能涵盖供应链体系的每个环节,同时也没有必要。如同价值链一样,每个企业只能选择价值链中自己拥有竞争优势的环节,但也离不开其他环节,这就需要不同环节、不同优势企业间的协调和合作,因此上述两种供应链战略的实施包括两种形式选择,即垂直一体化和水平一体化。

垂直一体化,要求企业对从原材料到用户的每一个过程实现综合管理。这是目前应用最多、最广泛的一种。

水平一体化,是一种虚拟经营战略,是企业通过与同行企业进行联合,对现有资源进行互补和强化组合形成新优势,以提高运营效率、降低活动成本的战略。比如,联邦快递(FedEx)与美国邮政合作,其原因是联邦快递看中美国邮政的"千家万户",利用收件来增加接触顾客的机会;美国邮政看中联邦快递快速的递送。它史无前例地将世界规模最大的快递承运商与美国邮政联系在一起,让每天数百万磅的邮件飞进了联邦快递的航空网络。

根据协议内容,美国邮政几乎所有的优先邮件和快递邮件都将改用联邦快递的飞机运递,而联邦快递则可以把收件箱设在美国各地的数百个邮局里,大大增加接触柜台零散客户的机会。联邦快递和美国邮政都认为这一协议是国有企业和私营企业合作的历史性突破,将使美国民众受惠。

联邦快递预计每天会为美国邮政提供350万磅(1磅=0.45359237千克)的空运能力,这相当于30架DC-10型飞机的空运能力。该公司同时表示,在协议有效期内,将增加500名飞行员,投入3.5亿~4.5亿美元,以配合航空运输方面的各种要求。但联邦快递的高层人士表示,不会为美国邮政增加新的飞机或开通新的国内航线。相反,他们会把美国邮政的邮件连同自己的高价快件一起运输,在舱位不足的航线上会改用大型飞机。

第三节 业务外包和自营的选择

一、业务外包的含义

供应链管理注重的是企业的核心竞争力,强调根据企业自身的特点,专门从事某一领域、某一专门业务,在某一点形成自己的核心竞争力,这必然要求企业将其他非核心业务外包给其他企业,即所谓的业务外包(business outsourcing)。

因此,业务外包指企业根据自身特点,专门从事某一领域、某一专门业务,而把自己不擅长的业务,或者次要的、辅助性的业务或功能交由其他高效率的专业企业经营,充分利用企业外部资源,有效地发挥分工的优势,即指企业动态地配置自身和其他企业的功能和服务,利用外部的资源为企业内部的生产经营服务。

在供应链管理环境下,企业成功与否不再由纵向一体化的程度高低来衡量,而是由企业积聚和使用的知识为产品或服务增值的程度来衡量。企业在集中资源于自身核心业务的同时,通过利用其他企业的资源来弥补自身的不足,从而变得更具有竞争优势。

目前,全世界年收入在500万美元以上的公司都普遍开展了业务外包。尽管业务外包的发展速度在迅速加快,但没有迹象表明现在已经达到顶峰。迄今为止,全球的所有业务外包活动,约有60%集中在美国;欧洲的业务外包活动也在增加,其中最活跃的是英国、法国、意大利和德国。

二、业务外包的原因

业务外包的主要原因在于企业竞争环境的变化,随着全球化网络时代的到来,这直接引发了企业经营思想的转变。同时,科学技术的发展进步也是业务外包的原因之一。具体来说有以下几个方面。

1. 分担风险

企业可以通过外向资源配置分散由政府、经济、市场、财务等因素产生的风险。企业本身的资源、能力是有限的,通过资源外向配置,与外部的合作伙伴分担风险,企业可以变得更有柔性,更能适应变化的外部环境。

2. 加速重构优势的形式

企业重构需要花费企业很多的时间,并且获得效益也需要很长的时间,而业务外包是企业重构的重要策略,可以帮助企业很快地解决业务方面的重构问题。

3. 企业难以管理或失控的辅助业务职能

企业可以将在内部运行效率不高或难以控制的业务职能外包,通过合同形式来约定内外企业双方责任,从而易于解决企业的问题。

4. 使用企业不拥有的资源

当企业没有有效地完成业务所需的资源(包括所需现金、技术、设备等),而且不能盈利时,也会将业务外包。这是企业临时外包的原因之一,但是企业必须同时进行成本/利润分析,确认在长期情况下这种外包是否有利,由此决定是否应该采取外包策略。

5. 降低和控制成本,节约资金

许多外向资源配置服务提供者都拥有比本企业更有效、更便宜地完成业务的技术和知识,因而它们可以实现规模效益,并且愿意通过这种方式获利。企业可以通过外向资源配置避免在设备、技术、研究开发上的大额投资。

业务外包还具有相当的理论基础,这集中体现在核心竞争力理论、价值链理论、比较优势理论、木桶理论等理论中,这里不再一一阐述。

三、业务外包的好处及存在的问题

IBM 研究中心的科学家托马斯·沃森(Thomas J. Watson)对 1998—2002 年绝大部分 IT 基础设施进行外包的公司进行了调查,并围绕外包对企业所产生的长期影响进行研究。不同于以往基于案例分析的研究,IBM 的调查率先采用严格的统计分析方法来衡量外包协议对公司的影响。

调查得出的结论是:从长期来看,对信息技术进行外包的公司在主要业绩指标方面要优于其他公司,尤其是在销售、一般项目和管理支出(SG&A)、资产回报率(ROA)以及息税前收益(EBIT)等方面。而且,调查还显示,外包合同越大,企业最终经营绩效得到改善的机会就越大。

实证分析结论表明,企业业务外包可以获得成本优势、质量优势、柔性优势、专业优势和核心竞争力优势等。然而,成功的业务外包策略在帮助企业降低成本、提高业务能力、改善质量、提高利润率和生产率的同时,也会带来一些问题。

业务外包一般可以减少企业对业务的监控,但它同时增加了企业责任外移的可能性。企业必须不断监控外包企业的行为并与之建立稳定长期的联系。

还有一个问题来自员工本身,随着更多业务的外包,他们担心会失去工作。如果他们知道自己的工作被外包只是时间问题的话,就可能会使剩下的员工的职业道德和业绩下降,因为他们会失去对企业的信心,失去努力工作的动力,导致更低的业绩水平和生产率。另一个关于员工的问题是企业可能希望获得较低的劳动力成本。

越来越多的企业将部分业务转移到不发达国家,获得廉价劳动力以降低成本。企业必须确认自己在这些地方并没有与当地水平偏差太大,并且必须确认企业的招聘工作在当地公众反应是否消极。公众的反应对于企业的业务、成本、销售有很大影响。

许多业务外包的失败不仅是因为忽略了以上问题的存在,同时也是因为没有正确地将合适的业务进行外向资源配置。再一个原因就是没有选择好合作伙伴,遇到了不可预知的情况,或过分强调短期效益。

归纳起来,实施业务外包应注意的问题:①业务外包使企业责任外移;②避免对外包商的过度依赖;③注意保护自己的核心竞争力;④注意获得员工的信任和支持。

拓展阅读 2.1　业务外包的主要特点

四、业务外包的主要方式

在实施业务外包活动中,确定核心竞争力是至关重要的。因为在没有认清什么是企业的核心竞争优势之前,想要从外包中获得利润几乎是不可能的。核心竞争力首先取决于知识,而不是产品。

(一) 业务外包外在形式

业务外包从外在形式上看,主要包括以下几种方式。

1. 临时服务和临时工

一些企业在完全控制它们主产品生产过程的同时,会外包一些诸如自助餐厅、邮件管理、门卫等辅助性、临时性的服务。同时企业更偏向于使用临时工(contract labor,指合同期短的临时职工),而不是雇佣工(指合同期长的稳定员工)。企业通常用最少的雇佣工,最有效地完成规定的日常工作量,而在有辅助性服务需求的时候则会雇用临时工去处理。因为临时工对失业的恐惧或对报酬的重视,使他们对委托工作认真负责,从而提高工作效率。

临时性服务(temporary service)的优势在于企业需要有特殊技能的员工而又不需要永久拥有,这在企业有超额工作时尤为显著。这样企业不仅可以缩减过量的经常性开支,降低固定成本,也能提高劳动力的柔性,提高生产率。

2. 子网

为了夺回以往的竞争优势,大量的企业将控制导向、纵向一体化的企业组织分解为独立的业务部门或公司,形成母公司的子网(subsidiary networks)公司。就理论上而言,这些独立的部门性公司几乎完全脱离母公司,变得更加有柔性、效率和创新性;同时,因为减少了纵向一体化环境下官僚作风的影响,它们能更快地对快速变化的市场环境做出反应。

3. 与竞争者合作

与竞争者合作(collaborative relation with competitor)使得两个竞争者把自己的资源投入到共同的任务(诸如共同的开发研究)中,这样不仅可以使企业分散开发新产品的风险,同时也使企业可以获得比单个企业更高的创造性和柔性,如汽车行业的合作。

4. 除核心竞争力之外的完全业务外包

业务外包的另一种方式是转包合同(subcontract)。在通信行业,新产品寿命周期基本上不超过1年,MCI公司就是靠转包合同而不是靠自己开发新产品在竞争中立于不败之地的。MCI公司的转包合同每年都在变换,它们有专门的小组负责寻找能为其服务增值的企业,从而使MCI公司能提供最先进的服务。它的通信软件包都是由其他企业完成的,而它所要做的(也就是它的核心业务)是将所有通信软件包集成在一起为客户提供最优质的服务。又如,广东移动通信主管营销,其余全部外包。

当然,对于企业物流外包的形式,也有人归纳为物流业务完全外包、部分外包、物流系统接管、战略联盟、物流系统剥离以及物流业务管理外包。

(二) 业务外包的内容

从外包的内容上看，主要有以下几种形式。

1. 研发外包

研发外包是利用外部资源弥补自己开发能力的不足。即使是实现"外包"的企业，也应该设有自己的研发部门和保持相当的研发力量。因为外包企业要保持其技术优势，必须具备持续创新能力。

2. 生产外包

生产外包一般是企业将生产环节安排到劳动力价格水平较低的国家，以提高生产环节的效率。大企业将自己的资源专注在新产品的开发、设计和销售上，而将生产及生产过程的相关研究"外包"给其他的合同生产企业。

3. 物流外包

物流外包不仅降低了企业的整体运作成本，更重要的是使买卖过程摆脱了物流过程的束缚，企业摆脱了现存操作模式和操作能力的束缚，使供应链能够在一夜之间提供前所未有的服务。

4. 脑力资源外包

脑力资源外包主要是雇用外界的人力，解决本部门解决不了或解决不好的问题。脑力资源外包内容主要有：互联网咨询、信息管理、ERP系统实施应用、管理咨询等。

5. 应用服务外包

许多企业已经普遍将信息系统业务，在规定的服务水平基础上外包给应用服务提供商(application service provider，ASP)，由其管理并提供用户所需要的信息服务。

五、全球范围的业务外包

在世界经济范围内竞争，企业必须在全球范围内寻求业务外包。在全球范围内对原材料、零部件的配置采取业务外包正成为企业国际化进程中获得竞争优势的一种重要技术手段。全球资源配置已经使许多行业的产品制造国的概念变得模糊了。

原来由一个国家制造的产品，可能通过远程通信技术和迅捷的交通运输成为国际组装而成的产品，研发、产品设计、制造、市场营销、广告等可能是由分布在世界各地的能为产品增值最多的企业完成的。

值得注意的是，全球业务外包也有它的复杂性、风险和挑战。国际运输方面可能遇到地区方面的限制。订单和再订货可能遇到配额的限制,汇率变动及货币的不同也会影响付款的正常运作。因此,全球业务外包需要有关人员具备专业的国际贸易知识,包括国际物流、外汇、国际贸易实务、国外供应商评估等方面的知识。

六、企业业务外包的实施步骤

一个企业要成功地实施业务外包,通常需要3个阶段。

第一阶段,企业内部状况的分析和评估。

在这一阶段,企业主要确定外包的需求并制定实施的策略。要从外包中获得效益,企业的最高决策层必须采取主动的态度,因为只有最高决策层才具有外包成功所必需的视角和推动变革的力量。在制定外包的策略时,要考虑如下问题。

(1) 明确企业的经营目标和外包之间的关系。

(2) 明确哪些业务领域需要外包。了解哪些业务需要外包,就像了解自己的核心竞争力一样重要,这样才能把非核心的业务外包出去,从而将企业力量聚焦于自己的核心业务。

(3) 与员工进行开诚布公的沟通。外包涉及一些员工的利益,良好的沟通可以了解到如何满足员工的一些正当要求,而员工的支持与士气对外包能否顺利实施起到重要作用。

第二阶段,评估自己的需求,选择外包业务的承包者(即外包商)并签订合同。

企业的领导层将听取来自内部与外部专家的意见,这支专家队伍至少要涵盖法律、人力资源、财务和要外包的业务等领域。在综合各方意见后,要写一份详细的书面材料,其中包括服务等级、需要解决的问题及详尽的需求等。一份好的建议书将对以后与服务商的联系以及对外包业务的获利和控制都起到非常重要的作用。

在这一切都准备就绪后,就可以按照自己的需求去寻找最合适的外包商了,需注意,外包商是否真正了解企业的需求,以及它是否有足够的能力解决企业的问题。除此之外,外包商的财政状况也是需要考虑的重要问题。

外包合同不同于其他,签约的双方都要显示出双方盈利的意向,并且要保持经常性的联系,这样才能保持愉快的合作,可以说签约阶段是实施业务外包过程中最重要的一环,因为根据调查获知,企业与外包商之间关系出现不愉快,其主要原因就在于合同不够明确。

第三阶段,实施和管理外包业务。

作为用户,在这一阶段要保持对外包业务性能的随时监测和评估,并及时与外包商交换意见。在外包实施的初期,还要注意帮助自己公司内部的员工适应这一新的业务方式。

第四节　第三方物流与第四方物流的选择

供应链内的企业可以自身为供应链提供相应的物流服务,也可以外包给市场中的第三方物流或第四方物流来为之服务。

一、第三方物流

(一) 第三方物流的含义

2006 年新修订的国家《物流术语》中指出,第三方物流(the third party logistics,3PL)是接受客户委托为其提供专项或全面的物流系统设计以及系统运营的物流服务模式。较 2001 年术语"由供方与需方以外的物流企业提供物流服务的业务模式"有明显不同,强调第三方物流运作形式、服务范围、内容和服务形式等。

有人称"第三方物流"为"第三方后勤",其实质在于表明物流行业既非生产方又非销售方,而是从生产到销售的整个流通过程中进行服务的第三方,它不拥有商品,而是为客户提供代理服务,具体内容包括:商品运输、储存、配送及附加值服务,是独立于买方和卖方之外的第三方,故称第三方物流。

第三方物流与第一方物流、第二方物流的关系如图 2-6 所示。

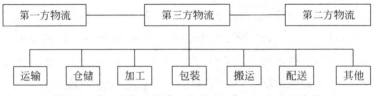

图 2-6　第三方物流与第一方物流、第二方物流的关系

因此,也有人将第三方物流定义为:第三方物流提供者在特定的时间段内按照特定的价格向使用者提供的个性化的系列物流服务,这种物流服务是建立在现代电子信息技术基础上的,企业之间是联盟关系。这个定义包含以下几方面的含义。

1. 第三方物流是合同导向的一系列服务

第三方物流有别于传统的外协,外协只限于一项或一系列分散的物流功能。例如,运输公司提供运输服务,仓储公司提供仓储服务。第三方物流则根据合同条款规定的要求,而不是临时需求,提供多功能甚至全方位的物流服务。依照国际惯例,服务提供者在合同期内按提供的物流成本加上需求方毛利额的 20% 收费。

2. 第三方物流提供个性化物流服务

第三方物流服务的对象一般都较少,只有一家或数家,服务时间却较长,往往长达几年,异于公共物流服务——"来往都是客"。需求方的业务流程各不一样,而物流、信息流是随价值流流动的,因而要求第三方物流服务应按照客户的业务流程来定制,这也表明物流服务理论从"产品推销"发展到了"市场营销"阶段。

3. 第三方物流是建立在现代电子信息技术基础上的

信息技术的发展是第三方物流出现的必要条件,信息技术实现了数据快速、准确的传递,提高了仓库管理、装卸运输、采购、订货、配送发运、订单处理的自动化水平,使订货、包装、保管、运输、流通加工实现一体化;企业可以更方便地使用信息技术与物流企业进行交流和协作,企业间的协调和合作有可能在短时间内迅速完成;同时,电脑软件的飞速发展,使混杂在其他业务中的物流活动的成本能被精确地计算出来,还能有效管理物流渠道中的商流,这就使企业有可能把原来在内部完成的作业交由物流公司运作。

常用于支撑第三方物流的信息技术有实现信息快速交换的 EDI 技术、实现资金快速支付的电子资金转账(electronic funds transfer,EFT)技术、实现信息快速输入的条形码技术和实现网上交易的电子商务技术等。

4. 企业之间是联盟关系

依靠现代电子信息技术的支撑,第三方物流与企业之间充分共享信息,这就要求双方能相互信任,才能达到比单独从事物流活动所能取得的更好的效果,而且从物流服务提供者的收费原则来看,它们之间是共担风险、共享收益的;再者,企业之间所发生的关联并非仅一两次的市场交易,而是在交易维持了一定的时期之后,可以相互更换交易对象,在行为上,各自不完全采取导致自身利益最大化的行为,也不完全采取导致共同利益最大化的行为,只是在物流方面通过契约结成优势相当、风险共担、要素双向或多向流动的中间组织,因此,企业之间是物流联盟关系。

总之,第三方物流系统是一种实现物流供应链集成的有效方法和策略,它通过协调企业之间的物流运输和提供后勤服务,把企业的物流业务外包给专门的物流管理企业来承担,特别是一些特殊的物流运输业务。通过外包给第三方物流承包者,企业能够把时间和精力放在自己的核心业务上,提高了供应链管理和运作的效率。

因此,第三方物流是合同制物流,具有提供专门化、个性化服务,以网络为支撑,在企业之间建立合作共赢联盟关系等特点。

第三方物流主要是区别于供应方和需求方而言的,它是第三方。第三方物流不销售具体的产品,不生产具体的产品,也不去采购具体的原材料,它是一个服务型的行业,帮助企业运输、储存、控制库存、处理库存信息。

第三方物流是帮助供应方把货物从总供应地运输到需求点的一种企业。严格来说第三方物流可以称为物流企业,非第三方企业中进行的物流称为企业物流。

例如,武汉中百控股集团股份有限公司(简称中百集团)下的"中百物流",自 2003 年以来,武汉中百集团相继投入 6000 多万元进行信息化建设,一座占地 8 万平方米的现代化物流配送中心平地崛起,如此大的规模,在华中地区独一无二,全国也少有。武汉中百集团董事长汪爱群坦言,现代流通业集连锁经营、物流配送、电子商务三位于一体,发展现代物流对中百集团这样的传统商业企业而言,关系生死存亡。武汉物流企业"多而小",专业化第三方物流企业还很少。

中百物流已揽到数项业务:湖北京山国宝桥米、福建恒安纸业等均将武汉市内配送业务外包给中百物流,企业开始从成本控制中心向利润中心转换。它正从企业物流向物流企业发展,成为一个独立的企业法人,成为中百集团新的利润增长点。表 2-2 为各方物流比较。

表 2-2 各方物流比较

名　词	解　释
第一方物流	需求方为采购而进行的物流,如赴产地采购、自行运回商品
第二方物流	供应方为了提供商品而进行的物流,如供应商送货上门
第三方物流	接受客户委托为其提供专项或全面的物流系统设计以及系统运营的物流服务模式,由供需之外的第三方提供物流服务
第四方物流	提供各种物流信息咨询服务的企业,为客户提供综合供应链解决方案
第五方物流	提供各层次物流人才培训服务的企业

(二) 第三方物流的好处

采用第三方物流,企业可以获得如下好处:提供企业所需的灵活性(涉及技术、地理、服务和资源规模的灵活性等),使企业更加集中于核心业务的发展,改进服务质量,快速进入国际市场,获得信息咨询,获得物流经验,减少风险,降低成本,提升企业形象。

当然,采用第三方物流也存在一定的劣势:外购特定职能失去了内在的控制,因为物流公司直接与客户接触更多了,有核心能力被蚕食的危险。

(三) 第三方物流使用与实施应考虑的因素

1. 使用第三方物流需考虑的因素

(1) 了解自己的成本。物流运作时的运营成本。

(2) 第三方物流的客户化。第三方物流认同公司的需求并制定相应的服务。

(3) 第三方物流的专业化。第三方物流技能和信任是基础。

(4) 自有资产与非自有资产的第三方物流。自有资产者的特点是规模大,客户基础雄厚,服务到位,但不灵活,决策期长;非自有资产者的特点是灵活、成本低,但资源有限,价格谈判力低。

(5) 其他重要因素。还要考虑可靠性、灵活性、反应能力和成本。

2. 第三方物流的实施需考虑的因素

(1) 对前 6~12 个月的磨合期有足够的认识。一般而言,战略合作需要了解自己、了解伙伴,这个时期困难最多,容易打退堂鼓,为此一定要对困难有足够的认识。

(2) 诚实,多沟通。交流沟通和信任合作是实施第三方物流的前提与基础。

(3) 从共同利益出发。双方要建立合作共赢理念,彼此站在对方角度考虑。

(4) 其他重要问题。如数据的保密性、绩效衡量的标准、附属合同的特定条款、解决争议的仲裁机制、合同中的风险保护条款以及定期报告机制等。

二、第四方物流

(一) 第四方物流的含义

所谓第四方物流(the fourth party logistics,4PL),是指集成商们利用分包商来控制与管理客户的点到点式供应链运作。也就是说,第四方物流是一个提供全面供应链解决方案的供应链集成商。通常来讲,第四方物流的内涵一般包括以下几点。

(1) 整合物流服务供应商是第四方物流的一般思路。

(2) 信息系统是综合物流解决方案必不可少的组成部分。

(3) 低成本、高服务水平是综合物流解决方案的目标。

(4) 对方案执行过程实施指导和监督是第四方物流的重要职责。

因此,从概念上看,第四方物流是有领导力量的物流服务商通过整个供应链的影响力,提供综合的供应链解决方案,为其客户带来更大的价值。显然,第四方物流是在解决企业物流的基础上,整合社会资源,达到物流信息充分共享、社会物流资源充分利用等。

本质上,第四方物流提供商是一个供应链集成商,它调集、管理和组织本身以及具有互补性的服务提供商的资源、能力和技术,以提供一个综合的供应链解决方案。

在一些对供应链概念解释和论证的书籍中,约翰·加托纳(John Gattorna)在他的《战略供应链》中指出,随着企业从自营物流到第三方物流再到第四方物流的逐步转变,供应链革命的时代已到来。约翰·加托纳认为:"如果说第三方物流已被现代商业模式接受,那么第四方物流则是应对现代供应链挑战所提出的一个全新的解决方案……它能够使企业最大限度地获得多方面的利益。"

同第三方物流相比,第四方物流的成功之处在于它能向客户提供一个前所未有的、使客户价值最大化的服务。第四方物流方案的崛起在一定程度上影响到了第三方物流提供商的服务能力。第四方物流充分利用了一批服务提供商的能力,包括第三方物流、信息技术服务商、呼叫中心、电信增值服务商等,当然也包括客户的能力和第四方物流自身的能力。客户因此也能得到更多的交叉性、多功能的资源整合和经营扩展等服务。两个关键性的差别使第四方物流的概念独一无二,也使它与目前市场上可以获得的其他供应链外包方案区别开来。第一,第四方物流能够提供一个全面的供应链解决方案;第二,第四方物流通过对整个供应链产生影响力来增加客户服务的价值。

第四方物流的概念是由安德森咨询公司提出并注册的,许多服务商都对第四方物流心驰神往,希望与客户建立长期稳固的伙伴关系。典型的第四方物流不仅控制和管理特定的物流服务,而且为整个过程策划方案,并通过电子商务将这个过程集成起来。

随着制造商和零售商日益趋向外包其物流业务,第四方物流服务已开始被采用。预测表明,作为能与客户的制造、市场及分销数据进行全面、在线连接的一个战略伙伴,第四方物流与第三方物流一样,可以在可预见的将来得到广泛应用。

(二) 第四方物流的特点与基本功能

1. 第四方物流的特点

(1) 第四方物流提供了一个完整的综合性供应链解决方案(更高、更广泛的集成)。

(2) 第四方物流通过影响整个供应链来获得价值,为整条供应链上的客户企业带来利益。

2. 第四方物流的基本功能

(1) 供应链管理功能,即管理从货主/托运人到用户/顾客的供应链全过程。

(2) 运输一体化功能,即负责管理运输公司、物流公司之间在业务操作上的衔接与协调问题。

(3) 供应链再造功能,即根据货主/托运人在供应链战略上的要求,及时改变或调整策略,使其能高效率地运作。

(三) 第四方物流的模式

第四方物流具有以下模式。

(1) 协助提高者——第四方物流为第三方物流工作,并提供第三方物流缺少的技术和战略技能。

(2) 方案集成商——第四方物流为货主服务,是和所有第三方物流提供商及其他提供商联系的中心。

(3) 产业革新者——第四方物流通过对同步与协作的关注,为众多的产业成员运作供应链。

第四方物流无论采取哪一种模式,都突破了单纯发展第三方物流的局限性,能真正低成本运作,实现最大范围的资源整合。

(四) 第三方物流和第四方物流的比较

第三方物流和第四方物流可以从以下几个方面进行比较。

(1) 从决策的类型看,第三方物流提供商所做的是策略性决策和操作性决策;第四方物流提供商所做的是战略性决策。

(2) 从职能的执行看,第三方物流侧重于实际的物流运作以及面对客户企业需求的一系列服务;第四方物流侧重于从宏观上对供应链进行优化管理。

(3) 从客户企业角度看,与第三方物流提供商的合作是一对多的合作;而客户企业与第四方物流提供商的合作是一对一的合作。

(4) 第四方物流是在第三方物流的基础上产生发展的,它不能独立于第三方物流而存在。第三方物流与第四方物流是一种协同服务的关系,第三方物流需要第四方物流提供供应链整合、再造等方案的指导;而第四方物流的战略决策思想必须依靠第三方物流的实际运作来实现并得到验证。

拓展阅读2.2 打破外包仓储,打造仓储新模式——云仓储

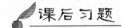 课后习题

一、单选题

1. 供应链管理强调的是把主要精力放在企业的(　　)上,充分发挥其优势。
   A. 合作关系　　　　　　　　B. 运输仓储
   C. 生产制造　　　　　　　　D. 关键业务(企业核心竞争力)

2. 随着科学技术的高速发展,工业型社会正在逐步向信息型社会过渡,其关键资源也由(　　)转变为信息、知识和创造力。
   A. 资本　　　B. 物料　　　C. 人才　　　D. 战略

3. 在供应链管理环境下,企业运作与管理也由控制导向转为(　　)导向。
   A. 利益　　　B. 信用　　　C. 关系　　　D. 资金

4. 扩展企业可以定义为一个概念性的组织单元或系统,它包括采购公司和供应商(一个或多个),它们通过(　　)来实现最大化的利润分配。
   A. 系统集成　　B. 紧密合作　　C. 利益共享　　D. 降低成本

5. 集成化供应链是以(　　)为特征的集成企业网络(扩展企业模型),它改变了原来的纵向一体化模式,向横向一体化模式转变。

A. 资源外用　　B. 信息联系　　C. 合作互利　　D. 系统集成

二、多选题

1. 供应链合作关系可以定义为供应商与制造商之间,在一定时期内的(　　)的协议关系。

　　A. 共享信息　　B. 共担风险　　C. 共同获利　　D. 共商决策
　　E. 共同回收

2. 在供应链合作关系环境下,制造商选择供应商不再是只考虑价格,而是更注重选择能在(　　)等方面进行良好合作的供应商。

　　A. 优质服务　　B. 技术革新　　C. 产品设计　　D. 信息集成
　　E. 战略合作

3. 以团队和自我管理团队为形式的新的企业管理对象使得(　　)已成为未来企业管理者面临的新课题。

　　A. 盈利　　　　B. 成本　　　　C. 合作性　　　D. 竞争性
　　E. 独立性

4. 在供应商评价和选择阶段,(　　)等将影响合作关系的建立。

　　A. 总成本和利润的分配　　　　B. 文化兼容性　　C. 财务稳定性
　　D. 合作伙伴的能力和定位(自然地理位置分布)
　　E. 管理的兼容性

5. 第三方物流的好处包括(　　)。

　　A. 提供企业所需的灵活性　　　　B. 使企业更加集中于核心业务的发展
　　C. 改进服务质量　　　　　　　　D. 快速进入国际市场
　　E. 获得信息咨询和物流经验

三、名词解释

1. 核心竞争力
2. 业务外包

四、简答题

1. 业务外包的原因与优势有哪些?
2. 简述企业核心竞争力的外部特征。

五、论述题

论述供应链合作关系的形成及其制约因素。

第三章 供应链的构建与优化

学习目标

- 理解供应链管理的组织架构模型,掌握供应链构建设计策略;
- 掌握供应链设计的两个模型。

技能目标

- 学会运用供应链构建方法分析供应链的优劣;
- 根据供应链优化原则,评价企业供应链构建。

开篇案例

利丰的供应链的构建

利丰的供应链管理模式是全球范围内的佼佼者。美国哈佛商学院就对利丰的供应链管理实践做了多个商业案例分析,《哈佛商业评论》称之为"香港风格的供应链管理",具有"快捷、全球化和创业精神"。在利丰看来,这个世界,各采购国之间将没有边界,利丰就要拥有一个在"平的世界"中管理供应链的有效模式。在美国,任何一家商城里都会有30%~40%的商家是利丰的客户,消费者们基本不会注意到利丰公司,但在各类服装和家庭用品的背后,却是利丰在提供服务。

利丰供应链管理具有四大特点。

第一,积极拓展全球性的采购经销网络,不断对产品供应链进行优化管理,并注重实现供应链各节点上企业的紧密合作,以争取"零售价里的软三元"。"软三元"指的是当一件产品的生产成本是1美元,零售价是4美元时,传统的市场智慧是研究如何把价值4美元的产品卖得更多、卖价更高;但最好的办法是向供应链上的3美元增值入手,依然在售价不变的情况下使来自供应链上的收益可直接增加经济溢利。通过拓展全球性的采购经销网络和不断改善供应链管理来赚这"软三元"。

第二,建立从采购、经销到零售的一条完整供应链的组织管理架构,重视并不断强化各企业的核心业务和核心竞争力。

处于供应链上游的利丰贸易,专注于组合供应链上的各个企业,以协调和监控采购、生产、运输等活动;处于供应链中端的利丰经销,则专注于经销代理和批发业务,以构建完整的工作流、资金流、信息流和实物流,在市场推广、品牌代理、品类管理、物流服务、销售渠道的拓展上,提供不同层次的服务;而处于供应链下游的利丰零售,用连锁店集团的运营紧贴消费市场,针对目标客户的需要提供产品和服务,从而最大限度地减少库存、提高效率。

第三,建立以客户为中心、以市场需求为原动力的拉动式(牵引式)供应链运作,为客户提供"一站式"的增值服务。

第四,利用流程管理和信息系统去优化供应链运作。利丰认为,这关系到能否最大限度地为客户提供最具价格竞争力的产品和最优质的服务。

资料来源:锷亚.百年利丰,经典供应链管理[J].中外管理,2012(7):128.

案例导学

利丰之所以取得如此巨大的成就,关键在于成功的供应链体系的构建与管理。本章就来研究一下供应链的构建及优化问题。

第一节 供应链构建的体系框架

供应链构建(supply chain configuration)包括供应链管理组织机制的建立、管理流程的设计与优化、物流网络的建立、合作伙伴的选择、信息支持体系的选择等诸多内容,为叙述方便起见,本书后面简称为供应链构建。供应链构建是一个庞大而复杂的工程,也是十分重要的管理内容。

关于供应链构建的理论体系与实践范畴,目前学术界和企业界都还没有统一的认识,但已引起很多人的关注,从事这方面的研究与实践的人越来越多。本书综合相关研究与实践的成果,给出了一个供应链管理体系构建总体模型,如图3-1所示。

一、供应链管理的组织架构模型

供应链的构建必须同时考虑企业和合作伙伴之间的管理关系,形成合理的组织关系以支持整个供应链的业务流程。因此,在进行供应链设计时,首先需要考虑的内容就是供

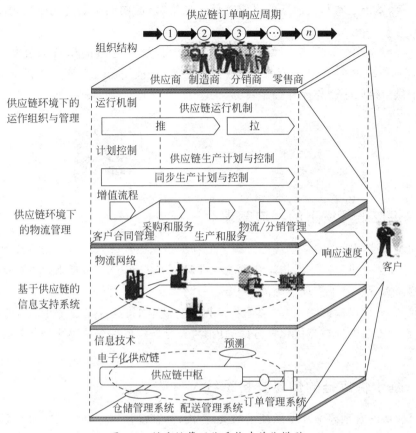

图 3-1 供应链管理体系构建总体模型

应链上企业的主客体关系。根据核心企业在供应链中的作用,恰当设计出主客体的权利与义务。其次,就是完善组织设计,支持主客体关系的运作。

二、供应链环境下的运作组织与管理

供应链能够取得单个企业所无法达到的效益,关键之一在于它动员和协调了整个产品设计、制造与销售过程的资源。但是这并不是说只要将所有企业"捏合"到一起就可以达到这一目标。

其中的核心问题就是能否将所有企业的生产过程实现同步运作,最大限度地减少由于不协调而导致的生产的停顿、等待、过量生产或者缺货等方面的问题。因此,供应链构建的问题之一是如何构造适应供应链环境的生产计划与控制系统。

完成这一过程需要考虑的主要内容如下。

首先是供应链环境的生产计划与控制模式,主要涉及基于供应链响应周期的资源配置优化决策,基于成本和提前期的供应链延迟点决策,面向同步制造的供应链流程重构,等等。

其次是与同步生产组织匹配的库存控制模式,如何应用诸如自动补货系统(AS/RS)、供应商管理库存(VMI)、接驳转运、虚拟仓储、提前期与安全库存管理等各种技术,实现整个供应链的生产与库存控制目标。

拓展阅读3.1　供应链优化

三、供应链环境下的物流管理

与同步制造相呼应的是供应链管理下的物流组织模式。它的目标是寻找最佳的物流管理模式,使整个供应链上的物流管理能够准确响应各种需求(包括来自客户的需求和合作伙伴的需求等),真正体现出物流是"第三利润源泉"的本质。

为此,在构建供应链时,必须考虑物流网络的优化、配送中心的选择、运输路线的优化、物流作业方法的选择与优化等方面的内容,充分应用各种支持物流运作管理决策的技术与方法。

四、基于供应链的信息支持系统

对供应链的管理离不开信息技术的支持,因此,在设计供应链时一定要注意如何将信息融入整个系统中来。这方面的内容已有很多论著,此处不多言。

拓展阅读3.2　自动补货系统

第二节　供应链的结构模型

一、供应链拓扑结构模型

(一) 供应链的模型Ⅰ：静态链状模型

综合供应链的定义和结构模型,不难得出这样一个简单的供应链模型,如图3-2所示,本书称其为模型Ⅰ。模型Ⅰ清楚地表明产品的最初来源是自然界,如矿山、油田、橡胶园等,最终去向是用户。

产品因用户需求而生产,最终被用户所消费。产品从自然界到用户经历了供应商、制造商和分销商三级传递,并在传递过程中完成产品加工、产品装配形成等转换过程。被用户消费掉的最终产品仍回到自然界,完成物质循环(图 3-2 中的虚线)。

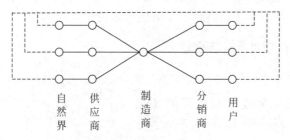

图 3-2　模型Ⅰ：静态链状模型

(二) 供应链的模型Ⅱ：动态链状模型

模型Ⅰ只是一个静态模型,表明供应链的基本组成和轮廓概貌。进一步地,可以提出供应链的模型Ⅱ,如图 3-3 所示。模型Ⅱ是对模型Ⅰ的进一步抽象,它把商家都抽象成一个个的点,称为节点,并用字母或数字表示。节点以一定的方式和顺序联结成一串,构成一条供应链。

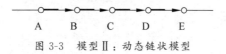

图 3-3　模型Ⅱ：动态链状模型

在模型Ⅱ中,若假定 C 为制造商,则 B 为供应商,D 为分销商;同样,若假定 B 为制造商,则 A 为供应商,C 为分销商。在模型Ⅱ中,产品的最初来源(自然界)、最终去向(用户)以及产品的物质循环过程都被隐含抽象掉了。

从供应链研究便利的角度来讲,把自然界和用户放在模型中没有太大的作用。模型Ⅱ着力于供应链中间过程的动态研究,它是一个动态的链状模型。

1. 供应链的方向

在供应链上,除流动着的物流(产品流)和信息流外,还存在着资金流。物流的方向一般都是从供应商流向制造商,再流向分销商。在特殊情况下——如产品退货,产品在供应链上的流向与上述方向相反。但由于产品退货属非正常情况,退货的产品也非本书严格定义的产品,所以本书将不予以考虑。

本书依照物流的方向来定义供应链的方向,以确定供应商、制造商和分销商之间的顺序关系。模型Ⅱ中的箭头方向即表示供应链的物流方向。

2. 供应链的级

在模型Ⅱ中，当定义 C 为制造商时，可以相应地认为 B 为一级供应商，A 为二级供应商，而且还可以定义三级供应商、四级供应商……同样，可以认为 D 为一级分销商，E 为二级分销商，并定义三级分销商、四级分销商……一般来讲，一个企业应尽可能考虑多级供应商或分销商，这样有利于从整体上了解供应链的运行状态。

(三) 供应链的模型Ⅲ：网状模型

事实上，在模型Ⅱ中，供应商可能不止一家，而是有 B_1、B_2 等 n 家，分销商也可能有 D_1、D_2 等 m 家。动态地考虑，C 也可能有 C_1、C_2 等 K 家，这样模型Ⅱ就转变为一个网状模型，即供应链的模型Ⅲ，如图 3-4 所示。

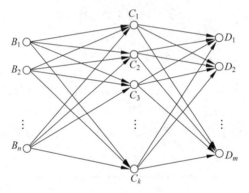

图 3-4 模型Ⅲ：网状模型

网状模型更能说明现实世界中产品的复杂供应关系。在理论上，网状模型可以涵盖世界上所有厂家，把所有厂家都看作是其上面的一个节点，并认为这些节点之间存在着联系。当然，这些联系有强有弱，而且在不断地变化着。通常，一个厂家仅与有限个厂家相联系，但这不影响本书对供应链模型的理论设定。网状模型对供应关系的描述性很强，适合于对供应关系的宏观把握。

1. 入点和出点

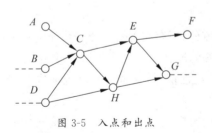

图 3-5 入点和出点

在网状模型中，物流作有向流动，从一个节点流向另一个节点。这些物流从某些节点补充流入，从某些节点分流流出。我们把这些物流进入的节点称为入点，把物流流出的节点称为出点。入点相当于矿山、油田、橡胶园等原始材料提供商，出点相当于用户。图 3-5 中 A 节点为入点，F 节点为出点。

对于有的厂家既为入点又为出点的情况，出于对网状表达的简化，将代表这个厂家的节点一分为二，变成两个节点：一个为入点，一个为出点，并用实线将其框起来。如图 3-6 所示，A_1 为入点，A_2 为出点。

同样，对于有的厂家对另一厂家既为供应商又为分销商的情况，也可将这个厂家一分为二，甚至一分为三或更多，变成两个或多个节点：一个节点表示供应商，一个节点表示分销商，也用实线将其框起来。如图 3-7 所示，B_1 是 C 的供应商，B_2 是 C 的分销商。

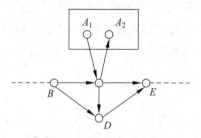
图 3-6 包含出点和入点的厂家

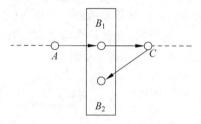
图 3-7 包含供应商和分销商的厂家

2. 子网

有些厂家规模非常大，内部结构也非常复杂，与其他厂家相联系的只是其中一个部门，而且内部也存在着产品供应关系，用一个节点来表示这些复杂关系显然不行，这就需要将表示这个厂家的节点分解成很多相互联系的小节点，这些小节点构成一个网，称为子网，如图 3-8 所示。

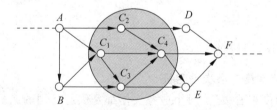
图 3-8 子网模型

引入子网概念后，在研究图 3-8 中 C 与 D 的联系时，只需考虑 C_2 与 D 的联系，而不需要考虑 C_3 与 D 的联系，这就简化了无所谓的研究。子网模型对企业集团是很好的描述。

3. 虚拟企业

借助以上对子网模型过程的描述，可以把供应链网上为了完成共同目标、通力合作并实现各自利益的一些厂家形象地看作是一个厂家，这就是虚拟企业。

虚拟企业是在经济交往中，一些独立企业为了共同的利益和目标在一定的时间内结成的相互协作的利益共同体。虚拟企业组建和存在的目的就是获取相互协作而产生的效益,一旦这个目的已完成或利益不存在,虚拟企业即不复存在。

二、供应链网模型

在产品生命周期不断缩短、企业之间的合作日益复杂以及顾客的要求更加严格的今天,市场驱动原料或零部件供应商、产品制造商和分销商组织起来,形成了供应—生产—销售的供应链。实际上,供应链中的供应商常常为多家,分销商也有多个。

供应商、制造商和分销商在战略、任务、资源和能力方面相互依赖,构成了较复杂的供应—生产—销售网,这就是供应链网。我们说的供应链实质上应该是一个网链结构。供应链网的一般结构如图3-9所示。

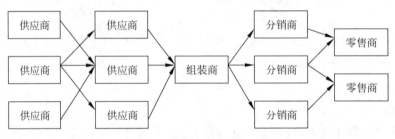

图3-9 供应链网的一般模型

供应链网是由一系列自主程度不同的业务实体所构成的网络,这些实体之间互为上下游企业。而且,可以专门对供应链网进行分类,研究在供应链网中对订货完成过程的管理。

(一) 供应链网的结构特性

1. 供应链网的结构具有层次性特征

从组织边界的角度来看,虽然每个业务实体都是供应链网的成员,但是它们可以通过不同的组织边界体现出来。

2. 供应链网的结构表现为双向性

从横向来看,使用某一共同资源(如原材料、半成品或成品)的实体之间既相互竞争又相互合作。从纵向来看,供应链网的结构就是供应链结构,反映从原材料供应商到制造商、分销商及顾客的物流、信息流和资金流的过程。

3. 供应链网的结构呈多级性

随着供应、生产和销售关系的复杂化,供应链网的成员越来越多。如果把供应链网中相邻两个业务实体的关系看作供应—购买关系,那么这种关系是多级的,而且涉及的供应商和购买商也是多个的。供应链网的多级结构增加了供应链管理的困难,同时又有利于供应链的优化与组合。

4. 供应链网的结构是动态的

供应链网的成员通过物流和信息流而联结起来,它们之间的关系是不确定的,其中某一成员在业务方面的稍微调整都会引起供应链网结构的变动。而且,供应链成员之间、供应链之间的关系也由于顾客需求的变化而经常做出适应性的调整。

5. 供应链网具有跨地区的特性

供应链网中的业务实体超越了空间的限制,在业务上紧密合作,共同加速物流和信息流,创造了更多的供应链效益。最终,世界各地的供应商、制造商和分销商被联结成一体,形成全球供应链网(global supply chain network,GSCN)。

拓展阅读3.3 供应链管理的特性

(二) 供应链网结构分析的现实意义

1. 明确了供应链网的概念,有助于人们加深理解供应链的内涵和外延

供应链网强调的是供应链的网状结构,使人们能够从宏观和微观两方面正确认识供应链和供应链管理的本质。

2. 对于供应链网结构特性的分析有助于企业制定恰当的供应链构建策略

例如,企业可以对供应链网进行层次区分,确定主干供应链和分支供应链,建立起最具有竞争力的供应链网。另外,从供应链网的多级性特征来看,企业又可以对供应链进行等级排列,对供应商进一步细分,进而制定出具体的营销组合策略。世界著名的耐克公司之所以取得全球化经营的成功,关键在于它分析了公司供应链网的多级结构,有效地运用了供应商多级细分策略。

实践表明,对供应链网的分层和分级是十分重要的。同时,供应链网结构的动态性特点指导企业建立供应链并适时修正战略,跨地区性特点提醒企业密切注意国际惯例和各国文化、法律的差异。

3. 为企业提供参考

供应链网结构研究能够区分不同行业的供应链网,为企业建立合适的供应链网提供了参考。企业应该根据自身的行业特点、业务规模和业务流程来选择最佳的供应链网。

4. 有利于改进供应链管理

供应链网结构研究分析了不同行业供应链网管理的主要问题,有利于改进供应链管理。尤其是,供应链网结构研究强调供应链网成员的共同目标和改进重点,为企业提高管理水平指明了方向。

三、供应链环境下的物流管理

与同步制造相呼应的是供应链管理下的物流组织模式。它的目标是寻找最佳的物流管理模式,使整个供应链上的物流管理能够准确响应各种需求(包括来自客户的需求和合作伙伴的需求等),真正体现出物流是"第三利润源泉"的本质。

为此,在构建供应链时,必须考虑物流网络的优化、配送中心的选择、运输路线的优化、物流作业方法的选择与优化等方面的内容,充分应用各种支持物流运作管理决策的技术与方法。

(一) 供应链管理下的物流环境

企业竞争环境的变化导致企业管理模式的转变,供应链管理思想就是在新的竞争环境下出现的。新的竞争环境体现了企业竞争优势要素的改变。在20世纪70年代以前,成本是主要的竞争优势,而在20世纪80年代则是质量,20世纪90年代是交货时间,即所谓基于时间的竞争,到21世纪初,这种竞争优势就会转移到所谓的敏捷性上来。

在这种环境下,企业的竞争就表现在如何以最快速度响应市场要求,满足不断变化的多样化需求。即企业必须能在实时的需求信息下,快速组织生产资源,把产品送到用户手中,并提高产品的用户满意度。在激烈的市场竞争中,企业都感到一种资源饥渴的无奈,传统的单一企业竞争模式已经很难使企业在市场竞争中保持绝对的竞争优势。

信息时代的到来,进一步加深了企业竞争的压力,信息资源的开放性,打破了企业的界限,建立了一种超越企业界限的新的合作关系,为创造新的竞争优势提供了有利的条件。因此,供应链管理的出现迎合了这种趋势,顺应了新的竞争环境的需要,使企业从资源的约束中解放出来,创造出新的竞争优势。

供应链管理实质是一个扩展企业概念,扩展企业的基本原理和思想体现在几个方面:①横向思维(战略联盟);②核心能力;③资源扩展/共享;④群件与工作流(团队管理);⑤竞争性合作;⑥同步化运作;⑦用户驱动。这几个方面的特点不可避免地影响到物流环境。

(二) 供应链管理环境下物流管理的特点

物流环境的改变使得物流管理出现了以下的新特征。

1. 信息化

从原材料供应商到商品最终消费者,整个流通过程都要保障信息的透明度和沟通的畅通无阻,供给和需求信息、储存信息、运输信息、货物实时状态信息等各种必要的信息都要得到及时有效的传播,而且更重要的是,现代信息技术为此提供了物质基础保证,至少在现代信息技术条件下能够到达这个要求。

供应链管理环境下的物流管理既有现实的需求又有技术的实现条件,所以相比于传统的物流,这一特点就显得更加明显和重要。

2. 系统化

物流活动所涉及的范围和环节更广、更多了,通常认为,供应链包括物流、信息流和资金流的同步运行。一方面,物流本身是一个有着独立运行规律的系统;另一方面,物流从属于更大的系统——供应链系统,要在更大的系统中开展运作。供应链环境下的物流活动更加强调系统性。

3. 合作化

供应链上各个组成部分,包括供应商、采购商、生产商、分销商等经营主体,要彼此紧密合作。共同作为供应链上的组成部分,需要保持稳定性和长久性,而这种稳定性和长久性必然要求供应链中的各企业保持良好的合作关系。

4. 便捷化

既然作为一个长期合作的整体,就会要求每一个成员之间的合作渠道最优化、服务便捷化,做到及时供货、快速响应,以最大限度地提高供应链的运作效率和降低彼此的交易成本。

四、基于供应链的信息支持系统

对供应链的管理离不开信息技术的支持,因此,在设计供应链时一定要注意如何将信息融入整个系统中来。这方面的内容已有很多论著,此处不多言。

第三节 供应链构建设计策略

一、基于产品的供应链设计策略

从投资的角度考虑供应链的设计问题,美国的费舍尔(L. Fisher)教授提出了供应链的设计要以产品为中心的观点。供应链的设计首先要明白用户对企业产品的需求是什么,因为产品生命周期、需求预测、产品多样性、提前期和服务的市场标准等都是影响供应链设计的重要问题。

供应链的构建必须与产品特性一致,这就是所谓基于产品的供应链设计策略(product-based supply chain design,PBSCD)。

(一) 产品类型

不同的产品类型对供应链设计有不同的要求。如前所述，人们将产品分为高边际利润、不稳定需求的创新型产品和边际利润低、需求稳定的功能型产品，供应链构建时就应该考虑这方面的问题。

从前面几章的介绍可以看出，功能型产品一般用于满足用户的基本需求，变化很少，具有稳定的、可预测的需求和较长的生命周期，但它们的边际利润较低。为了获得比较高的边际利润，许多企业在产品样式或技术上革新以刺激消费者购买，从而使产品成为创新型的，这种创新型产品的需求一般不可预测，生命周期也较短。正因为这两种产品的不同，才需要有不同类型的供应链去满足不同的管理需求。

(二) 基于产品的供应链设计步骤

基于产品的供应链设计步骤如图 3-10 所示。

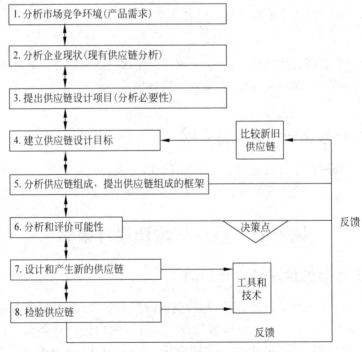

图 3-10 供应链设计的步骤模型图

第一步是分析市场竞争环境。目的在于找到针对哪些产品进行市场开发，供应链才有效的答案，为此，企业必须知道现在的产品需求是什么，产品的类型和特征是什么。分析市场特征的过程要向卖主、用户和竞争者进行调查,提出诸如"用户想要什么""他们在市场中的分量有多大"之类的问题,以确认用户的需求和因卖主、用户、竞争者产生的压力。这一步骤的输出是每一产品的按重要性排列的市场特征。同时,对于市场的不确定性要有分析和评价。

第二步是分析企业现状。主要分析企业供需管理的现状(如果企业已经有供应链管理,则分析供应链的现状),这一步骤的目的不在于评价供应链设计策略的重要性和合适性,而是着重于研究供应链开发的方向,分析、找到、总结企业存在的问题及其影响供应链设计的阻力等因素。

第三步是提出供应链设计项目。

第四步是建立供应链设计目标。主要目标在于获得高用户服务水平和低库存投资、低单位成本两个目标之间的平衡(这两个目标往往有冲突),同时还应包括以下目标。

(1) 进入新市场。

(2) 开发新产品。

(3) 开发新销售渠道。

(4) 提高用户满意度。

(5) 降低成本。

(6) 通过降低库存提高工作效率等。

第五步是分析供应链组成,提出供应链组成的框架。供应链中的成员组成分析主要包括制造工厂、设备、工艺和供应商、制造商、分销商、零售商及用户的选择及其定位,以及确定选择与评价的标准。

第六步是分析和评价可能性。这一步不仅是某种策略或改善技术,也是开发和实现供应链管理的第一步。它在可行性分析的基础上,结合企业的实际情况为开发供应链提出技术选择建议和支持。这也是一个决策的过程,如果认为方案可行,就可以进行下面的设计;如果不可行,就要重新设计。

第七步是设计和生产新的供应链。主要解决以下问题。

(1) 供应链的成员组成(供应商、设备、工厂、分销中心的选择与定位、计划与控制)。

(2) 原材料的来源问题(包括供应商、流量、价格、运输等问题)。

(3) 生产过程设计(需求预测,生产什么产品,生产能力,供应给哪些分销中心,价格,生产计划,生产作业计划和跟踪控制、库存管理等问题)。

(4) 分销任务与能力设计(产品服务于哪些市场,运输,价格等问题)。

(5) 信息管理系统设计。

(6) 物流管理系统设计等。

在供应链设计中,要广泛用到许多工具和技术,包括归纳法、动态规划、流程图、模拟和设计软件等。

第八步是检验供应链。供应链设计完成以后，应通过一定的方法、技术进行测试检验或试运行。如果不行，返回第四步进行重新设计；如果没有什么问题，即可实施供应链管理。

二、基于多代理的集成供应链设计思想和方法

(一) 基于多代理的集成供应链模式

随着计算机、网络等信息技术的发展，供应链除具有由人、组织简单组成的实体特征外，也逐渐演变为以信息处理为核心、以计算机网络为工具的人—信息—组织集成的超智能体。

基于多代理的集成供应链模式(见图 3-11)是涵盖两个世界的三维集成模式，即实体世界的人—人、组织—组织集成和软件环境世界的信息集成(横向集成)，以及实体与软件环境世界的人—机集成(纵向集成)。

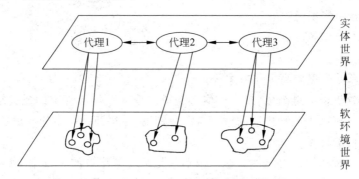

图 3-11 基于多代理的集成供应链模式

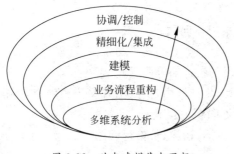

图 3-12 动态建模基本思想

(二) 动态建模基本思想

可以采用多种理论方法指导动态建模。基本流程为多维系统分析—业务流程重构—建模—精细化/集成—协调/控制，在建模中并行工程思想贯穿整个过程，如图 3-12 所示。

(三) 建模方法

用于基于多代理的集成供应链的建模方法主要有基于信息流的建模方法、基于过程优化的建模方法、基于案例分析的建模方法以及基于商业规划的建模方法四种。

过程优化思想在业务流程重构（business process reengineering，BPR）建模中得到应用，并且 BPR 支持工具被称为 BPR 研究的重要内容。过程优化最关键的就是过程诊断，即过程存在问题的识别。识别现有过程存在的问题可采用基于神经网络的企业过程诊断法、基于物元理论系统诊断法以及变化矩阵法。集成动态建模过程如图 3-13 所示。

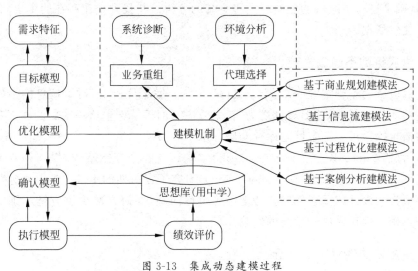

图 3-13　集成动态建模过程

拓展阅读 3.4　物元分析理论

三、在产品开发的初期设计供应链

在一些高科技型企业，如惠普公司，产品设计被认为是供应链管理的一个重要因素。众多的学者也提出了为供应链管理设计产品（design for supply chain management，DFSCM）的概念。与基于产品的供应链设计策略不同，DFSCM 的目的在于设计产品和工艺使供应链相关的成本和业务能得到有效的管理。

大量的实践经验告诉人们，供应链中生产和产品流通的总成本最终取决于产品的设计。因此，必须在产品开发设计的早期就开始同时考虑供应链的设计问题，以获得最大化的潜在利益。

第四节 供应链构建设计与优化方法

一、供应链分析诊断技术

在进行供应链构建的设计与重建过程中,必须对现有的企业供应链模式进行分析诊断,在此基础上进行供应链的创新。通过系统的分析诊断找到企业存在的主要问题,为新系统设计提供依据。

(一) 供应链的不确定性分析

对于供应链的不确定性因素,李效良(Hau Lee)做了分析,探讨了信息的不确定性导致的供应链的信息扭曲,并形象称之为"长鞭效应",剖析了产生这一现象的原因和应对措施。黄培清也探讨了不确定性对库存和服务水平的影响。

科洛特(Kogut)和库拉蒂拉卡(Kulatilaka)探讨了在全球制造中,提高企业柔性对应变不确定性的作用。宋京生(Jing-sheng Song)研究了提前期的不确定性对库存与成本的影响。供应链的设计或重建都需要考虑不确定性问题,要研究减少供应链不确定性的有效措施和不确定性对供应链设计的影响。

(二) 供应链的性能定位分析

供应链的性能定位是对现有的供应链做一个全面的评价,如订货周期、预测精度、库存占用资金、供货率等管理水平,以及供应链企业间的协调性、用户满意度等。如果用一个综合指数来评价供应链的性能定位,可以用这样一个公式表示:

$$供应链综合性能指数 = 价值增值率 \times 用户满意度$$

可以通过对用户满意度的测定结合供应链的价值增值率来确定供应链管理水平,为供应链的重构提供参考。

(三) 供应链的诊断方法

诊断方法是一个值得研究的课题,目前还没有一个普遍适用的企业诊断方法。随着企业改革的发展,企业诊断已成为许多企业策划的必不可少的内容,国外许多企业都高薪聘请企业咨询专家为企业诊断,国内对企业诊断问题的研究也逐渐热起来。

企业诊断不同于传统的可行性研究报告,它是企业从特定的需要出发,为企业的改造或改革提供科学的理论与实际相结合的分析,提供战略性的建议和改进措施。

目前诊断方法主要如下。

(1) 定位分析法。定位分析法是比较好的系统化比较分析方法。

(2) 层次分析法(analytic hierarchy process,AHP)法。层次分析法是广泛采用的多目标综合评价方法,并且可以结合模糊数学,产生定性和定量相结合的分析。

另外,还包括神经网络法、专家系统法、物元模型法、熵模型法等。

这些方法都已比较成熟,读者可以找相关专著学习,本书不再赘述。

二、供应链构建的设计方法与工具

(一) 网络图形法

供应链设计问题有几种考虑方式:一是单纯从物流通道建设的角度设计供应链;二是从供应链定位(supply chain location)的角度选择在哪个地方寻找供应商,在哪个地方建设一个加工厂,在哪个地方设立一个分销地点等。设计所采用的工具主要是网络图形法,直观地反映供应链的结构特性。在具体的设计中可以借助计算机辅助设计等手段进行网络图的绘制。

(二) 数学模型法

数学模型法是研究经济问题普遍采用的方法。把供应链作为一个经济系统问题来描述,可以通过建立数学模型来描述其经济数量特征。最常用的数学模型是系统动力学模型和经济控制论模型。特别是系统动力学模型更适合供应链问题的描述。

系统动力学最初的应用也是从工业企业管理问题开始的,它是基于系统理论、控制理论、组织理论、信息论和计算机仿真技术的系统分析与模拟方法。系统动力学模型能很好地反映供应链的经济特征。

(三) 计算机仿真分析法

利用计算机仿真技术,将实际供应链构建问题根据不同的仿真软件要求,先进行模型化,再按照仿真软件的要求进行仿真运行,最后对结果进行分析。计算机仿真技术已经非常成熟,这里就不多做介绍。

(四) CIMS-OSA 框架法

CIMS-OSA 是由欧洲信息技术研发战略联盟(European Strategic Programme for Reasearch and Development in Information Technology,ESPRDIT)研制的计算机集成制造(computer integrated manufacturing,CIM)开放体系结构,它的建模框架基于一个继承模型的 4 个建模视图:功能视图、信息视图、资源视图和组织视图。

CIMS-OSA 标准委员会建立了关于企业业务过程的框架,这个框架将企业的业务过程划分为 3 个方面:管理过程、生产过程和支持过程。可以利用这个框架建立基于供应链管理的企业参考模型,特别是组织视图和信息视图,对供应链的设计和优化很有帮助。

三、供应链设计的两个模型

(一) 螺旋循环设计模型

罗森(Lawson)研究设计及设计过程的特征时,认为设计行为有如下特征。
(1) 设计目标及设计要求是很难清楚描述的。
(2) 设计是一个无止境的过程。
(3) 设计总有缺陷。
(4) 设计与人的判断价值有关。
(5) 设计问题的解决与问题的出现同时存在。
(6) 不存在最优设计方案。
(7) 设计的目的是实施。

从设计的行为特征来看,系统设计过程是一个开放性的过程,是一个螺旋上升的过程。在软件开发过程中 Gane 和 Sarson(1979)就建立了一个螺旋设计模型,Boehm(1988)将其发展为螺旋循环设计模型,Kidd(1994)将它移植到敏捷企业设计中。供应链的设计过程其实也是一个螺旋设计过程,同样可以采用相关的理论。

(二) 组织元模型

1. 组织元的确定

供应链的每一个节点都是以信息处理为中心、以计算机网络为工具的人、信息和组织的集成体,用 Agent 来描述。Agent 有狭义的和广义的定义。

从狭义来讲,Agent 是指一个智能体(或代理),一般是一个软件或信息系统,我们称之为软件世界的智能体。但从广义来讲,Agent 是指分布的、独立的、相互合作的网络中的成员。宏观上,它就像加盟供应链的"代理商",基于多 Agent 集成的供需合作机制指的也是基于这层意义上的代理机制。组织元模型也就是 Agent 模型。

供应链建模或设计最为重要的就是组织元的确定。在供应链结构中,要区分上游组织元和下游组织元,因为这两种组织元的功能不同,因而其评价的标准不同。

如可以用 AHP 法对组织元进行评价,基本框架如图 3-14 所示。

通过评价模型对组织元的评价,优选出满意的 Agent 组织元。

2. 流程的合理性布置

在选定组织元之后,生产组织方式是采用哪个团队的工作方式,业务流程的重组也是必需的工作。为实现最简捷的流程以及时间最短的单元组合,需要建立一个流程分析模型。

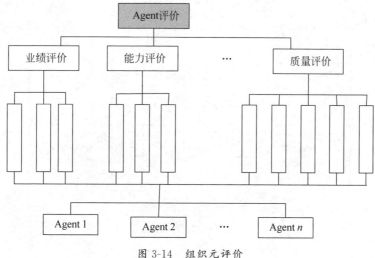

图 3-14 组织元评价

3. 任务协调与匹配

选定组织元和流程之后,就要对企业的资源从供应链的整体进行合理配置,特别是保持企业内部和企业之间的综合平衡。首先是委托实现机制的建立,然后是采用面向对象的产品质量功能配置(quality function deployment,QFD)和制造决策、制造资源计划(manufacturing resource planning,MRPⅡ)及作业计划的制订等。

四、供应链的重构与优化

为了提高现有供应链运行的绩效、适应市场的变化、增加市场的竞争力,需要对企业的供应链进行重构与优化。通过供应链的重构获得更加精细的、敏捷的、柔性的企业竞争优势。

李效良等人对供应链的重构偏重于销售链(下游供应链)的重构研究,提出了一些重构的策略,如供应商管理库存(VMI)、延迟制造(postponement)等。图维尔(Towill)也对供应链的重构进行了研究,提出了关于供应链重构的方法模型。这里提出如图 3-15 所示的供应链重构模型。

供应链的重构与优化,首先应明确重构的目标,如缩短订货周期、提高服务水平、降低运费、降低库存水平、增加生产透明性等。明确了重构的目标后进行企业的诊断和重构策略的研究。需要强调的是,必须根据企业诊断的结果来选择重构策略是跃进的还是渐进的。但无论如何,重构的结果都应获得价值增值和用户满意度的显著提高,这是实施供应链管理始终坚持的一条原则和主体约束条件。

变化矩阵是重构目标和现有供应链的转换过程,确立变化矩阵后可以实施行动方案,

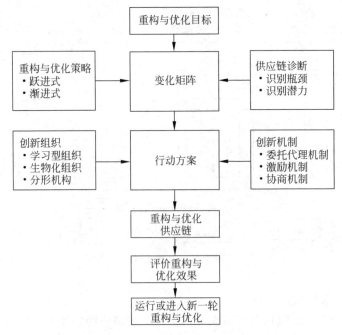

图 3-15 供应链重构与优化流程

如改进生产系统、人员的调整、机构的改革等。行动方案从创新组织和创新机制两个方面进行。

五、供应链重构与优化的基本原则

供应链优化有很多方法思路,这些方法思路结合具体行业企业又有不同的表现形式,有没有一些通用的基本的方法呢?正如大千世界虽然丰富,但还是有一些基本运行原则的,如物质决定意识、从量变到质变等。

供应链虽然复杂,也有一些基本的优化逻辑,遵从这些基本逻辑,就可以找到优化之路。可归纳为两个基本优化方法,其一是分类管理,其二是时间管理。

(一) 分类管理

供应链是复杂的,为此需要分类以便管理。例如,把采购物料分为原材料、辅助材料和备品备件,把供应商分为一级、二级、三级,把产品分为不同的系列,把客户分为直销商和经销商,把市场分为中心城市和农村市场等。不同的类别有不同的特征,采取与不同类别特征相适应的策略可以实现对供应链的优化。

分类作为供应链优化的基本逻辑,如何引导我们优化供应链呢?

（1）要分析分类的合理性，这需要对供应链管理的每一个环节，如需求、生产、采购、物流、计划等进行详细分析，从实际业务运作的需要审视分类的合理性，可以参考各种管理模型、各种业务最佳实践。比如，就快速消费品的渠道划分来说：粗略的划分可以分为传统渠道和现代商超；详细的划分可以细致到路边小店，可口可乐就把路边的修车店作为一个单独的渠道。

（2）在明确分类的基础上，分析针对不同类别是否采取了合适的策略。显然分类越细致，采取的策略就更具有针对性，更为有效。比如，把路边修车店作为一个渠道，这个渠道显然有独自的特征，针对这个渠道采取的策略肯定与商场超市的策略不一致。

（3）各个环节的最优不是供应链的最优，要实现供应链优化还必须确保各个环节分类策略的匹配性。比如，新增了一个销售渠道类别，它有新的特征，企业是否有相应的物流类别去支撑这个销售渠道。在快速消费品行业，针对经销商的物流服务可以全外包，针对市内超市这个渠道很多企业采取了自主做配送的方式。显然，针对不同的销售渠道有不同的物流业务类别。物流业务分类以及策略与渠道的分配是相适应的。

（二）时间管理

分类是供应链优化的一个基本原则，就是要对供应链上各个环节的业务要素进行分类，根据各个类别分别采取最合适的策略，从而实现供应链优化。采用该原则，关键在于选择合适的分类方法，以及针对每一个类别制定合适的策略，同时，确保供应链上下游以及各个环节之间分类的匹配。现在我们来谈论供应链优化的另外一个基本原则：时间管理。

供应链管理的核心就是时间管理，对于时尚类的产品，时间管理非常重要。比如，电脑类、服装类产品，戴尔在个人计算机行业最低的库存天数是其获得竞争优势的关键。对于一些非时尚类的产品，诸如大众消费品，时间管理也是非常重要的。

时间管理为什么重要？供应链管理有两个目标：提升客户服务水平以及降低运作成本。这两个方面目标常常是互相矛盾的，即要提高服务水平，是以成本升高为代价；而降低运作成本，往往会带来服务水平的下降。

时间对两个方面目标都有着重要的影响：对于服务水平，最重要的是对市场需求的响应速度，即对需求的响应时间；对于成本，时间的延长会导致各种运作成本的升高，如存储成本、产品滞销的损失等。加强时间管理，可以实现在服务水平与运作成本两个方面的同时优化。

拓展阅读3.5　甘特图

拓展阅读3.6 广西企业将有机会进入全球供应链

课后习题

一、简答题

1. 简述供应链设计的步骤。
2. 简述集成动态建模的过程。
3. 简述供应链构建的设计方法。

二、论述题

1. 试阐述构建供应链的方法和步骤。
2. 供应链重构与优化的基本原则有哪些？

第四章

供应链合作关系管理

学习目标

- 了解供应链合作伙伴关系;
- 理解供应链合作关系的形成及制约因素;
- 掌握供应链合作伙伴选择的标准和方法。

技能目标

- 学会运用供应合作伙伴评价方法分析合作伙伴;
- 能够区分供应链关系和传统的供应商关系。

开篇案例

本田公司与其供应商建立的合作伙伴关系

位于俄亥俄州的本田美国公司,强调与供应商之间的长期战略合作伙伴关系。本田公司总成本中大约80%都用在向供应商的采购上,这在全球范围是最高的。因为它选择离制造厂近的供应源,所以与供应商能建立更加紧密的合作关系,能更好地保证JIT供货。制造厂库存的平均周转周期不到3小时。

1982年,27个美国供应商为本田美国公司提供价值1400万美元的零部件,而到了1990年,有175个美国的供应商为它提供超过22亿美元的零部件。大多数供应商与它的总装厂距离不超过150英里(1英里=1609.344米)。在俄亥俄州生产的汽车零部件本地率达到90%,只有少数的零部件来自日本。强有力的本地化供应商的支持是本田美国公司成功的原因之一。

本田公司与供应商之间是一种长期相互信赖的合作关系。如果供应商达到本田公司的业绩标准，就可以成为它的永久供应商。本田公司也在以下几个方面提供帮助，使供应商成为世界一流的供应商。

(1) 两名员工协助供应商改善员工管理。

(2) 40名工程师在采购部门协助供应商提高生产率和质量。

(3) 质量控制部门配备120名工程师解决进厂产品和供应商的质量问题。

(4) 在塑造技术、焊接、模铸等领域为供应商提供技术支持。

(5) 成立特殊小组帮助供应商解决特定的难题。

(6) 直接与供应商上层沟通，确保供应商的高质量。

(7) 定期检查供应商的运作情况，包括财务和商业计划等。

(8) 外派高层领导人到供应商所在地工作，以加深本田公司与供应商相互之间的了解及沟通。

本田与Donnely公司的合作关系就是一个很好的例子。本田美国公司从1986年开始选择Donnely公司为它生产全部的车内玻璃，当时Donnely的核心能力就是生产车内玻璃，随着合作的加深，它们的合作关系越来越密切(部分原因是两家公司具有相同的企业文化和价值观)，本田公司开始建议Donnely公司生产外玻璃(这不是Donnely的强项)。在本田公司的帮助下，Donnely建立了一个新厂生产本田的外玻璃，它们之间的交易额在第一年为500万美元，到1997年就达到了6000万美元。

资料来源：https://www.docin.com/p-1871380797.html，2017-03-19.[2022-06-18]

案例导学

在俄亥俄州生产的汽车是本田公司在美国销量最好、品牌忠诚度最高的汽车。事实上，本田在美国生产的汽车已经部分返销日本。本田公司与供应商之间的合作关系无疑是它成功的关键因素之一。

由上述企业之间的合作关系可以看出：通过伙伴型供应商关系的建立和供求双方的努力可以达到双赢。

第一节　供应链合作伙伴关系概述

一、供应链合作伙伴关系概述

(一) 供应链合作伙伴关系的定义

供应链合作伙伴关系(supply chain partnership，SCP)也可以称为供应商—制造商(supplier manufacturer)关系，或者称为卖主/供应商—买主(vendor/supplier buyer)关

系、供应商关系(supplier partnership)。供应链合作关系是指以供应链为基础,在利益驱动机制作用下,在一定时期内通过各种协议、契约结成的供应商与制造商之间共享信息、共担风险、共同获利的合作关系。这种战略合作关系形成于集成化供应链管理环境中,形成于供应链中为了特定的目标和利益的企业之间。

在供应链合作伙伴关系环境下,制造商选择供应商不再只是考虑价格,而是更注重选择能在服务优质、技术革新、产品设计等方面进行良好合作的供应商。供应商为制造企业的生产和经营提供各种生产要素(如原材料、能源、机器设备、零部件、工具、技术和劳务服务等)。

供应商所提供要素的数量、价格,直接影响制造企业生产的好坏、成本的高低和产品质量的优劣。因此,供应链合作伙伴关系必然强调合作和信任,以及相互之间在设计、生产、竞争策略等方面的协调,当然这种合作伙伴关系不仅仅局限于供应商和制造商之间,还包含供应商、制造商以及零售商等供应链上的各个节点企业之间的合作。

(二) 供应链合作伙伴关系的特征

供应链合作伙伴关系的目的是实现供应链节点企业的双赢,其核心思想在于充分利用外部现有资源和服务,这种合作伙伴关系具有如下鲜明特征。

(1) 供应链合作伙伴关系是一种相互信任、长期且稳定的合作关系,是一种基于长远考虑的企业关系。它的合同或供应协议是长期的,并能够切实得到保证。这种关系意味着它具有超越合同之外的灵活性,即准备在紧急情况下提供帮助、愿意忽略偶然的缺陷、每一方都不要求"绝对公平"地结束每一次的交易。所以,供应链上的每一方都能够承担责任,期望提高供应链的整体竞争力,并最终使自己获益。

(2) 供应链合作伙伴关系强调开放、共享、全方位的合作与交流。供应链合作伙伴共同开发单一、共享的消费者需求预测系统;通过共享市场信息,对供应链上的企业的生产及库存进行协调,使供应链上的企业及时调整它们的生产策略,以便在市场上占据主动地位。

供应链上的企业对产品、工艺、市场、技术和开发问题定期进行信息交流,通过财务支持、人员参与或提供专业知识、实物等方法对供应商生产能力进行有意识的客户投资。供应商的能力一旦得到证实,它们就被认为是可以进行自我调整的,因此可以免除多种检验。

(3) 供应链合作伙伴关系通过共担风险与共享利益,实现供应链节点企业的"双赢"这一根本目标。供应链合作企业采用评估工具认真检查双方的关系,找出成功或失败的相互责任,把这种关系放置在不断改善的道路上,指出达成一致的方向并采取行动。

在有组织的反馈会议中积极地评价进展情况,评价是为讨论和行动排出日程,而不是为了责备和惩罚合作伙伴。在这种合作伙伴关系中,不但总体生产力提高了,而且得利的部分也可以以各种方式分到合作伙伴手中。总而言之,利益之饼做大了,合作企业最终都能吃到更大的"饼",即合作伙伴关系能将"零和游戏"变成一种共享的"双赢"局面。

(三) 供应链合作伙伴关系的形成与发展

从国内外学者的研究文献中，我们可以清楚地看到，在对供应链管理模式的认识过程中，人们强调得最多的就是企业间的"合作伙伴关系"问题，把基于新型企业关系和传统企业关系的管理模式区别开来，就形成了今天的供应链管理模式。

1. 自动化工业中企业关系的发展

莱明(Lamming)在《超载伙伴关系：革新的战略和精益供应》一书中，将自动化工业中的企业关系的发展分为以下5个阶段。

(1) 传统关系时期(1975年以前)

这一时期的市场特征基本上是产品供不应求。企业的管理战略是：改进工艺和技术，提高生产率；扩大生产规模，降低单位产品成本。由于市场相对稳定，企业各忙各的，竞争比较温和，竞争压力较小。

(2) 自由竞争时期(1975—1985年)

市场上产品供应日趋饱和，企业间的竞争非常激烈，竞争力的破坏性很大；竞争压力很大，具有爆炸性，令人无法忍受。

(3) 合伙关系时期(1985—1990年)

市场竞争激烈、秩序混乱，顾客对产品的质量要求日益提高。质量竞争使得企业经营战略转向纵向一体化，以确保最终产品质量稳定，企业间合作比较紧密，部分合伙具有一定的战略性，竞争压力适中。

(4) 伙伴关系时期(20世纪90年代初期)

市场变化节奏加快，纵向一体化经营模式反应迟缓，市场的风险、投资的风险、行业的经营风险都在不断增大，企业逐渐由纵向一体化经营模式转向横向一体化经营模式，纷纷采取快速反应市场变化的竞争战略：企业间确立伙伴关系，经营合作具有一定的层次性、能动性，竞争压力很大。

(5) 战略联盟关系时期(20世纪90年代后期)

企业间过去是你死我活的竞争，现在由于市场全球化的发展，经营难度和经营风险不断加大，企业间不得不进行更为紧密的合作。于是，产生了双赢的合作竞争和企业间的战略联盟。企业间的竞争压力非常大，但这种压力是企业为了更好地发展而自我施加的。

2. 企业关系演变过程

(1) 传统的企业关系

从传统的企业关系过渡到创新的合作企业关系模式，经历了从以生产物流相结合为特征的物流关系(20世纪70—80年代)到以战略协作为特征的合作伙伴关系这样的过程(20世纪90年代)。

在传统的企业关系中,供应链管理等同于物流管理企业之间的关系,主要是"买—卖"关系。基于这种企业关系,企业的管理理念是以生产为中心的,供销处于次要的、附属的地位。企业间很少沟通、合作,更谈不上企业间的战略联盟与协作。

(2) 物流关系

20世纪70—80年代,随着竞争环境和管理技术的不断变化,供应链上企业关系发生了变化,即由传统关系转变为物流关系。在此阶段,企业之间的关系以加强基于产品质量和服务的物流关系为特征,将物料从供应链上游到下游的转换过程进行集成,注重服务的质量和可靠性,在产品质量、柔性、准时等方面对供应商的要求较高。

在此演变过程中,JIT和全面质量管理等管理思想起了催化剂的作用。为了达到JIT生产,要求企业各部门之间、企业之间的沟通与合作更为方便、透明,因此从技术上要求伙伴之间在信息共享、协同作业、并行工程方面相互沟通和协作,这种伙伴关系都是建立在技术层面上的,以物流关系为纽带。

(3) 合作伙伴关系

随着竞争的日益激烈,竞争日益表现为供应链与供应链之间的竞争,这就产生了基于战略联盟的合作伙伴关系的企业模型。到了这一阶段,供应链上的企业之间在信息共享、服务支持、并行工程、群体决策等方面合作,强调基于时间(time-based)和基于价值(value-based)的供应链管理,体现了供应链上各节点企业之间的资源集成与优化。

从产品的研发、生产、配送、交付等整个供应环节实现企业之间的协作,企业之间进行流程优化、业务重组,这是一种最高级别的企业关系模式。随着动态联盟、虚拟制造等思想的应用,企业之间的这种强强联合的伙伴关系更加紧密。

基于这种伙伴关系,市场竞争的策略就是基于时间的竞争和价值链的价值让渡系统管理,或基于价值的供应链管理。

供应链合作伙伴关系演讲过程如图4-1所示。

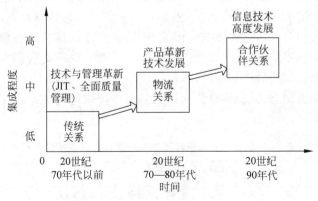

图 4-1 供应链合作伙伴关系演进过程

拓展阅读 4.1　什么是战略合作伙伴？

二、供应链合作伙伴关系与传统供应商关系的区别

通过以上内容的介绍，可以看出供应链合作伙伴关系与传统供应商关系是有着很大差别的。

(1) 传统的供应商关系大多局限于制造商与供应商，制造商与分销商、零售商之间；而供应链上的合作伙伴不仅有供应商与制造商，而且分销商、零售商、终端客户甚至第三方物流企业都属于供应链的组成部分。因此在关系对象上就存在数量上的区别。

(2) 企业之间关系也有极大不同：传统供应商关系是建立在买、卖基础上的短期或者临时的合同关系，因此双方的主要精力都集中在价格的竞争上；而供应链合作伙伴关系则是建立在长期合作基础上的互相支持，是互相扶助以取得双赢局面的关系。

(3) 从双方的交换对象来看，传统供应商关系下，双方只是进行有形商品的交换；而供应链合作伙伴关系下，双方不仅限于物质的交换，更重要的是信息、服务、研发、技术以及物流等方面的交换。

(4) 从供应商选择标准来看，传统关系下，企业对于供应商的选择标准主要是集中在价格上，在此基础上企业才考虑供货质量和时间的问题；而在供应链合作伙伴关系下，企业选择供应商除要考虑价格和供货质量外，还要考虑多种因素，包括供应商的供货能力、经营业绩、发展潜力等，以保证与供应商的长期稳定合作。

(5) 从供应商数量来看，传统关系下，企业供应商数量较多，更换频繁，稳定性差；供应链合作伙伴关系下，企业会选择少数甚至是唯一的供应商以建立长期合作，具有较强的稳定性。当然，也要认识到单一供应源对于企业是存在着较大风险的。

(6) 从信息交流来看，传统关系下，企业与供应商之间信息不对称，双方都会为了各自的利益隐瞒部分信息；供应链合作伙伴关系下，企业之间信息共享程度较高。传统关系下质量控制发生在事后，企业只能通过到货验收掌握；供应链合作伙伴关系下企业可以全程参与和监控供应商研发和生产，从而保证质量。

除了以上 6 个方面外，供应链合作伙伴关系与传统供应商关系还存在其他方面的区别，详见表 4-1。

表 4-1　供应链合作伙伴关系与传统供应商关系的区别

比较要素	传统企业关系	供应链合作伙伴关系
相互交换的主体	物料	物料、服务、技术等核心资源
供应商选择标准	价格、投标	多标准评估（交货的质量、准时性、可靠性、服务等）

续表

比 较 要 素	传统企业关系	供应链合作伙伴关系
稳定性	变化频繁	长期、稳定、互信
合同性质	单一	开放的长期合同
供应批量	小	大
供应商数量	多	少
供应商规模	小	大
供应商定位	当地	无界限(国内和国外)
信息交流	信息专用、严格保密	信息共享
技术支持	不提供	提供
质量控制	输入检验控制	制造商的标准管理和供应商的全面质量管理
选择范围	投标评估	广泛评估可增值的供应商

三、供应链合作伙伴关系的作用及风险

(一) 供应链合作伙伴关系的作用

(1) 供应链合作伙伴关系有利于降低不确定性。对于供应方而言,可以降低市场和顾客的不确定性;对需求方而言,可以降低成本、品质、时间等方面的不确定性。双方经过有效的沟通和协商可以相互理解,降低外部环境的影响和投机心理。

(2) 供应链合作伙伴关系有利于提高研发效率。通过销售商对市场的准确把握以及生产商的生产能力和双方的研发力量,可以准确地掌握消费者的需求,开发出最能满足消费者需求的产品。

(3) 供应链合作伙伴关系有利于改进沟通渠道。供应链各节点企业信息共享,相互透明化,有助于双方更好地沟通和了解。

(4) 供应链合作伙伴关系有利于实现风险共担和利益共享。通过风险共担与利益共享机制,提高双方合作的责任感和危机意识,供应链各节点企业可以一起分享销售成果,并共同承担相关的风险,成为利益的共同体。

(5) 供应链合作伙伴关系有利于降低成本。采购和生产的规模经济可以使管理成本和物料成本大大降低;技术和流程上的整合,使研发成本和生产效率大幅度提高。

(二) 供应链合作伙伴关系的风险

(1) 在长期的供应链合作伙伴关系中,企业过分地依赖某一个或某些供应商的做法是很危险的。某一新产品能否比其竞争对手的新产品早一两个月上市对于企业来说是十

分重要的,这需要全部合作伙伴努力发挥出整个供应链的最高效率。但是,当制造商将某一关键技术或部件外包给某个特定的供应商,而该供应商又无法按期完成任务时,整个企业将面临巨大灾难。

(2) 在长期的供应链合作伙伴关系中,企业容易认为它们的供应商没有太大变化,或者是与它们自身的想法过于一致,没有创造力,从而不能使企业增值。而且,企业可能会认为供应商利用企业对它们的信任,采取了机会主义的经营行为。这些都可能破坏战略合作伙伴关系。

(3) 在长期的供应链合作伙伴关系的维系中,大量部件的外包,可能使企业自身的核心竞争优势丧失,使企业最终不能控制合作伙伴关系。如果供应商的力量过于强大,也可能从内部夺取企业市场,使企业损失惨重。

第二节 供应链合作伙伴关系开发及管理

一、建立供应链合作伙伴关系

在一个企业能从实施供应链合作伙伴关系中获益之前,首先必须认识到这是一个复杂的过程,供应链合作伙伴关系的建立不仅是企业结构上的变化,而且在观念上也必须有相应的改变。建立供应链合作伙伴关系可按以下 4 个步骤进行。

(1) 建立供应链合作伙伴关系的需求分析。
(2) 制定标准,选择供应商,选择合作伙伴。
(3) 正式建立合作伙伴关系。
(4) 实施和加强合作伙伴关系。

建立供应链合作伙伴关系,首先,必须明确这种关系对于企业的必要性,必须评估潜在的利益与风险;其次,确立选择供应商的标准和初步评估可选的合作伙伴;再次,一旦供应商或合作伙伴选定后,必须让每一个合作伙伴都认识到相互参与、相互合作的重要性,真正建立合作伙伴关系;最后,实施和加强合作伙伴关系,或者解除无益的合作伙伴关系。

二、建立供应链合作伙伴关系的制约因素

良好的供应链合作伙伴关系首先必须得到最高管理层的支持,其次是企业之间要保持良好的沟通,建立相互信任的关系。

在战略分析阶段需要相互了解企业结构和文化,解决文化之间的障碍,并适当地调整自身的企业结构和文化,同时在企业之间建立起统一的运作模式或体制,解决业务流程和

结构上存在的障碍。

在供应商评价和选择阶段,总成本和利润的分配、文化兼容性、财务稳定性、合作伙伴的能力和定位(自然地理位置分布)、管理的兼容性等将影响合作伙伴关系的建立。必须增加与主要供应商和用户的联系,增进供应商和用户之间的相互了解(包括产品、工艺、组织、企业文化等),并保持一定程度的一致性。

到了供应链合作伙伴关系建立的实质阶段,需要进行期望和需求分析,双方需要紧密合作,加强信息共享,进行技术交流和提供设计支持。在实施阶段,供应链合作伙伴之间的信任最为重要。此外,良好的愿望、柔性、解决矛盾冲突的技能、业绩评价(评估)、有效的技术方法和资源支持等都很重要。

三、现阶段我国企业合作模式中存在的问题

我国工业企业,从计划经济向市场经济的转型过程中,在相当长的一段时期内,企业机制和管理思想都滞后于市场经济发展的要求,这主要体现在以下几个方面。

(1) 缺乏主动出击市场的动力和积极性。实际调查结果表明,企业外部资源利用率低,企业与供应商的合作还没有形成战略伙伴等具有战略联盟的关系,传统的计划经济体制下"以我为主"的山头主义思想仍然在许多企业中存在,跨地区、跨国界的全球供应链为数不多。

(2) 许多国有企业虽然有较强的市场竞争能力,但是在与其他企业进行合作时,仍然习惯于按照计划经济模式办事,没有进行科学的协商决策和合作对策研究,缺乏市场竞争的科学意识。

(3) 由于国有企业特殊的委托—代理模式,委托代理的激励成本(incentive)远大于市场自由竞争的激励成本,代理问题中的"败德行为"相当严重。

(4) 国有企业委托人的典型特征是委托人的双重身份(国有企业委托人既是委托人又是代理人),代理人问题比其他类常规代理人问题更复杂。

(5) 企业合作关系中短期行为普遍存在——由于委托代理人问题的特殊性,国有企业普遍存在短期行为,企业的协商过程带有很强的非经济因素和个人行为特征。

(6) 由于计划经济体制下的"棘轮效应"(ratchet effect)的存在,企业在合作竞争中的积极性和主动性不高。此外,我国目前市场资源的结构配置机制并不符合规范的帕累托配置模型,资源配置效率低,交易成本较高,委托代理实现过程中信息非对称性导致的国有资产流失等问题都十分棘手。

(7) 基于互联网/内联网的供应链模式是供应链企业合作方式与委托代理实现的未来发展方向,但是我国许多企业没有充分利用 EDI、互联网等先进的信息通信手段,企业

与企业之间信息传递工具落后。与此同时，在利用互联网/内联网进行商务活动的过程中，缺乏科学的合作对策与委托代理实现机制，法律体系不健全，信用体系不完善。

由于上述问题的存在，供应链管理思想的应用在我国企业中受到的阻力比想象的要大得多，而企业改革的深入又迫切需要改变现有的企业运行机制和管理模式，因此，完善供应链管理思想运作方法，解决我国企业在实施供应链管理过程中迫切需要解决的企业合作对策与委托代理实现机制问题，是关系到供应链管理模式能否在我国得到很好实施的关键。

四、供应链合作伙伴的评价和选择

(一) 供应链合作伙伴的评价指标体系

1. 供应链合作伙伴的综合评价指标体系设置原则

(1) 系统全面性原则

评价指标体系不仅要全面反映出供应链中企业之间合作伙伴关系的当前情况，还要反映出合作伙伴在整个供应链中与其他企业合作的能力，使得评价结果合理、客观，为发展供应链合作伙伴关系打下良好的基础。

(2) 简明科学性原则

评价指标体系的大小也必须适宜，也就是说评价指标体系既不能过大也不能过小。如果过大，指标层次多、指标过细，必将把评价人吸引到细小的问题上，增加评价企业之间合作伙伴关系的难度。此外，还可能淡化主要指标的作用，降低选择的准确性。相反，如果过小，指标层次少、指标过粗，就不能完全反映当前的水平。

(3) 稳定可比性原则

评价指标体系的指标设置不仅要考虑在本系统中的使用，还要考虑与国内其他指标体系的可比性。

(4) 灵活可操作性原则

评价指标应该具有足够的灵活性，使企业能够针对市场机遇，根据自身的实际情况，对评价指标体系进行灵活调整。

2. 供应链合作伙伴的综合评价指标体系结构及其指标

供应链合作伙伴评价指标体系可归纳为4个方面，即企业业绩评价、业务结构与生产能力评价、质量系统评价和企业环境评价。为了有效地评价、选择合作伙伴，我们可以利用框架性思维构建3个层次的综合评价指标体系。供应链合作伙伴的综合评价指标体系如表4-2所示。

表 4-2 供应链合作伙伴的综合评价指标体系

目标层	一级指标	二级指标
供应链合作伙伴综合评价指标体系	企业业绩评价	成本分析
		交货质量
		运输质量
		企业信誉
		企业发展前景
	业务结构与生产能力评价	技术合作
		人事状况
		财务状况
		设备状况
		制造/生产状况
	质量系统评价	质量体系
		产品开发中的质量
		供应中的质量
		制造中的质量
		质量检验和试验
	企业环境评价	质量资源
		政治法律环境
		经济技术环境
		自然地理环境
		社会文化环境

(二) 供应链合作伙伴选择的方法及步骤

1. 供应链合作伙伴选择的方法

供应链合作伙伴选择的方法可以分为两大类：一类是用定性指标来选择合作伙伴，即定性方法；另一类是用定量指标来选择合作伙伴，即定量方法。定性方法主要靠经验和主观判断，主观因素较多。目前使用较多的是定量方法，定量方法主要研究如何将定性问题转化为定量问题，如何用定量方法结合定性方法进行决策。

(1) 定性方法

① 直观判断法

直观判断法是根据征询和调查所得的资料并结合人的分析判断，对合作伙伴进行分析、评价的一种方法。这种方法主要是倾听和采纳有经验的采购人员的意见，或者直接由采购人员凭经验做出判断。这种方法比较直观，简单易行，常用于选择企业非主要原材料的合作伙伴。

② 招标法

当订购数量大、合作伙伴竞争激烈时,可采用招标法来选择适当的合作伙伴。它是由企业提出招标条件,各招标合作伙伴进行竞标,然后由企业决标,与提出最有利条件的合作伙伴签订合同或协议。

招标法竞争性强,企业能在更广泛的范围内选择适当的合作伙伴,以获得供应条件有利的、便宜而适用的物资。但招标法手续较复杂,时间长,不能适应紧急订购的需要;订购机动性差,有时订购者对投标者了解不够,双方未能充分协商,造成货不对路或不能按时到货等问题。

③ 协商选择法

在供货方较多、企业难以抉择时,可以采用协商选择法,即由企业先选出供应条件较为有利的几个合作伙伴,同他们分别进行协商,再确定适当的合作伙伴。与招标法相比,协商选择法由于供需双方能充分协商,在物资质量、交货日期和售后服务等方面较有保障。但由于选择范围有限,不一定能得到价格最合理、供应条件最有利的供应来源。当采购时间紧迫、投标单位少、竞争程度小、订购物资规格和技术条件复杂时,协商选择法比招标法更为合适。

(2) 定量方法

① 采购成本比较法

对质量和交货期都能满足要求的合作伙伴,则需要通过计算采购成本来进行比较分析。采购成本一般包括商品售价、采购费用、运输费用等各项支出的总和。采购成本比较法是通过计算分析针对各个不同合作伙伴的采购成本,选择采购成本较低的合作伙伴的一种方法。

② ABC 成本法

鲁德霍夫(Roodhoofl)和科林斯(Konings)在 1996 年提出了一种基于活动的成本分析法(activity based costing,ABC),即根据合作伙伴总成本的大小来选择合作伙伴。ABC 成本法仅适合寻找供应商合作伙伴的核心企业,对于核心企业是供应商来说,选择合作伙伴为客户时就不太适合。

③ 层次分析法

层次分析法将决策人对复杂系统的评价决策思维过程数字化,从而降低了决策中主观臆断造成的不精确性。它的基本原理是根据具有递阶结构的目标、子目标(准则)、约束条件、部门等来评价方案,采取两两比较的方法确定判断矩阵,然后把判断矩阵的最大特征相对应的特征向量的分量作为相应的系数,最后综合给出各方案的权重(优先程度)。由于该方法让评价者对照相对重要性函数表,给出因素两两比较的重要性级,因而可靠性高、误差小;其不足之处在于判断矩阵是由评价者或专家给定的,一致性必然要受到有关人员的知识结构、判断水平及个人偏好等许多主观因素的影响。它作为一种定性和定量相结合的工具,目前已在许多领域得到了广泛的应用。

④ 人工神经网络法

人工神经网络(artificial neural network,ANN)是 20 世纪 80 年代后期迅速发展的一门新兴学科,它可以模拟人脑的某些智能行为,如知觉、灵感和形象思维等,具有自主学习、自主适应和非线性动态处理等特征。

将人工神经网络应用于供应链管理环境下合作伙伴的综合评价选择,可以建立更加接近于人类思维模式的定性和定量相结合的综合评价模型。通过对给定样本模式的学习,获取评价专家的知识、经验、主观判断以及对目标重要性的认知倾向。当对合作伙伴做出综合评价时,该办法可再现评价专家的经验、知识和直觉思维,从而实现了定性分析与定量分析的有效结合,也可以较好地保证合作伙伴综合评价结果的客观性。

⑤ 数据包络分析法

著名运筹学家查恩斯(Charnes)等人于 1978 年提出了数据包络分析法(data envelopment analysis,DEA)。数据包络分析法是以相对效率概念为基础,根据多指标投入和多指标产出对相同类型的单位(部门或企业)进行相对有效性或效益评价的一种"系统分析方法"。

利用数学规划,数据包络分析法不仅可以解决具有多输入和多输出特征的同行业企业生产率评价问题,还可以应用到政府部门、学校、医院、商店、银行等具有相对一致特征的同类部门或单位。该方法的非参数特征避免了主观因素,在简化算法和减少误差方面都有很大的优势。

2. 供应链合作伙伴评价选择的步骤

供应链合作伙伴评价选择的步骤如图 4-2 所示。企业必须确定每一个步骤的开始时间,每一个步骤对企业来说都是动态的(企业可自行决定先后顺序和开始时间),并且每一个步骤对于企业来说都是一次改善业务的过程。

(1) 分析市场竞争环境(需求、必要性)

市场需求是企业一切活动的驱动源。建立基于信任、合作、开放性交流的供应链长期合作伙伴关系,必须首先分析市场竞争环境。目的在于找到针对哪些产品进行市场开发,供应链合作伙伴关系才有效,现在的产品需求是什么,产品的类型和特征是什么,以确认用户的需求,确认是否有建立供应链合作伙伴关系的必要。

如果已建立供应链合作伙伴关系,则根据需求的变化确认供应链合作伙伴关系变化的必要性,从而确认合作伙伴评价选择的必要性。同时分析现有合作伙伴的现状,分析、总结企业存在的问题。

(2) 确立合作伙伴选择目标

企业必须确定合作伙伴评价程序如何实施、信息流程如何运作、由谁负责,而且必须建立实际的目标。其中降低成本是主要目标之一,合作伙伴评价、选择不仅仅是一个简单

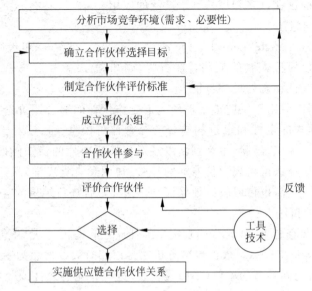

图 4-2 供应链合作伙伴评价选择的步骤

的评价、选择过程,它本身也是企业自身、企业与企业之间的一次业务流程重构过程,实施得好,它本身就能带来一系列的利益。

(3) 制定合作伙伴评价标准

合作伙伴综合评价指标体系是企业对合作伙伴进行综合评价的依据和标准,是反映企业本身和环境所构成的复杂系统不同属性的指标,按隶属关系、层次结构有序组成的集合。根据系统全面性、简明科学性、稳定可比性、灵活可操作性的原则,建立集成化供应链管理环境下合作伙伴的综合评价指标体系。

不同的行业、企业在产品需求和不同环境下对合作伙伴的评价应是不一样的。但不外乎都涉及合作伙伴的业绩、设备管理、人力资源开发、质量控制、成本控制、技术开发、用户满意度、交货协议等可能影响供应链合作伙伴关系的方方面面。

(4) 成立评价小组

企业必须建立一个小组以控制和实施合作伙伴评价。组员以来自采购、质量、生产、工程等与供应链合作伙伴关系密切的部门为主,组员必须有团队合作精神、具有一定的专业技能。评价小组必须同时得到制造商企业和合作伙伴企业最高领导层的支持。

(5) 合作伙伴参与

一旦企业决定进行合作伙伴评价,评价小组必须与初步选定的合作伙伴取得联系,以确认它们是否愿意与企业建立供应链合作关系,是否有获得更高业绩水平的愿望。企业应尽可能早地让合作伙伴参与到评价的设计过程中来。然而,因为企业的力量和资源是有限的,企业只能与少数的、关键的合作伙伴保持紧密合作,所以参与的合作伙伴不能太多。

(6) 评价合作伙伴

评价合作伙伴的一个主要工作是调查、收集有关合作伙伴的生产运作等信息。在收集合作伙伴信息的基础上,可以利用一定的工具和技术方法对合作伙伴进行评价(如前面提出的人工神经网络技术评价)。在评价的过程后,有一个决策点,根据一定的技术方法选择合作伙伴:如果选择成功,则可开始实施供应链合作关系;如果没有合适的合作伙伴可选,则需要重新开始评价选择。

(7) 实施供应链合作伙伴关系

在实施供应链合作伙伴关系的过程中,市场需求将不断变化,可以根据实际情况的需要及时修改合作伙伴评价标准,或重新开始进行合作伙伴评价选择。在重新选择合作伙伴的时候,应给予旧的合作伙伴以足够的时间适应变化。

第三节 供应链合作伙伴关系构建及管理

一、供应链合作伙伴关系的构建原则

1. 全局性原则

供应链企业间的合作要用系统的、全局的观点来看待,供应链中各企业必须放弃一些本位的利益,从整体收益的角度出发来考虑问题。消除由于各企业间的利益冲突而引起的阻碍整条供应链运作水平提高的事件的发生,实现企业间互利互惠的合作关系。

2. 利益分配公平原则

供应链上创造的效益应该大于每个成员企业独自经营的效益的总和。增加的利润在成员企业之间的分配应该遵循公平原则。

3. 风险共担原则

为了供应链的整体利益,各企业必须要有共担风险的意识。建立供应链合作伙伴关系,就是要营造一个长期稳定的利益共享、风险共担的共同体。

二、供应链合作伙伴关系的建立流程

供应链合作关系的建立涉及从抽象的思想意识到具体的合作过程活动的方方面面,建立供应链合作伙伴关系是一个复杂的过程。供应链合作伙伴关系的建立流程如图 4-3 所示。由图 4-3 可知,建立供应链合作伙伴关系的过程包括 5 个阶段。

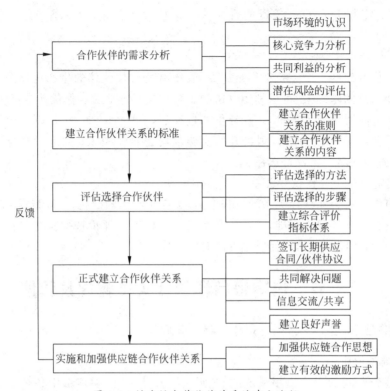

图 4-3 供应链合作伙伴关系的建立流程

1. 合作伙伴的需求分析

包括对市场环境的需求分析、供应链企业核心业务和优势分析、共同潜在利益的分析以及潜在风险的评估等。

2. 建立合作伙伴关系的标准

衡量合作伙伴关系包括很多方面,如合作对象、合作的具体内容、合作的驱动力、合作的形式等。

3. 评估选择合作伙伴

包括评价选择的方法、评估选择的步骤以及建立综合评价指标体系。评价选择方法包括定性方法和定量方法。定性方法有直观判断法、招标法和协商选择法等;定量方法则有采购成本法、ABC成本法、层次分析法、人工神经网络法等。许多企业正是运用合适的供应链合作伙伴关系的建立流程评估选择方法,根据合作伙伴的综合评价指标体系,按照评估选择的步骤,对合作伙伴进行评估选择。

4. 正式建立合作伙伴关系

在评估选择合作伙伴的基础上,正式建立合作伙伴关系,包括签订长期供应合同/伙伴协议、共同解决问题、信息交流/共享以及建立良好声誉。这种合作伙伴关系强调建立企业之间的信任,包括建立契约式信任、能力信任、信誉信任等。

5. 实施和加强供应链合作伙伴关系

这是巩固和维护已建立的供应链合作伙伴关系阶段,包括加强供应链合作思想以及建立有效的激励方式等措施。

拓展阅读 4.2　海尔与国美合作关系发展历程

课后习题

一、单选题

1. （　　）是根据征询和调查所得的资料并结合人的分析判断,对合作伙伴进行分析、评价的一种方法。

　　A. 判断法　　　B. 直观判断法　　C. 合伙人分析　　D. 合伙人判断

2. （　　）是由企业提出招标条件,各招标合作伙伴进行竞标,然后由企业决标,与提出最有利条件的合作伙伴签订合同或协议。

　　A. 招标法　　　B. 招标人　　　　C. 采购管理　　　D. 订单管理

3. （　　）是一种相互信任的、长期且稳定的合作关系,是一种基于长远考虑的企业关系。

　　A. 供应链　　　　　　　　　　　B. 供应链管理
　　C. 供应链合作伙伴关系　　　　　D. 客户关系管理

4. （　　）即由企业先选出供应条件较为有利的几个合作伙伴,同它们分别进行协商,再确定适当的合作伙伴。

　　A. 协商法　　　B. 选择法　　　　C. 供应链选择　　D. 协商选择法

5. 狭义的（　　）是指一个智能体,一般是一个软件或信息系统,我们称之为软件世界的智能体。

　　A. 供应链　　　B. 物流　　　　　C. 代理　　　　　D. 系统

二、多选题

1. 供应链合作伙伴关系的类型有（　　）。
   A. 合作萌芽关系　　　　　　　　B. 合作成长关系
   C. 合作成熟关系　　　　　　　　D. 合作衰退关系
   E. 合作尝试关系

2. 供应链合作伙伴关系的作用是（　　）。
   A. 有利于降低不确定性　　　　　B. 有利于提高研发效率
   C. 有利于改进沟通渠道　　　　　D. 有利于实现风险共担和利益共享
   E. 有利于降低成本

3. 下述属于建立供应链合作伙伴关系的步骤的是（　　）。
   A. 建立供应链合作伙伴关系的需求分析
   B. 制定标准，选择供应商，选择合作伙伴
   C. 正式建立合作关系
   D. 实施和加强合作关系
   E. 评估总结

4. 现阶段我国企业合作模式中存在的问题有（　　）。
   A. 缺乏主动出击市场的动力和积极性
   B. 没有进行科学的协商决策和合作对策研究，缺乏市场竞争的科学意识
   C. 代理问题中的"败德行为"相当严重
   D. 代理人问题比其他类常规代理人问题更复杂
   E. 企业合作关系中短期行为普遍存在

三、简答题

1. 传统供应商关系与供应链合作伙伴关系有哪些区别？
2. 供应链上的委托代理有何风险？
3. 供应链合作伙伴的选择方法有哪些？
4. 建立供应链合作伙伴关系应该注意什么？

四、论述题

1. 试论述供应链合作伙伴选择的方法。
2. 供应链合作伙伴选择应考虑的因素有哪些？

第五章 供应链采购管理

学习目标

- 理解传统采购模式存在的问题；
- 了解供应链管理环境下采购的特点；
- 掌握供应链采购与传统采购的区别；
- 掌握供应链环境下的采购策略。

技能目标

- 能够正确描述企业的采购流程；
- 能够识别几种主要的采购方式。

开篇案例

惠普的采购解决方案——电子化采购

2021年惠普在世界500强中排名第182位，营业收入为634.87亿美元。惠普在收购康柏电脑公司后可以说是真正的国际化公司。惠普公司的采购量很大。比如，半导体、微处理器、磁盘的采购量处于世界第一，内存方面的采购量也非常大。因此，惠普公司需要在全球不同的地方去综合各种采购能力、采购优势和各种技术优势来形成自己的优势。那么，作为这样一个有巨大采购容量的跨国公司，是怎样解决采购问题和制定采购战略的呢？

早期的惠普存在跟其他企业同样的问题，有很多产品部门、业务部门，这些部门的采购、物流，甚至供应链都是各自为政：不同的业务部门有不同的供应链；不同的部门有不同的采购计划、采购策略。所以，怎样来整合就成了一个问题,这是制造业尤其是高科技制造业中很多企业面临的共性问题。

具体表现为以下几个方面:惠普有很多的层次,如总部、亚太区、中国区;而且生产有很多方面是通过外包、合同、制造商、原厂委托制造(original equipment manufacture, OEM)来达成的。供应商从全球来看也是非常庞杂的集群,怎么整合这么大的集群?惠普领导层认识到,维护世界级的成本结构,才是新惠普在将来取得成功的一个关键因素。所以,基于这样的情况,惠普高层领导决定要创新采购流程、创新采购策略、创新采购系统,这就是当时提出来的电子化采购的目的。

电子化采购的目的是形成一流的采购流程和进行采购工具的创新,进而形成供应链的竞争优势和成本优势。远景包括两方面:一方面是惠普作为跨国公司,在采购供应链方面要有全球的可见性,即可以从总部的物流部门看到每个地区采购链、供应链上的情况,可以做一些合并来达到规模经济、降低成本的效益。另一方面,要保持惠普每个业务系统所具有的灵活性,发展各个业务部门的声誉,维护各个部门分散的权利。所以目标很简单,就是降低库存成本、采购成本,提高效率。

在惠普这样的大公司,要推动这样一个计划其实不容易。惠普采取的方法就是先制定出统一的远景,然后制定出原则以及这个战略要达到的目的,接着要制定出各个部门和战略投资的关系,最后还要保证每一步按照计划进行。同时,要在兼顾每个职能部门业务和利益的前提下进行推广。

企业投资最容易见效的地方在哪里?其实就在物料采购成本、库存成本这一块,很明显,这部分成本的降低能够直接反映在企业的利润率上,所以这个计划从一开始就要求当年投资、当年见效。

在这些情况下,在这些战略的指导下,惠普开始设计电子采购系统,这个系统由下面4个主要方面组成。

第一个是订单和预测协同。惠普的电子化采购强调预测和协同,利用互联网的功能,来做网上的订单处理和预测的处理。

第二个是库存协同。尽量把原厂商自己的库存降到最低;要知道供应商有多少库存,是否在需要的时候能够满足需求,无论在质量、数量还是价钱上,都需要惠普平时有一个系统来做交互。

第三个是拍卖,即电子采购、电子拍卖,这是惠普自有的电子化交易市场。惠普后来经过各种技术评估,决定建立自己的电子化买卖系统。

第四个是物料资源的寻找、获取、选择、决策的系统,主要是一些基于供应链的智能的分析,这个供应链是多层的,惠普供应链下面不仅要看到第一层的供应商,也要看到第二层、第三层的,原则上是要看到整个供应链,然后找到最优化的资源配置,可以把它归纳成购买力(buy power),即如何形成企业自身的采购竞争力。

这个系统从立项实施到现在,已经初具规模。仅在实施当年,就节省了采购和物料成本1亿多美元。现在惠普的员工都到电子采购系统上采购。过去需要两个星期的采购过程，现在只需要不到两天时间就可以完成。

对于供应商来说，过去所有的开票、调货和信用卡问题需要占用70%的工作时间，而现在这些时间仅占30%左右。惠普的员工再也不必为购买纸张或打印墨盒而操心，因为系统能够自动算出某台打印机需要换墨盒的时间并及时提醒他们。

资料来源：http://www.cssyq.com/anli/385700.html.

案例导学

企业在市场上经营运作的一般流程是供应—生产—销售，采购位于企业经营运作的前端，为企业生产创造物质条件，是企业生产的前提条件。只有对采购工作进行有效的管理，才能实现"以最小的采购成本创造最大的采购效益"的目标。

采购管理作为供应链节点企业生产经营管理过程的基本环节，越来越受到企业的重视。供应链环境下的采购管理将从简单的购买向"合理采购"转变，即以合理的价格，在合理的时间，按合适的质量，通过合适的供应链获得合适的产品。

第一节　传统的采购模式

采购活动是连接制造商和供应商的纽带，起着平衡上下游节点企业供应与需求的重要作用，采购的质量直接影响着供应链的供应质量。

一、采购的定义及一般流程

(一) 采购的定义

从狭义上来讲，采购是企业购买货物和服务的行为；从广义上来讲，采购是一个企业取得货物和服务的过程。因此，采购是指用户为取得与自身需求相吻合的货物和服务而必须进行的所有活动。

(二) 采购的一般流程

采购管理科学化，要规范采购的一般流程，消除采购中的"三不"现象（即不管是否为企业所需、不做市场调查和咨询、不问价格高低及质量好坏），以保证工作质量，堵住资金流失的漏洞。通常的采购流程由以下7个步骤组成，如图5-1所示。

1. 采购申请

采购申请必须严格按照生产或客户的需要以及现有库存量，对品种、数量、安全库存量等因素进行科学计算后提出，要有严格的审核制度，规定不同等级主管的批准权限，防止随意和盲目采购。

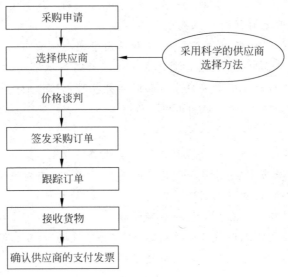

图 5-1 采购的一般流程

2. 选择供应商

在买方市场中,由于供大于求,市场上往往有多家供应商可供选择,此时买方处于有利地位,可以货比多家,还可以提出一些服务要求。因此,选好供应商成为企业降低采购成本的主攻方向,应采用科学的方法挑选合适的供应商。

3. 价格谈判

价格一直是采购中敏感的话题,买方希望压低价格,卖方想提高价格,因此价格谈判是采购人员的一项重要任务。由于价格问题是一种零和决策,一方所失就是另一方所得,从长远的角度看,任何一方暂时的所得未必是好事。因此,有必要讨论讨价还价的技能。

4. 签发采购订单

采购订单相当于合同文本,具有法律效力。签发采购订单时必须十分仔细,每项条款都要认真填写,用词要反复推敲,表达要简洁,含义要明确。对于采购的每项物品的规格、数量、价格、质量标准、交货时间与地点、包装标准、运输方式、检验形式、索赔条件与标准等都应严格审定。

5. 跟踪订单

采购订单签发后并不是采购工作的结束,必须对订单的执行情况进行跟踪,防止发生对方违约事件,保证订单的顺利执行、货物按时进库,以保证供应。对订单实施跟踪还可以随时掌握货物的动向,万一发生意外事件,可及时采取措施,避免不必要的损失,或将损失降到最低水平。

6. 接收货物

货物运到自己的仓库必须马上组织人员,按订单上的条款对货物进行逐条核对,还要查对货损情况,如果货损超标,要查明原因,分清责任,为提出索赔提供证据。货物验收完毕后才能签字认可。

7. 确认供应商的支付发票

支付货款以前必须查对支付发票和验收货物清单是否一致,确认没有差错后才能签字付款。

一般来说,企业如果按照上述步骤采购就不会发生大的失误。当然,要提高采购水平和质量,使企业在采购环节发掘更大的利润源泉,还有很多事情要做。

二、传统采购的主要形式

(一) 询价采购

所谓询价采购,即向选定的若干个供应商发询价函,让它们报价,然后采购商根据各个供应商的报价而选定供应商进行采购的方法。

询价采购具有如下特点。

1. 选择供应商

不是面向整个社会所有的供应商,而是在对供应商进行了充分调查的基础上,筛选了一些比较有实力的供应商。

2. 供应商少而精

所选择的供应商数量不是很多,但是产品质量好、价格低、企业实力强、服务好、信用度高。企业对向它们采购比较放心。

3. 采购过程比较简单、工作量小

因为数量少、范围窄,所以无论是通信联系还是采购进货都比较方便、灵活,采购程序比较简单、工作量小,采购成本低、效率高。

4. 邀请性询价方式

通常是分别向各个供应商发询价函,供应商之间并不是面对面的竞争,因此各自的产品价格和质量能比较客观、正常地反映出来,避免了面对面竞争时常常发生的价格扭曲、质量走样的事情。

正是因为询价采购具有这样的特点和优点,所以才被广泛地应用于政府采购活动之中。尽管询价采购具有上述特点和优点,但它还具有局限性,即它所选供应商数量少、范围窄,可能选中的供应商不一定是最优的。与其他几种采购方式相比较,询价采购较适用于数量少、价值低或急需商品的采购。

(二) 比价采购

比价采购是指物资供应部门在自己的资源市场成员内对 3 家以上的供应商提供的报价进行比较,将最理想的报价作为订货价格,以确保价格具有竞争性的采购方式。此种采购方式,适合市场价格较乱或价格透明度不高的单台小型设备、工具以及批量物资的采购。

(三) 招标采购

招标采购是通过在一定范围内公开购买信息,说明拟采购物品或项目的交易条件,邀请供应商或承包商在规定的期限内提出报价,经过比较分析后,按既定标准确定最优惠条件的投标人并与其签订采购合同的一种高度组织化采购方式。招标采购是在众多的供应商中选择最佳供应商的有效方法,它体现了公平、公开和公正的原则。

企业采购通过招标程序,可以最大程度地吸引和扩大招标方之间的竞争,从而使招标方有可能以更低的价格采购到所需要的物资或服务,更充分地获得市场利益。招标采购方式通常用于比较重大的建设工程项目、新企业寻找长期物资供应商、政府采购或采购批量比较大等场合。

拓展阅读 5.1　传统采购模式的特点

三、传统采购模式存在的问题

(一) 传统采购模式

传统采购的重点放在如何和供应商进行商业交易的活动上,比较重视交易过程中供应商的价格比较,通过供应商的多头竞争,从中选择价格最低的作为合作者,而对质量、交货期等都是通过事后把关的办法进行控制。

因此,传统采购模式下,供应商与采购部门之间经常要进行报价、询价、还价等来回谈判,并且是多头进行,最后从多个供应商中选择一个价格最低的供应商签订合同,订单才决定下来。图 5-2 为传统采购原理示意图。

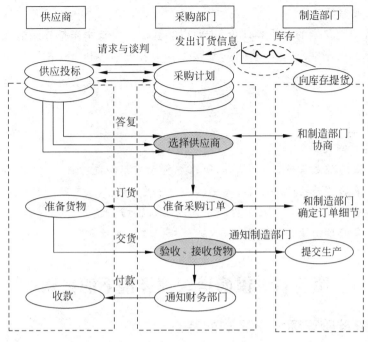

图 5-2 传统采购原理示意图

(二) 传统采购模式的问题

1. 信息非对称博弈

采购方为了在多个参与竞争的供应商中选择一个最佳供应商,往往会保留私有信息。同样,供应商在竞价过程中也会隐瞒自己的信息,以避免在竞争中处于劣势。这样使得采供双方不能进行有效的信息沟通,形成信息不对称的采购博弈过程,采供双方很难从长远考虑去合作。

2. 对需求反应迟钝

采购部门仅仅是执行生产部门确定的订单采购任务,这样造成库存积压占用大量流动资金。由于缺乏及时的信息反馈,在市场需求发生变化的情况下,采购方不能改变已有的订货合同,缺乏对需求变化的快速反应能力。

3. 质量监控滞后

无法对供应商产品质量、交货期进行事前控制,极大地增加了后续生产过程的不确定性,这使采购企业为了避免这种不确定性带来的影响而增加企业的安全库存量,引起生产成本的上升,或者引起大量的经济纠纷。

4. 效率、效益低

采购过程缺乏科学的分析和评价,主要以经验而不是技术来指导采购决策,影响采购的效益和效率。由于缺乏合作与协调,采购过程中各种抱怨和责任推诿现象常见,增加了采购难度,加大了采购成本。

> **小贴士**
>
> 传统采购的四大误区如下。
> 误区一:采购就是杀价,越低越好,所以应重于谈判和技巧。
> 误区二:采购就是收礼和应酬,不吃(拿)白不吃(拿)。
> 误区三:采购管理就是要经常更换采购人员,以防腐败。
> 误区四:采购控制就是急催交货,拖延付款,玩"经济魔方"。

第二节 供应链管理环境下的采购

一、供应链管理环境下采购的特点

(一) 从为库存采购向为订单采购转变

在传统的采购模式中,采购的目的很简单,就是补充库存,即为库存而采购。采购部门并不关心企业的生产过程,不了解生产的进度和产品需求的变化,因此采购过程缺乏主动性,采购部门制订的采购计划很难适应制造需求的变化。在供应链管理模式下,采购活动是以订单驱动方式进行的,制造订单的产生是在用户需求订单的驱动下产生的,然后,制造订单驱动采购订单,采购订单再驱动供应商。

这种准时化的订单驱动模式,使供应链系统得以准时响应用户的需求,从而降低了库存成本,提高了物流的速度和库存周转率。订单驱动的采购方式有如下特点。

1. 降低了交易成本

由于供应商与制造商建立了战略合作伙伴关系,签订供应合同的手续大大简化,不再需要双方的询盘和报盘的反复协商,交易成本也因此大为降低。

2. 协调各种计划的执行

在同步化供应链计划的协调下,制造计划、采购计划、供应计划能够并行进行,缩短了用户响应时间,实现了供应链的同步化运作。采购与供应的重点在于协调各种计划的执行。

3. 简化工作过程

采购物资直接进入制造部门,减少了采购部门的工作压力和不增加价值的活动过程,实现了供应链精细化运作。

4. 信息传递方式发生了变化

在传统采购方式中,供应商对制造商过程的信息不了解,也无须关心制造商的生产活动。但在供应链管理环境下,供应商能共享制造部门的信息,提高了供应商应变能力,减少了信息失真。同时在订货过程中不断进行信息反馈,修正订货计划,使订货与需求保持同步。

5. 实现了面向过程的作业管理模式的转变

订单驱动的采购方式简化了采购工作流程,采购部门的作用主要是沟通供应与制造部门之间的联系,协调供应与制造的关系,为实现精细采购提供基础保障。

(二) 从采购管理向外部资源管理转变

外部资源管理就是将采购活动渗透到供应商的产品设计和产品质量控制过程中。

1. 制造商实施外部资源管理的必要性

实施外部资源管理主要基于以下两点。

(1) 传统采购管理的不足之处,就是与供应商之间缺乏合作,缺乏柔性和对需求快速响应的能力。JIT思想出现以后,对企业的物流管理提出了严峻的挑战,需要改变传统的单纯为库存而采购的管理模式,提高采购的柔性和市场的响应能力,增加和供应商的信息联系和相互之间的合作,建立新的供需合作模式。

一方面,在传统的采购模式中,供应商对采购部门的要求不能得到实时的响应;另一方面,关于产品的质量控制也只能进行事后把关,不能进行实时控制,这些缺陷使供应链企业无法实现同步化运作。为此,供应链管理采购模式的第二特点就是实施有效的外部资源管理。

(2) 实施外部资源管理也是实施精细化生产、零库存生产的要求。供应链管理中一个重要思想,是在生产控制中采用基于订单流的JIT生产模式,使供应链企业的业务流程朝着精细化生产努力,即实现生产过程的几个"零"化管理:零缺陷、零库存、零交货期、零故障、零(无)纸文书、零废料、零事故、零人力资源浪费。

供应链管理思想就是系统性、协调性、集成性、同步性,外部资源管理是实现供应链管理的上述思想的一个重要步骤——企业集成。从供应链企业集成的过程来看,它是供应链企业从内部集成走向外部集成的重要一步。

2. 制造商实施外部资源管理的要点

要实现有效的外部资源管理,制造商的采购活动应从以下几个方面进行改进。

(1) 和供应商建立一种长期的、互惠互利的合作关系。这种合作关系保证了供需双方能够有合作的诚意和共同解决问题的积极性。

(2) 促进质量。通过提供信息反馈和教育培训支持,在供应商之间促进质量改善和质量保证。传统采购管理的不足在于没有给予供应商在有关产品质量保证方面的技术支持和信息反馈。在顾客需求日益个性化的今天,产品的质量是由顾客要求决定,而不是简单地通过事后把关所能解决的。因此,在这种情况下,质量管理的工作需要下游企业提供相关的质量要求,并且及时把供应商的产品质量问题反馈给供应商,以便其及时改进。

对个性化的产品质量要提供有关技术培训,使供应商能够按照要求提供合格的产品和服务。

(3) 参与供应商的产品设计和产品质量控制过程。同步化运营是供应链管理的一个重要思想。同步化的供应链计划使供应链各企业在响应需求方面取得一致性的行动,增加了供应链的敏捷性。实现同步化运营的措施是并行工程。制造商应该参与供应商的产品设计和质量控制过程,共同制定有关产品质量标准等,使需求信息能很好地在供应商的业务活动中体现出来。

(4) 协调供应商的计划。一个供应商有可能同时参与多条供应链的业务活动,在资源有限的情况下,这必然会造成多方需求争夺供应商资源的局面。在这种情况下,下游企业的采购部门应主动参与供应商的协调计划。在资源共享的前提下,保证供应商不至于因为资源分配不公而出现供应商抬杠的矛盾,保证供应链的正常供应关系,维护企业的利益。

(5) 建立一种新的、有不同层次的供应商网络,并通过逐渐减少供应商的数量,致力于与供应商建立合作伙伴关系。在供应商的数量方面,一般而言,供应商越少越有利于双方的合作。但是,企业的产品对零部件或原材料的需求是多样的,因此不同的企业供应商的数目不同,企业应该根据自己的情况选择适当数量的供应商,建立供应链网络,并逐步减少供应商的数量,致力于和少数供应商建立战略合作伙伴关系。

(三) 从一般买卖关系向战略协作伙伴关系转变

在传统的采购模式中,供应商与需求企业之间是一种简单的买卖关系,因此无法解决一些涉及全局性、战略性的供应链问题,而基于战略合作伙伴关系的采购方式为解决这些问题创造了条件。这些问题主要如下。

1. 库存问题

在传统的采购模式下,供应链的各级企业都无法共享库存信息,各级节点企业都独立地采用订货点技术进行库存决策,不可避免地产生需求信息的扭曲现象,因此供应链的整体效率得不到充分提高。但在供应链管理模式下,通过双方的合作伙伴关系,供应与需求双方可以共享库存数据,因此采购的决策过程变得透明多了,减少了需求信息的失真现象。

2. 风险问题

供需双方通过战略合作伙伴关系,可以降低由于不可预测的需求变化带来的风险,如运输过程的风险、信用的风险、产品质量的风险等。

3. 便利问题

通过合作伙伴关系,可以为双方共同解决问题提供便利的条件;通过合作伙伴关系,双方可以为制订战略性的采购供应计划共同协商,不必要为日常琐事消耗时间与精力。

4. 降低采购成本问题

通过合作伙伴关系,供需双方都从降低交易成本中获得好处。由于避免了许多不必要的手续和谈判过程,信息的共享避免了信息不对称决策可能造成的成本损失。

5. 组织障碍问题

战略性的伙伴关系消除了供应过程的组织障碍,为实现准时化采购创造了条件。

拓展阅读 5.2 供应链管理环境下采购的原则

二、供应链采购与传统采购的区别

从以上的分析中可以看出,随着供应链管理的出现,采购发生了很多变化,供应链采购与传统采购具有以下几点区别。

(一) 从采购性质来看

供应链管理环境下的采购是一种基于需求的采购。需要多少就采购多少,什么时候需要就什么时候采购。采购回来的货物直接送需求点进入消费。而传统的采购则是基于库存的采购,采购回来的货物直接进入库存,等待消费。这也是前面所讲的从为库存而采购转变成为订单而采购。

1. 这是一种供应商主动型采购

供应链管理环境下的采购又是一种供应商主动型采购。由于供应链需求者的需求信息随时都能够传送给供应商,所以供应商能够随时掌握用户需求信息、需求状况、变化趋势,及时调整生产计划、补充货物,主动跟踪用户需求,主动适时、适量地满足用户需要。

由于双方是一种友好合作的利益共同体,如果需求方的产品质量不好,销售不出去的话,供应商自己也会遭受损失,所以供应商会主动关心产品质量,自觉把好质量关,保证需求方的产品质量。因此,需求方完全可以不用操心采购的事情,只需要到时候支付货款即可。对需求方来说,这是一种无采购操作的采购方式。

而传统的采购则必须靠用户自己主动承担全部采购任务。因为,用户的需求信息供应商不知道、供应商的信息其也不知道,所以用户必须自己主动去采购。这要花费很多时间去调查供应商、产品和价格,然后选择供应商,去和供应商洽谈、订合同,还要联系进货,费时费力进行严格的货检。对需求方来说,这是一种全采购操作的采购方式。而供应商则完全处于一种被动、无关的地位。

2. 这是一种合作型采购

供应链采购是一种合作型采购。双方为了产品能在市场占有一席之地、获得更大的经济效益,从不同的角度互相配合、各尽其力,所以在采购上也是互相协调配合,以提高采购工作的效率,最大限度地降低采购成本,最好地保证供应。

传统采购是一种对抗性采购。由于双方是一种对抗性竞争关系,所以贸易双方互相保密,只顾自己获取利益,甚至还互相算计对方,因此贸易谈判、货物检验等都非常吃力。双方不是互相配合,而是互相不负责任,甚至是互相坑害,常常以次充好、低价高卖,赚一笔钱是一笔。所以,需求方必须时时小心、处处小心,有时候甚至是防不胜防。在这种情况下,花费在采购上的人员、时间、精力、费用确实很高。

(二) 从采购环境来看

供应链管理环境下的采购是在一种友好合作的环境下进行;而传统采购则是在一种利益互斥、对抗性竞争环境中进行。这是两种采购模式的根本区别。采购环境不同导致了许多观念上、操作上的不同,也导致了各自的优点和缺点。供应链采购的根本特征就是有一种友好合作的供应链的采购环境,这是它根本的特点,也是它最大的优点。

(三) 从信息情况来看

供应链管理环境下的采购的一个重要的特点就是供应链企业之间实现了信息传输、信息共享。供应商能随时掌握用户的需求信息,能够根据用户需求情况和需求变化情况主动调整自己的生产计划和送货计划。供应链各个企业可以通过计算机网络进行信息沟通和业务活动。这样,足不出户就可以很方便地协调活动,进行相互之间的业务处理活动,如发订货单、发发货单、支付货款等。

当然,要做到信息传输、信息共享,首先要求供应链上每个企业内部的业务数据要信息化、电子化。也就是要用计算机处理各种业务数据、存储业务数据。没有企业内部的信息网络,也就不可能实现企业之间的信息传输和信息共享。因此,供应链采购的基础就是要实现企业的信息化、企业间的信息共享,也就是要建立企业内部网络、企业外部网络(extranet),并且和互联网连通,建立起企业管理信息系统。

(四) 从库存情况来看

供应链管理环境下的采购是由供应商管理用户的库存。用户没有库存,即零库存。这意味着,用户无须设库存,无须关心库存。这样做的好处如下。

(1) 用户库存可以大大节省费用、降低成本,专心致志地搞好工作,发挥核心竞争力,提高效率。因而可以提高企业的经济效益,也可以提高供应链的整体效益。

(2) 供应商掌握库存自主权,可以根据需求变动情况,适时地调整生产计划和送货计划,既可以避免盲目生产造成的浪费,也可以避免库存积压、库存过高造成的浪费及风险。

(3) 由于这种机制把供应商的责任(产品质量好坏)与利益(销售利润的多少)相联系,因此加强了供应商的责任性,自觉提高了用户满意水平和服务水平,供需双方都获得了效益。而传统的采购由于卖方设置仓库、管理库存,一方面很容易造成库存过高积压,另一方面可能产生缺货而不能保证供应,同时还会造成精力分散、工作效率低,服务水平、工作效率、经济利益都会受到严重影响。

(五) 从送货情况来看

供应链管理环境下的采购是由供应商负责送货,而且是连续、小批量、多频次地送货。这种送货机制可以大大降低库存,实现零库存。因为其送货目的是直接满足需要,需要多少就送多少,什么时候需要就什么时候送,不多送也不早送,这样就没有多余的库存。

首先,这样不仅可以降低库存费用,又能保证满足需要、不缺货,同时还可以根据需求的变化随时调整生产计划,不多生产、不早生产,因而节省了原材料费用和加工费用;其次,由于紧紧跟踪市场需求的变化,所以能够灵活适应市场变化、避免库存风险。而传统采购是离散的、大批量、少频次地订货进货,所以库存量大、费用高、风险大。

(六) 从双方关系来看

供应链管理环境下的采购中,由于买方企业和卖方企业是一种友好合作的战略合作伙伴关系,互相协调、互相配合、互相支持,所以有利于各个方面工作的顺利展开,提高工作效率,实现双赢。而传统采购中,买方和卖方是一种对抗性的买卖关系,一个赢,另一个必然输,所以互相防备、互相封锁、互相不信任、互相不配合,甚至互相坑害,办什么事都很难,工作效率也低。

(七) 从货检情况来看

由于传统采购是一种对抗性关系,所以买方常常会遇到货物以次充好、低价高卖,甚至伪劣假冒、缺斤少两的现象,所以买方进行货检的力度大,工作量大,成本高。而供应链管理环境下的采购,由于供应商自己的责任与利润相连,所以其会自我约束、保证质量,货物质量可以达到免检。这样就大大节约了费用,降低了成本。

从以上的比较可以看出,供应链管理环境下的采购与传统的采购相比,无论是在观念上,还是在做法上都有很大的区别,有革命性的变化和显著的优越性,如表 5-1 所示。

表 5-1 供应链下采购模式与传统采购模式的主要区别

	传统采购管理	供应链采购管理
供应商/买方关系	相互对立	合作伙伴
合作关系	可变的	长期
合同期限	短	长
采购数量	大批量	小批量
运输策略	单一品种整车发送	多品种整车发送
质量问题	检验/再检验	无须入库检验
与供应商的信息沟通	采购订单	网络
信息沟通频率	离散的	连续的
对库存的认识	资产	祸害
供应商数量	多,越多越好	少,甚至一个
设计流程	先设计产品后询价	供应商参与产品设计
产量	大量	少量
交货安排	每月	每周或每天
供应商地理分布	很广的区域	尽可能靠近
仓库	大,自动化	小,灵活

第三节 供应链管理环境下的采购策略

一、JIT 采购

JIT 采购是在 20 世纪 90 年代受 JIT 生产管理思想的启发而出现的。JIT 生产方式最初是由日本丰田汽车公司在 20 世纪 60 年代率先使用的。在 1973 年爆发的危急中,这种生产方式使丰田汽车公司渡过了难关,因此受到了日本国内和其他国家生产企业的重视,逐渐引起了欧洲和美国的日资企业及当地企业的效仿,并获得了一定的成功。近年来,JIT 模式不仅作一种生产方式,也作为一种采购模式开始流行起来。

(一) JIT 采购的概念

JIT 生产的基本思想是"杜绝浪费""只在需要的时间,按需要的量,生产所需要的产品",这种生产方式的核心是追求一种零库存生产系统,或是库存量达到最小的生产系统。JIT 的管理思想目前已经被运用到采购、运输、储存以及预测等领域。这种特性能够大大减少在制品库存。JIT 生产的目标就是在恰当的时间、地点提供恰当的零部件。

JIT 采购是一种先进的采购模式,它的基本思想是:在恰当的时间、地点,以恰当的数量、质量提供恰当的物品。它是从 JIT 生产发展而来的,是为了消除库存和不必要的浪费而进行的持续性改进。要进行 JIT 生产必须有即时的供应,因此 JIT 采购是 JIT 生产管理模式的必然要求。它和传统的采购方法在质量控制、供需关系、供应商的数目、交货期的管理等方面有许多的不同,其中关于供应商的选择、质量控制是其核心内容。

之所以说 JIT 采购是对 JIT 生产思想的继承,也是因为其对"零库存"的要求。它的不同之处在于与供应商签订在需要的时候提供需要数量的原材料的协议。这意味着,可能一天一次、一天两次,甚至每小时好几次提供采购物资。这个方法主要是为了解决生产过程连续步骤中的瓶颈问题,最终为每种物资或几种物资建立单一可靠的供应渠道。

JIT 采购的核心要素包括减少批量、频繁而可靠的交货、提前期压缩并且高度可靠、保持采购物资一贯的高质量。

拓展阅读 5.3　准时化采购与传统采购的区别

(二) JIT 采购的优势

JIT 采购是关于物资采购的一种全新思路,企业实施 JIT 采购具有重要的意义。根据资料统计,JIT 采购在以下几个方面已经取得了令人满意的成果。

1. 减少库存

根据国外一些实施 JIT 采购策略企业的测算,JIT 采购可以使原材料和外购件的库存降低 40%～85%。原材料和外购件库存的降低,不仅有利于减少流动资金的占用,加速流动资金的周转,同时也有利于节省原材料和外购件库存占用的空间,从而降低库存成本。

2. 提高质量

实施 JIT 采购后,企业的原材料和外购件的库存很少甚至为零。因此,为了保障企业生产经营的顺利进行,采购物资的质量必须从根源上抓起。也就是说,购买的原材料和外购件的质量保证,应由供应商负责,而不是企业的物资采购部门。

JIT 采购就是要把质量责任转移给供应商,从根源上保障采购质量。为此,供应商必须参与制造商的产品设计过程,制造商也应帮助供应商提高技术能力和管理水平。

在现阶段,我国主要是由制造商来负责监督购买物资的质量,验收部门负责购买物资的接收、确认、点数统计,并将不合格的物资退回给供应商,因而增加了采购成本。实施

JIT 采购后，从根源上保证了采购质量，购买的原材料和外购件就能够实行免检，直接由供货商送货到生产线，从而大大减少了购货环节，降低了采购成本。

一般来说，实施 JIT 采购，可以使购买的原材料和外购件的质量提高 2~3 倍。而且，原材料和外购件质量的提高，又会引致质量成本的降低。据估计，推行 JIT 采购可使质量成本减少 26%~63%。

3. 降低价格

由于供应商和制造商的密切合作以及内部规模效益与长期订货，再加上消除了采购过程中的一些浪费（如订货手续、装卸环节、检验手续等），购买的原材料和外购件的价格得以降低。例如，生产复印机的美国施乐（Xerox）公司，通过实施 JIT 采购策略，其采购物资的价格下降了 40%~50%。

此外，推行 JIT 采购策略，不仅缩短了交货时间，节约了采购过程所需资源（包括人力、资金、设备等），而且提高了企业的劳动生产率，增强了企业的适应能力。

(三) JIT 采购带来的问题及其解决办法

1. 小批量采购带来的问题及其解决办法

小批量采购必然增加运输次数和运输成本，对供应商来说，这是很为难的事情，特别是供应商在国外等远距离的情形，在这种情况下实施 JIT 采购的难度就很大。

解决这一问题的方法有以下 4 种。

（1）使供应商在地理位置上靠近制造商。例如，日本汽车制造商扩展到哪里，其供应商就跟到哪里。

（2）供应商在制造商附近建立临时仓库，实质上，这只是将负担转嫁给了供应商，而未从根本上解决问题。

（3）由一个专门的承包运输商或第三方物流企业负责送货，按照事先达成的协议，搜集分布在不同地方的供应商的小批量物料，即时按量送到制造商的生产线上。

（4）让一个供应商负责供应多种原材料和外购件。

2. 采用单源供应带来的风险

采用单源供应也会带来风险。比如，供应商有可能因意外原因中断交货。另外，采取单源供应，使企业不能得到竞争性的采购价格，会对供应商的依赖性过大等。因此，必须与供应商建立长期互利合作的新型伙伴关系。

在日本，98% 实施 JIT 采购的企业采取单源供应。但实际上，一些企业常采用同一原材料或外购件由两个供应商供货的方法，其中一个供应商为主，另一个供应商为辅。许多企业也不是很愿意成为单一供应商。

原因很简单：一方面，供应商是具有独立性较强的商业竞争者，不愿意把自己的成本数据披露给用户;另一方面,供应商不愿意为用户储存产品。实施JIT采购,需要减少库存,但库存成本原先是在用户一边,现在则转移到供应商。

工业企业在实施JIT采购时,其中一个重要环节就是减少库存、缩短生产周期,要做到这两点,采购及供应商的管理至关重要。事实上,控制和减少原材料的库存、缩短原材料的交货周期,在原材料供应过程中实施JIT采购,相对于企业内部实施JIT生产来说见效更快,而且实施起来更容易,一方面能为本企业实施JIT生产打下基础,另一方面能推动企业整体供应链的优化。

(四) JIT采购的实施步骤

开展JIT采购同其他工作一样,需遵循计划、实施、检查、总结提高的基本思路。具体而言包括以下步骤。

1. 创建JIT采购团队

世界一流企业的专业采购人员有3个责任:寻找货源、商定价格、发展与供应商的协作关系并不断改进。因此专业化的高素质采购队伍对实施JIT采购至关重要。为此,首先要成立两个团队。一个是专门处理供应商事务的团队,该团队负责认定和评估供应商的信誉、能力,或与供应商谈判签订JIT订货合同,向供应商发放免检签证等,同时还要负责供应商的培训与教育。另一个团队专门负责消除采购中的浪费。这些团队中的人员应该对JIT采购的方法有充分的了解和认识,必要时要进行培训。如果这些人员本身对JIT采购的认识和了解都不彻底,就更不可能指望供应商的合作了。

2. 分析现状、确定供应商

根据采购物品的分类模块,选择价值量大、体积大的主要原材料及零部件作为出发点,结合供应商的关系,优先选择伙伴型或优先型供应商进行JIT采购的可行性分析,确定供应商。

分析采购物品及供应商情况时,要考虑的因素有原材料或零部件的采购量、年采购额、物品的重要性(对本公司产品生产、质量等的影响等)、供应商的合作态度、供应商的地理位置、物品的包装及运输方式、物品的存贮条件及存放周期、供应商现有供应管理水平、供应商参与改进的主动性、该物品的供应周期、供应商生产该物品的生产周期及重要原材料采购周期、供应商现有的送货频次、该物品的库存量等。然后要根据现状,进一步分析问题所在以及问题产生的原因。

3. 设定目标

针对供应商目前的供应状态,提出改进目标。改进目标包括供货周期、供货频次、库存等,改进目标应有时间要求。

4. 制订实施计划

计划要明确主要的行动点、行动负责人、完成时间、速度检查方法及时间、进度考核指标等。其中,包括本公司内的主要行动如下。

(1) 将原来的固定订单改为开口订单,订单的订购量分成两部分:一部分是已确定的、供应商必须按时按量交货的部分;另一部分是可能因市场变化而增减的、供应商准备原材料,安排生产计划参考的预测采购量。两部分的时间跨度取决于本公司的生产周期、供应商的生产交货周期、最小生产批量等。

(2) 调整相应的运作程序及参数设置。在公司内相关人员之间进行沟通、交流,统一认识、协调行动。

(3) 确定相应人员的职责及任务分工等。

(4) 在供应商方面,需要对供应商进行沟通、培训,使供应商接受 JIT 采购的理念,确认本公司提出的改进目标(包括缩短供应时间、增加供应频次、保持合适的原材料、在制品及成品的库存等);同时,供应商也须相应认可有关的配合人员的责任、行动完成时间等。

(5) 改进行动实施

改进行动实施的前提是供应原材料的质量改进和保障。同时,为改善供应,要考虑采用标准、循环使用的包装、周转材料与器具,以缩短送货的装卸、出入库时间。改进行为实施的主要环节是将原来的独立开具固定订单改成滚动下单,并将订单与预测结合起来。

首先,可定期(如每季)向供应商提供半年或全年采购预测,便于供应商提前安排物料采购及生产安排;其次,定期定时(如每周或每月)向供应商提供每月、每半月或每月、每季的流动订单。流动订单包括固定和可变的两部分,供应商按流动订单的要求定期、定量送货。

为更好地衔接供应商在整体供应链之间的关系,供应商最好定期(每周、每半月或每月)向本公司提供库存(含原材料、在制品、成品)报告,以便本公司在接受客户订单及订单调整时能准确、迅速、清晰地了解供应商的反应能力。

实施 JIT 采购还应注意改进行政效率,充分利用电话、传真及电子邮件等手段进行信息传递以充分保证信息传递的及时性、准确性、可靠性。在开展 JIT 采购的过程中,最重要的是要有纪律性,要严格按确定的时间做该做的事情(如开具采购预测、订单、库存报告等),同时要有合作精神与团队意识。只有采购、计划、仓管、运输、收验货、供应商等密切配合,才能保证 JIT 采购顺利实施。

(6) 绩效衡量

衡量 JIT 采购实施绩效,要定期检查进度,以绩效指标(目标的具体化指标)来控制实施过程。采购部门或 JIT 采购实施改进小组要定期(如每月)对照计划检查各项行动的进展情况、各项工作指标、主要目标的完成情况,并用书面形式采用图表等方式报告出来,对于未如期完成的部分应重新提出进一步的跟进行动,调整工作方法,必要时调整工作目标。

二、电子采购

随着互联网技术飞速发展、电子商务的迅猛崛起,利用互联网进行采购日渐盛行。

(一) 电子采购的含义

电子采购是用计算机系统代替传统的文书系统,通过网络支持完成采购工作的一种业务处理方式,也称为网上采购。它的基本特点是在网上寻找供应商和商品、网上洽谈贸易、网上订货甚至网上支付货款。电子采购具有费用低、效率高、速度快、业务操作简单、对外联系范围广等特点,因此成为当前最具有发展潜力的企业管理工具之一。

(二) 电子采购的平台

1. 第三方系统门户

门户是描述在互联网上形成的各种市场的术语。第三方系统门户是通过一个单一的整合点,多个买方和卖方能够在此相遇并进行各种商业交易的网站站点。它将成为IT业和信息经济发展中最具影响力的事件之一,其结构如图5-3所示。

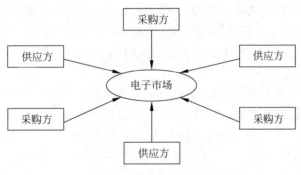

图 5-3 第三方系统门户

门户网站模式使全世界范围内任何人都可以通过互联网进入单个网站站点,它允许任何人参与或登录并进行商业交易,但是要交纳一定的费用,按交易税金或交易费的百分比来计算。门户网站的主要内容有查看目录、下订单(在线拍卖的情况下称为"竞标")、循序交货、支付等。

为了改进市场中买卖交易的频率,在互联网上有两类基本门户:垂直门户和水平门户。

(1) 垂直门户

垂直门户是经营专门产品的市场,如钢材、化工、能源等。它通常由一个或多个本领域内领导型企业发起或支持。例如,在高科技制造业中,由12个主要行业领导者(包括惠普公司、康柏公司、日本电气股份有限公司、网关公司、日立公司、三星电子公司和其他公司)组成的集团,已经实行合作,形成一个电子交易门户,该门户将关注高科技零部件市场,并提供开发的资源、拍卖、供应计划和物流支持。

垂直门户交易市场有一个明显的特点:买方或卖方自己作为发起人,都倾向于从供应商向行业的高效供应中获得巨额收益。

(2) 水平门户

水平门户集中了种类繁多的产品,主要经营领域包括零配件、办公用品、家具、服装等。例如,阿里巴巴、第一商务(Commerce One)和Free Markets等B2B网络采购市场都是水平门户。水平电子市场一般由电子采购软件集团或这些间接材料和服务供应领域内的领导者发起。

这种类型的交易中心通常是通过向每份交易收取1%~15%的交易费来获得收入的,具体比例的大小依赖于交易量和交易商品的种类。即使这样,电子交易的成本还是比通过传统渠道交易的成本低。

2. 企业私用交易平台

企业私用交易平台类似于EDI系统,该系统是大型企业长期以来使用的主机式应用程序,以电子方式交换订单、库存报表与其他资料。企业私用交易平台和EDI网络类似,能减少沟通的时间和成本,使合作厂商以标准格式,实时分享文件、图像、电子表格与产品设计。同时,企业私用交易平台还能实现国际网络平台的功能与EDI系统的安全性的结合。

企业私用交易平台与开放式的B2B(由第三方策划)以及企业联盟(由买方、供应商或两者共同拥有)不同,能让积极参与者掌握大权,这样的安排能使企业将工作重点放在流程而非价格上。由于私用交易平台架构中的供应商仅包括受邀访客和网站站主,这就意味着买方可以选择交易对象,甚至可能已于网络外完成商谈。

(三) 电子采购的组织

1. 卖方一对多模式

卖方一对多模式是指供应商在互联网上发布其产品的在线目录,采购方则通过浏览来取得所需的商品信息,以做出采购决策,并下订单,该模式如图5-4所示。

与买方一对多模式不同,该模式中采购方承担了建立、维护和更新产品目录的工作。虽然这样做花费较多,但采购方可以更好地控制整个采购流程。它可以限定目录中所需产品的种类和规格,甚至可以给不同的员工在采购不同产品时设定采购权限和数量限制。另外,员工只需通过一个界面就能了解到所有可能的供应商的产品信息,并且能方便进行比较和分析。

该模式适合大企业的直接物料采购。一是大企业一般具有比较成熟可靠的企业信息

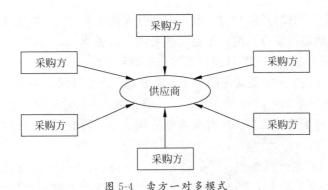

图 5-4　卖方一对多模式

管理系统,能够与电子采购系统很好地集成,保持信息流畅通;二是大企业往往处于所在供应链的核心地位,只有几家固定的供应商,且大企业的采购量占了供应商生产量的大部分,因此双方的关系十分密切,有助于保持紧密的合作关系;三是大企业也有足够的能力负担建立、维护和更新产品目录的工作。

在该模式中,作为卖方的某个供应商为增加份额,开发了自己的互联网网站,允许大量的买方企业浏览和采购自己的在线产品。买方登录卖方系统通常是免费的,如商店或购物中心。

2. 买方一对多模式

买方一对多模式是指采购方在互联网上发布所需采购产品的信息,供应商在采购方的网站上提交自己的产品信息,供采购方评估,并通过采购方网站双方进行进一步的信息沟通,完成采购业务的全过程,如图 5-5 所示。

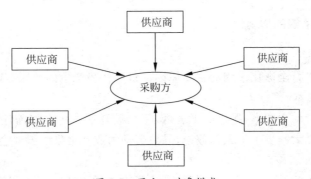

图 5-5　买方一对多模式

3. 网上拍卖模式

一般的网上拍卖网站通常提供两种拍卖方式:一般拍卖方式和集体议价方式。有的拍卖网站还提供另一种拍卖方式——反向拍卖。一般拍卖指的是供应商提供商品参加拍卖,购买方进行竞价购得商品,此时一般采用加价式竞价来决定最终购买方和购买价格。

反向拍卖指的是购买方到网站登记需求而进行的拍卖,而供应商进行竞价来争取订单。这时,一般会采用减价式竞价决定最终供应商和价格。

反向拍卖的优点:一是提高速度。不再需要花费几个月的时间来接受和核定供应商的答复,整个流程一个多小时就可以完成。二是节约成本。对于购买者来说,在线反向拍卖的方法避免了与成千上万小公司打交道的管理成本。同时,拍卖的方式也促使商品价格大幅下降。

当然,反向拍卖也有其缺点:一是过分关注价格,忽视与供应商的关系。拍卖的透明、公开的特性以及只关注于价格的短期行为,很难保证所采购的商品具有竞争优势,供应商也很难与买方维持任何亲密关系。二是预测的困难。采用在线反向拍卖这种形式,需求方很难预测最终价格,每天都可能产生一个完全不同的竞价价格。

网上拍卖通常用于间接商品,有时也会用于直接原材料。这种实时竞标的形式最适合于批量大的普通商品,由于批量大,因此价格上的一点点差别也会积累成一个可观的数目。

三、全球化采购

所谓全球化采购,是指利用全球的资源,在全世界范围内去寻找供应商,寻找质量好、价格合理的产品或服务。近几年,全球化采购市场得到了迅猛发展,每年以 7%～8% 的速度增长,采购量每年高达 4500 亿元。我国的全球化采购市场也得到了相应的发展:许多跨国公司把中国作为重要的采购地;同时,中国的企业如海尔、联想,也开始了全球化采购。

(一) 全球化采购的优势

1. 价格优势

价格优势是进行全球化采购的主要原因。价格优势产生的原因有以下几种。

(1) 劳动力成本

企业寻求低劳动力成本,哪里的工资低,工厂就迁往哪里。但需注意,机器人的使用和自动化的实现大大减少了工人的数量,导致劳动力成本带来的差异会逐渐减小。

(2) 汇率

由于汇率的影响,许多企业购买国外产品更为有利,汇率对全球化采购的影响很大。

(3) 效率

国外供应商所提供的设备和工艺比国内厂家的效率更高。发达国家具有技术领先优势,其生产的商品在性能上往往高于发展中国家。因此,基于生产技术上的要求,需要从国外进口更加先进的设备。

(4) 垄断

国际上有些原材料供应商将生产集中在某些商品上，从而实现经济学意义上的自然垄断，可以将出口商品定位在一个相对较低的价位上大量出口。

2．质量优势

总体来说，国外供应商的产品质量并不一定比国内供应商好，但是在某些产品上，国外供应商的产品质量更稳定。

3．特色优势

某些原材料，特别是自然资源，国内没有储存，只能从国外大量进口。

4．供应优势

受设备及生产能力所限，在一般情况下，国外的大型供应商交货速度要比国内快。

5．技术服务优势

为了能从最好的地方采购到最好的服务，或者是在适当的地点采购到适当的技术，需要在全球范围内选择供应商。

6．营销优势

为了能在其他国家出售本国产品，企业可能会答应向那些国家的供应商采购一定金额的货物。

7．竞争优势

国外供应商带来的竞争，通常会给国内供应商施加压力。采购者可以进口或者以进口威胁作为砝码，向国内供应商施加压力，以获得价格或其他方面的让步。

(二) 全球化采购的步骤

尽管各企业进行全球化采购时，执行的流程顺序可能会有差异，但是要想成功地进行全球化采购，以下步骤都是必须完成的。

1．确定进行全球化采购的商品

当几乎所有能在当地采购到的产品都通过全球化采购来获得时，企业应该选择质量好、成本低、便于装运且无风险的商品进行采购。

2．获取有关全球化采购的信息

在确定需要进行全球化采购的物品之后，企业就要收集和评价潜在供应商的信息或者识别能够承担该任务的中介。这些中介包括贸易企业、驻外代理机构、贸易咨询机构等组织。

3．评价供应商

无论是买方企业还是外国代理机构进行全球采购，企业评价国外供应商的标准都应该与评价国内供应商的标准相同(甚至更加严格)。国外供应商不会主动达到买方的绩效要求或期望,有时企业会用实验性的订货来评价国外供应商。买方通常不会与某一个国外供应商签订全部采购合同,而是用少量或实验性订货来建立供应商的绩效跟踪记录。

4. 签订合同

确定了合格的供应商后,买方就要征求供应商的评价建议书。如果国外供应商并不具备竞争力,就要选择国内供应商;如果国外供应商能够满足评价标准,买方就可以与供应商磋商合同条款了。

拓展阅读5.4　通用电气公司照明产品分部采购案例

课后习题

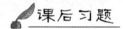

一、单选题

1. 采购管理就是指为保障企业物资供应而对企业采购进货进行的(　　)、组织、协调和控制等活动。
　　A. 销售　　　　B. 库存　　　　C. 生产　　　　D. 计划
2. JIT采购是一种准时化采购模式。它有最大限度地消除浪费、降低库存、实现(　　)的优点。
　　A. 零库存　　　B. 最佳库存　　C. 最低库存　　D. 合理库存
3. 所谓(　　),就是利用电子商务形式进行的采购活动。
　　A. JIT采购　　 B. 电子商务采购　C. MRP采购　　D. 虚拟采购
4. JIT采购的实施要求与供应商的距离是(　　)。
　　A. 越远越好　　B. 适中　　　　C. 越近越好　　D. 没有要求
5. (　　)不是供应链管理环境下采购的原则。
　　A. 质量第一的原则　　　　　　B. 程序科学原则
　　C. 信誉最佳的原则　　　　　　D. 分批采购的原则

二、多选题

1. 传统采购模式的特点有(　　)。
　　A. 从库存驱动向订单驱动转变
　　B. 业务信息共享程度弱
　　C. 物料采购与物料管理为一体

D. 采购控制通常是事后控制
E. 与供应商建立一种长期的、互惠互利的合作关系
2. JIT 采购它的基本思想是：通过( )，最好地满足用户的需要。
A. 合适的数量　　　　　　　　B. 合适的物品
C. 合适的时间　　　　　　　　D. 合适的地点
E. 合适的质量
3. 电子商务采购最主要的是两种方式：( )。
A. 网上招标、网上采购　　　　B. 网上招标、网下采购
C. 网上发盘　　　　　　　　　D. 网上回盘
E. 网络报价
4. 电子商务采购的特点：( )。
A. 公开性　　B. 广泛性　　C. 交互性　　D. 低成本
E. 高速度和高效
5. 全球化采购的步骤有( )。
A. 确定进行全球化采购的商品　B. 制订实施计划
C. 获取有关全球化采购的信息　D. 评价供应商
E. 签订合同

三、名词解释
1. JIT 采购
2. 电子采购

四、简答题
1. 简述传统采购模式存在的问题。
2. 简述 JIT 采购的优势。

五、论述题
论述供应链采购与传统采购的区别。

第六章

供应链的生产计划与控制

学习目标

- 理解供应链生产计划与控制的内容与特点；
- 掌握供应链管理环境下常见的生产计划与控制的方式。

技能目标

- 学会运用供应链生产计划与控制的方式来对供应链企业进行生产计划与控制；
- 根据供应链的要求，设计供应链企业的生产计划流程。

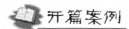开篇案例

博世 I4.0——双元战略

2013 年德国工业 4.0 发起之初，罗伯特·博世有限公司（简称博世）就参与其中；2014 年，博世成为首个加入美国工业互联网联盟的欧洲企业；2015 年，博世协助推进《中国制造 2025》的落地。多年来，为了促进工业 4.0 在全球范围内的深度融合，博世专门制定了双元战略：既要做工业 4.0 领先的实践者，也要做工业 4.0 卓越的解决方案供应商。

作为工业 4.0 的领先实践者，博世集团在全球 270 多家工厂实施了 150 多项创新性项目，成效显著，其中包括在中国的 9 个生产基地开展的十几个工业 4.0 项目，包含上海、苏州、无锡、南京、西安、长沙、珠海及常州等城市。博世力士乐亚太区精益生产管理总监 Claussen 先生表示："博世在实践工业 4.0 时，注重从价值链的角度出发，制定了从'点'到'线'再到'面'的实施

路径。我们的动力就是对现有的质量、成本和交货期进行持续改进。"首先,找到价值链上的痛点和瓶颈,寻求运用互联网思维来解决问题;其次,立足于整个工厂,将价值链联通起来,将所有系统互通互联,打通整条价值链。

作为工业 4.0 的卓越供应商,博世不仅拥有优质的传动、自动化、传感器及软件等工业 4.0 核心产品,同时,博世一直注重标准化和可复制性,结合自身丰富的成功经验,为客户提供高价值的咨询服务以及全套的交钥匙解决方案。2018 年,由博世力士乐为国产工业机器人制造商——埃斯顿自动化提供的包括精益生产价值流咨询为基础的智能工厂设计和机器人智能组装生产线的交钥匙工程正式投产。

博世力士乐亚太区精益生产管理总监 Claussen 先生表示:"博世力士乐通过将博世精益生产系统(Bosch production system,BPS)的理念引入设计中,使得埃斯顿的新智能工厂实现了自有品牌机器人与核心部件等产品的自动化、柔性化、精益化的智能制造。通过实际运行,埃斯顿工业机器人智能工厂目前实现产能提高 8 倍,制造周期缩短 60%,直接人工成本下降 50%。"

资料来源:绿色制造驱动未来:访博世力士乐亚太区精益生产管理总监 Ingo Claussen & 中国区能效项目经理赵殿鹏[J]. 中国仪器仪表,2019(10):41-43.

案例导学

博世集团不仅是德国工业 4.0 战略的重要发起者,更是全球工业 4.0 的领先实践者,而作为博世集团至关重要的工业部——博世力士乐以其在世界上领先的驱动和传动的液压和电控系统及源自全球各地的成功经验,成为博世集团工业 4.0 和工业能效提高的最佳先锋。在工业 4.0 的时代生产管理的计划和控制的意义显得更为重要。本章就是针对供应链中生产计划和控制的内容展开论述。

第一节 生产计划与控制

一、生产计划与控制的内容

(一) 制订生产作业计划衡量标准

衡量标准是为了合理组织企业生产活动,在生产产品或零部件数量和生产期方面规定的标准。有了标准的生产期和数量,编制生产作业计划、组织生产过程中的物流就有了科学的依据。这对于提高生产过程的组织水平、实现均衡生产、改善生产的经济效益都有积极的作用。

(二) 编制生产作业计划

将生产计划在时间、空间和计划单位上进一步细分。根据生产计划要求,具体地规定：做什么？何处做？谁去做？什么时间做？中间环节和结果怎样控制？通过生产作业计划的编制，把生产计划变成全厂职工为了实现计划目标而互相协调配合、紧密衔接的行动。

(三) 生产现场管理

生产现场管理的主要内容包括以下几个方面。

1. 生产作业准备和服务

即按照生产作业计划要求的时间和数量，将生产所需的原材料、半成品、设备、工艺装备、能源、辅助材料等准备好，准时地配送到生产现场，及时排除临时发生的故障。生产的成品、废品和废料要及时运送和清除。

2. 生产现场的布置

设备、工具箱、在制品、使用的工具的布置要符合工艺流程，便于操作，节省体力和时间；原材料、半成品的堆放运送和取拿要符合文明生产和人机工程的要求；通风、照明、温湿度、噪声、粉尘、色调以及某些特殊要求等要符合劳动保护和人机工程的要求。

3. 生产任务的临时调配

生产中发生各种干扰因素后（如设备事故、工人缺勤、质量事故、停电、待料等），要采取果断措施，临时调配生产任务，以保证生产计划的完成。

4. 鼓励职工的劳动热情

从现场生产工人干活的速度、干劲、表情、态度等，可以最直接地观察到工人劳动情绪的高低。基层的生产管理者要理解工人、体贴工人所遇到的种种欢乐和幸福、苦恼和困难、忧愁和不幸，并用自己的实际行动鼓舞职工的劳动热情。

5. 生产控制

产品的生产过程，由于受到内部和外部、主观和客观、技术和管理等各种因素的影响，实际的进程与预定的计划无论是在时间、数量还是在质量方面都有可能发生偏差。生产控制就是要通过各种生产信息的反馈，检查和发现实际与计划的偏差，并及时采取措施使生产过程恢复正常状态。生产控制的主要内容包括生产进度控制、生产能力控制、在制品的控制等。

6. 生产现场管理为生产流程的优化与再造奠定基础

通过生产现场管理，积累了丰富的经验和数据，对生产过程的优势与不足有深刻的认识，对生产流程的优化或再造会有独到的见解。在实施生产流程的优化或再造时，一线生产管理的经验是重要的依据之一。所以，生产现场管理应注意收集现场生产管理的经验和数据，为生产流程的优化与再造奠定良好的基础。

二、供应链管理下环境生产计划与控制的特点

(一) 与传统生产计划与控制的区别

供应链管理思想对企业最直接和最深刻的影响是企业家决策思维方式发生的转变：从传统、封闭的纵向思维方式向横向、开放的思维方式转变。传统的企业生产计划是以某个企业的物流需求为中心展开的，缺乏和供应商的协调，企业的计划制订没有考虑供应商和分销商的实际情况，不确定性对库存和服务水平影响较大，库存控制策略也难以发挥作用。传统生产计划和控制与供应链管理环境下生产计划与控制的差别主要体现如下。

1. 决策信息来源的差别

生产计划的制订要依据一定的决策信息，即基础数据。在传统的生产计划决策模式中，计划决策的信息来自两个方面：一方面是需求信息，另一方面则是资源信息。需求信息又来自两个方面：一是用户订单，二是需求预测。通过这两方面信息的综合，得到制订生产计划所需要的需求信息。供应链管理环境下需求信息和企业资源的概念与传统是不同的。信息多源化是供应链管理环境下的主要特征，多源信息是供应链管理环境下生产计划的特点。另外，在供应链管理环境下资源信息不仅仅来自企业内部，还来自供应商、分销商和用户。

2. 决策模式的差别

传统的生产计划决策模式是一种集中式决策，而供应链管理环境下的决策模式是分布式、群体决策过程。基于多代理的供应链系统是立体的网络，各个节点企业具有相同的地位，有本地数据库和领域知识库，在形成供应链时，各个节点企业拥有暂时性的监视权和决策权，每个节点企业的生产计划决策都受到其他企业生产计划决策的影响，需要一种协调机制和冲突解决机制。

当一个企业的生产计划发生改变时，需要其他企业的计划也做出相应的改变，这样供应链才能获得同步化的响应。

3. 信息反馈机制的差别

传统的企业生产计划的信息反馈机制是一种链式反馈机制，也就是说，信息反馈是企业内部从一个部门到另一个部门的直线性的传递。由于递阶组织结构的特点，信息传递一般是从底层向高层信息处理中心（权力中心）反馈，形成和组织结构平行的信息递阶的传统模式；以团队工作为特征的多代理组织模式使供应链具有网络化结构特征，因此供应链管理模式不是递阶管理，也不是矩阵管理，而是网络化管理。

企业之间信息的交互频率也会比传统企业信息传递的频率大得多，因此必须采用并行化信息传递模式。

4. 计划运行环境的差异

复杂多变的环境，增加了企业生产计划运行的不确定性和动态性因素；而传统的 MRPⅡ系统缺乏柔性，因为它以固定的环境约束变量应对不确定的市场环境，以不变应万变显然是不行的。

供应链管理环境下的生产计划是在不确定的运行环境下进行的，因此要求生产计划与控制系统具有更高的柔性和敏捷性，如提前期的柔性、生产批量的柔性等。

供应链管理环境下的生产计划涉及的多是订单化生产，这种生产模式要求动态性更强。因此生产计划与控制更多地考虑不确定性和动态性因素，使生产计划具有更高的柔性和敏捷性，使企业能对市场变化做出快速反应。

传统生产计划和控制与供应链管理环境下生产计划与控制的差别如表 6-1 所示。

表 6-1 传统生产计划和控制与供应链管理环境下生产计划和控制的差别

	传统生产计划和控制	供应链管理环境下生产计划和控制
决策信息来源	需求信息：用户订单、需求预测资源信息	信息多源化：企业内部、供应商、分销商、用户
决策模式	集中式决策	分布式、群体决策
信息反馈机制	链式反馈机制：直线性传递	网络化管理
计划运行环境	MRPⅡ	柔性、敏捷性

(二) 供应链管理环境下的生产计划与控制

供应链是由不同的企业组成的企业网络，有紧密型的联合体成员，有协作型的伙伴企业，有动态联盟的战略伙伴。作为供应链的整体，以核心企业为龙头，把各个参与供应链的企业有效地组织起来，优化供应链企业整体的资源，以最低的成本和最快的速度生产最好的产品，迅速地满足用户需求，达到快速响应市场和用户需求的目的，这是供应链企业计划根本的目的和要求。

有效的供应链生产计划与控制系统集成企业所有的计划和决策业务，包括需求预测、库存控制、资源配置、设备管理、渠道优化、生产作业计划、MRP 等。

供应链管理环境下的计划与控制需要考虑以下几个方面的问题。

(1) 供应链企业计划方法与工具。包括 MRPⅡ、管理 JIT、DPR/LRP。

(2) 供应链企业计划优化方法。主要采用 TOC 理论：线性规划、非线性及混合规划方法、随机库存理论与网络计划模型。

(3) 供应链企业计划类型。根据供应链企业计划对象和优化状态空间，有全局供应链计划和局部供应链计划。

(4) 供应链企业计划层次性。根据供应链企业计划的决策空间，分为战略供应链计划、战术供应链计划和运作供应链计划3个层次。

1. 生产计划同步化

在当今买方市场环境下,制造商必须具有面对不确定性事件来及时修改计划的能力。要做到这一点,企业的制造加工过程、数据模型、信息系统和通信基础设施必须无缝地连接且实时地运作。

供应链同步化计划的提出是企业最终实现敏捷供应链管理的必然选择。供应链企业的同步化计划使计划在修改或执行中遇到的问题能在整个供应链上获得共享和支持,物料和其他资源的管理是在实时的牵引方式下进行的。

供应链企业同步化计划可通过改进 MRP II 和在 ERP 中加入新技术、充分利用开放系统的概念和集成工具来实现。同时,同步化计划能够支持供应链分布、异构环境下"即插即用"的要求。但要实现这一点,必须使供应链中的信息达到同步共享。

建立在 EID/互联网之下的供应链信息集成平台,为供应链企业之间的信息交流提供了共享窗口和交流渠道,从而保证了供应链企业同步化计划的实现,如图 6-1 所示。

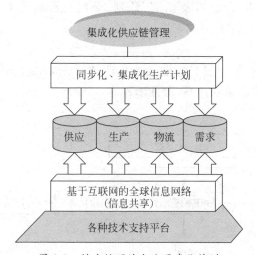

图 6-1 供应链下的企业同步化计划

供应链企业同步化计划的提出是为了挑战供应链运行中的约束。供应链运行的约束有来自采购的约束、来自生产的约束,也有来自销售的约束。这些约束的不良后果会导致"组合约束爆炸"。

因此,要实现供应链企业的同步化计划,就要建立起不同供应链之间的有效通信标准,如 CORNA 规范、基于互联网的 TCP/IP 协议等,使信息交流和协作功能也有独立的自主功能。当供应链的整体利益和各个代理商个体利益发生冲突时,必须快速协商解决,否则供应链同步化计划难以实现。因此建立分布的协调机制对供应链同步化计划的实现是非常重要的。

要实现供应链的同步化计划,必须建立起代理之间的透明的合作机制。供应链企业之间的合作方式主要有同时同地、同时异地、异时同地和异时异地 4 种情形。因此,供应链企业的合作模式表现为 4 种模式:同步模式、异步模式、分布式同步模式和分布式异步模式。多代理的供应链组织管理模式,使传统的递阶控制组织模式向扁平化网络组织过渡,实现了网络化管理。

2. 物料需求计划

物料需求计划(material requirements planning,MPR)是 20 世纪 60 年代产生的库存管理方法,它是利用计算机编制材料物资需求计划的一种方法。在每一个制造企业中,一种产品往往由多种部件组装而成,每种部件又是多种零部件和材料制造而成。这样的产品和零部件及材料用品之间就构成相互依赖的联动需求关系。MRP 就是将这种联动需求关系纳入计算机系统,由计算机系统编制企业的材料物资需求计划。

推行 MRP 能很好地协调与优化企业内部的供应链活动,使企业的生产活动作业,如采购、订单处理、后勤、仓储以及预测、计划、管理与控制等管理活动得到非常好的整合。

(1) 基本流程

MRP 系统输入的主要信息是企业的主生产计划(master production schedule)以及与材料物资相关的存货记录和产品、部件用料清单,输出信息即为 MRP。输入、输出信息如图 6-2 所示。

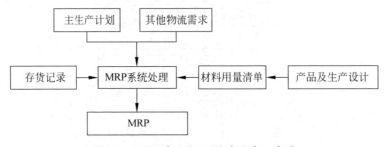

图 6-2　MRP 系统输入/输出信息示意图

根据图 6-2,MRP 的实施通常有以下步骤。

① 预计最终产品的需求量。
② 列出每种产品生产需要原材料、零部件的清单。
③ 考虑生产提前期,确定生产与采购的批量和时间。
④ 确定每一种生产工序生产数量和材料的采购量。
⑤ 最后计算出全部材料物资采购数量和采购时间计划。

（2）MRP 特点

MRP 与传统的库存管理相比具有以下特点：传统的库存管理用单项确定方法解决生产中材料物资的联动需求，难免相互脱节，同时采用人工处理，工作量大；用 MRP 系统规划联动需求，使各项材料物资相互依存、相互衔接，使需求计划更加客观可靠，也大大减少了计划的工作量。

实施 MRP 要求企业制订详细、可靠的主生产计划，提供可靠的存货记录，迫使企业分析生产能力和对各项工作进行检查，将计划做得更细。MRP 系统提供的 MRP 是企业编制资金需求计划的依据。

当企业的主生产计划发生改变时，MRP 系统则根据主生产计划的最新数据进行调整，及时提供材料物资联动需求和库存计划，企业可以安排相关工作，采取必要的措施。

MRP 系统对于材料物资种类繁多、多层次联动需求计划的制造型企业，使用效果尤其显著。因为材料种类多，联动需求重叠，人工编制 MRP 工作量难以想象，生产计划若有变化，更是无法做出及时反应。

当然，MRP 虽然对采购什么、何时采购进行了精确的计划，仍然需要事先确定提前期、订货批量、安全库存等。如果没有将生产经营过程的其他方面与库存管理联系起来，仍难免会导致库存积压，造成运送、等待等方面的浪费。

拓展阅读 6.1　物料需求计划（MRP）的优点

（三）供应链管理环境下的生产计划与控制特点

供应链管理环境下企业的生产计划与控制和传统的企业生产计划与控制不同。前者需要更多的协调机制（企业内部和企业之间的协调），体现了供应链的战略合作伙伴关系原则。供应链管理环境下的生产计划与控制包括如下几个方面的内容。

1. 生产进度控制

生产进度控制的目的在于依据生产计划，检查零部件的投入和出产数量、出产时间和配套性，保证产品能准时装配出厂。

供应链管理环境下的生产进度控制与传统生产模式的进度控制不同，因为许多产品是协作生产的和转包的业务，与传统的企业内部的生产进度控制比较来说，其控制的难度更大，必须建立一种有效的跟踪机制进行生产进度信息的跟踪和反馈。生产进度控制在供应链管理中有重要作用，因此必须研究解决供应链企业之间的信息跟踪机制和快速反应机制。

2. 供应链生产节奏控制

供应链的同步化计划解决的是供应链企业之间的生产同步化问题,只有各种供应链企业之间及企业内部各部门之间保持步调一致,供应链的同步化才能实现。供应链形成的准时生产系统,要求上游企业准时为下游企业提供必需的零部件。

如果供应链中的任何一个企业不能准时交货,就会导致供应链不稳定或中断,导致供应链对用户的响应性下降,因此严格控制供应链的生产节奏对供应链的敏捷性是十分重要的。

3. 提前期管理

基于时间的竞争是20世纪90年代一种新的竞争策略,具体到企业的运行层,主要体现为提前期的管理,这是实现质量管理可靠性(quality control reliability,QCR)、有效客户反应(efficient consumer response,ECR)策略的重要内容。

供应链管理环境下的生产控制中,提前期管理是实现快速响应用户需求的有效途径,缺乏对供应商不确定性的有效控制是供应商提前期管理中的一大难点。因此,建立有效的供应提前期的管理模式和交货期的设置系统是供应链提前期管理中值得研究的问题。

(1) 供应链提前期压缩的重要意义

① 可以更好地实现供应链管理的目标。

供应链管理的目标是在保证一定客户服务水平的前提下,尽可能降低供应链成本,其实质是在提高客户服务水平与降低供应链成本之间谋求平衡点。然而,在实际运作中,这两个目标经常发生冲突:一方面,高客户服务水平要求保有大量的库存,而大量的库存往往会增加供应链的成本;另一方面,为降低供应链成本,尤其是库存成本,又要求减少库存,但盲目地减少库存却容易导致客户服务水平的下降。

通过供应链提前期的压缩,可以使供应链中所有的实体都能够更为高效地运转,生产和物流的流程能够在较少的时间内完成,减少损失浪费,进而以更低的供应链库存和成本实现既定的或者更高的客户服务水平。

② 可以减少供应链中的非增值过程。

在供应链中,将供应链接受订单到商品交到顾客手中并转换成现金所用的时间称为供应链提前期。供应链提前期越短,说明时间压缩的效果越好;反之,说明时间压缩的效果不理想。由于资金和资源是与订单相对应的,所以只有对产品设计到原材料、部件的安排,从生产过程、出厂、运输到最终顾客以及售后服务这些活动进行有效的管理,才能从满意的顾客手中尽快"换回钞票"。

为此,首先要审视供应链中的每一个环节和每一项活动,"这项活动是增加了客户价值,还是只增加了成本而已?"因此,压缩提前期,必然会消除或简化不增值、增值能力低、耗时多的流程,进而减少整个供应链的非价值增值过程。

③ 可以提高供应链需求预测的准确性。

距离销售季节开始的时间越近,则会越接近销售事实,销售商对市场的判断和预测就会相对越准确。因而,如果整个供应链从原材料供应到最终产品产出的生产流通周期短,则距离销售季节的时间就越近,需求预测就容易准确。

按照需求预测精度漏斗,若供应链生产流通周期为40周,需求预测误差可达42%左右;若供应链生产流通周期为30周,需求预测误差可达18%左右;若供应链生产流通周期为20周,需求预测误差可达12%左右。因此,通过压缩提前期,缩短供应链的生产流通周期,可以大大提高需求预测的准确性。

④ 可以避免供应链销售损失。

作为供应链最终产品的使用者——终端顾客对于商品的需求越来越苛刻,不仅要求商品有好的质量、低廉的价格、良好的顾客服务,还要求供应链迅速地把产品送到自己手中。

这些顾客可以分为忠诚顾客和非忠诚顾客。其中,忠诚顾客允许供应商延期交货,而非忠诚顾客当无法立即得到满意的商品时会产生不满心理,这种不满意很可能导致其选择可立即交货的商品,即选择来自其他供应商的替代商品。因而,对于非忠诚顾客来说,压缩提前期可以减少其不满,进而使供应链避免销售损失。

⑤ 可以减轻供应链中的"牛鞭效应"。

提前期是需求信息放大效应("牛鞭效应")的主要因素之一。因为提前期对安全库存水平和订货点有着重要影响,且提前期越长,需求变动的微小变化引起的订货量变化就越大。而供应链中的各成员企业由于对交货的准确时间心中无数,往往希望对交货日期留有一定的余地,因而有较长的提前期。

这样一来,逐级地将提前期拉长也造成了"牛鞭效应"。而缩短提前期可以提高预测的准确性,使订货量更加准确,减小供应链中各阶段的需求变动。因此有效地缩短提前期,不仅可以降低安全库存水平,节约库存投资,提高客户服务水平,很好地满足供应链时间竞争的要求,还可以减轻供应链中的"牛鞭效应"。

(2) 供应链提前期的构成分析

供应链提前期由采购提前期、制造提前期、发运提前期和交货提前期等构成。

① 采购提前期。采购提前期一般由采购预处理提前期、采购处理提前期、采购后处理提前期组成。采购预处理提前期是决定采购订单发出之前的处理过程的时间,包括报价、确定供应商、商务谈判、签订订单、审批合同等过程。采购处理提前期是从供应商接受订单及发货到指定地点的时间,它一般包括采购、制造、发运等提前期。采购后处理提前期是从接收地收货、点数、检验到接受入库的时间。

② 制造提前期。制造提前期一般由制造预处理提前期、制造提前期和制造后处理提前期构成。制造预处理提前期一般由库存时间、备料时间等构成。就一个工序或工位而

言,制造提前期是在某个工序或工位上开始装具到加工完成拆卸下来的时间;就一批产品而言,制造提前期是指从加工该批产品开始到最后一件产品卸下加工设备的时间。制造后处理提前期是指检验、搬运等时间。

③ 发运提前期。发运提前期是从产品装车至运输到目的地的时间。

④ 交货提前期。交货提前期是从顾客订货到获得商品的时间。

从供应链提前期的构成中可以看到,在具体的每个提前期部分,又都包括两种提前期:物流提前期和信息提前期。从整个供应链的角度来看,物流提前期表现为从原材料到产成品并流向最终客户的时间,而信息提前期表现为向供应链上游传递信息的时间。

4. 库存控制和在制品管理

库存在应对需求不确定时有其积极的作用,但是库存又是一种资源浪费。在供应链管理模式下,实施多极、多点、多方管理库存的策略,对提高供应链管理环境下的库存管理水平、降低制造成本有着重要意义。这种库存管理模式设计的部门不仅仅是企业内部。

基于 JIT 的供应与采购、VMI 联合库存(pooling)管理等是供应链库存管理的新方法,对降低库存都有重要作用。因此,建立供应链管理环境下的库存控制体系和运作模式对提高供应链的库存管理水平有着重要作用,是供应链企业生产控制的重要手段。

在制品库存的有效控制是实现生产物流系统快速响应的一个重要方面,对于一个离散的、简单的、单输入单输出生产系统(single input single output,SISO),其系统的在制品库存控制示意图如图 6-3 所示。

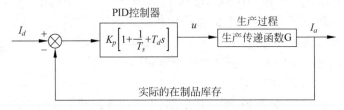

图 6-3 SISO 生产系统的在制品库存控制示意图

在这样一个生产系统中,理想的在制品库存 I_d、实际的在制品库存 I_a、生产过程的传递函数都为已知条件,而一个好的鲁棒控制器会使得系统响应对过程模型 G 的参数变化不敏感,而 PID 控制器中的 3 个参数直接影响着系统的敏感程度,也即 PID 控制器中的 3 个参数是系统灵敏度的函数。

所以只要对 3 个参数进行合理的选择就会实现生产物流系统中在制品库存的有效控制,而这 3 个参数的合理选择以及 3 个参数的合理组合是需要深入研究的重点。

拓展阅读 6.2　鲁棒控制器

三、供应链管理环境下生产计划与控制的过程

(一) 纵向和横向的信息集成

这里的"纵向的信息集成"指供应链由下游向上游的信息集成,而"横向的信息集成"指生产相同或类似产品的企业之间的信息共享,如图 6-4 所示。

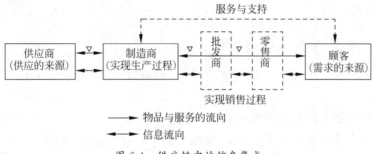

图 6-4　供应链中的信息集成

在生产计划过程中,上游企业的生产能力信息在生产计划的能力分析中独立发挥作用。通过在主生产计划和投入出产计划中分别进行的粗、细能力平衡,上游企业承接订单的能力和意愿都反映到了下游企业的生产计划中。同时,上游企业的生产进度信息也和下游企业的生产进度信息一道作为滚动编制计划的依据,目的在于保持上下游企业间生产活动的同步。

外包决策和外包生产进度分析是集中体现供应链横向集成的环节。在外包中所涉及的企业都能够生产相同或类似的产品,或者说在供应链的网络上是属于同一产品级别的企业。

企业在编制主生产计划时所面临的订单,在两种情况下可能转向外包：一是企业本身或其上游企业的生产能力无法承受需求波动所带来的负荷；二是所承接的订单通过外包所获得利润大于企业自己进行生产的利润。

无论在哪种情况下,都需要承接外包的企业的基本数据来支持企业的活力分析,以确定是否外包。同时,由于企业对该订单的客户有直接的责任,因此也需要承接外包企业进度信息来确保对客户的供应。

(二) 生产能力的平衡

在通常的概念中,能力平衡只是一种分析生产任务与生产能力之间差距的手段,再根据能力平衡的结果对计划进行修正。在供应链管理下定制生产计划过程中,能力平衡发挥了以下作用。

(1) 为修正主生产计划和投入出产计划提供依据,这也是能力平衡的传统作用。

(2) 能力平衡是进行外包决策和零部件(原材料)急件外购的决策依据。

(3) 在主生产计划和投入出产计划中所使用的上游企业能力数据,反映了其在合作中所愿意承担的生产负荷,可以为供应链管理的高效运作提供保证。

(4) 在信息技术的支持下,对本企业和上游企业的能力状态的实时更新使生产计划具有较高的可行性。

(三) 生产计划的循环过程

(1) 在企业独立运行生产计划系统时,一般有 3 个信息流的闭环,而且都在企业内部。

① 主生产计划—粗能力平衡—主生产计划。
② 投入出产计划—能力需求分析(细能力平衡)—投入出产计划。
③ 投入出产计划—车间作业计划—生产进度状态—投入出产计划。

(2) 在供应链管理环境下,生产计划的信息流跨越了企业,从而增添了新的内容:

① 主生产计划—供应链企业粗能力平衡—主生产计划。
② 主生产计划—外包工程计划—外包工程进度—主生产计划。
③ 外包工程计划—主生产计划—供应链企业生产能力平衡—外包工程计划。
④ 投入出产计划—供应链企业能力需求分析(细能力分析)—投入出产计划。
⑤ 投入出产计划—上游企业生产进度分析—投入出产计划。
⑥ 投入出产计划—车间作业计划—生产进度状态—投入出产计划。

需要说明的是,以上各循环中的信息流都只是各自循环所必需的信息流的一部分,但可对计划的某个方面起决定性作用。

第二节 供应链管理中的生产计划与控制方式

一、准时化生产方式

准时化生产方式(just in time,JIT)是一种产生于 20 世纪五六十年代日本的生产管理方式,指企业生产系统的各个环节、工序只在需要的时候,按需要的量,生产产品。

拓展阅读 6.3 准时化生产方式的分类

(一) JIT 生产方式的目标

(1) JIT 的目标是彻底消除浪费及无效劳动。具体来说就是：
① 零废品；
② 零准结时间；
③ 零库存；
④ 最低搬运量；
⑤ 最低机器损坏率；
⑥ 短生产提前期；
⑦ 低批量。

(2) 设计者将浪费、无效劳动分为：
① 制造过剩零部件的浪费和无效劳动；
② 空闲待工的浪费；
③ 无效的搬运劳动；
④ 库存积压的浪费和无效劳动；
⑤ 加工本身的无效劳动；
⑥ 动作方面的无效劳动；
⑦ 生产不合格品的浪费和无效劳动。

为消除上述浪费、无效劳动，就必须不断追求最优生产系统设计和最佳操作状态。

(二) JIT 生产方式的原则

为了达到上述目标，JIT 对于产品和生产系统设计考虑的主要原则如下。
(1) 应使产品的设计与市场需求一致。
(2) 应考虑出便于生产的产品设计。
(3) 应尽量采用成组技术和流程式生产。
(4) 应与原材料或外购件的供应者建立联系，为 JIT 供应原材料。

拓展阅读 6.4 JIT 的产生

(三) JIT 运行的手段

有了一个明确的目标,JIT 生产方式还需要相应的手段来确保各目标的实现,通常有以下 3 种手段。

1. 适时适量生产

适时适量生产,即"在需要的时候,按需要的量生产所需的产品"。对于企业来说,各种产品的产量必须能够灵活地适应市场需求量的变化,否则就会造成资源的浪费。为了降低甚至避免这种无谓的浪费,实施适时适量生产必不可少。

(1) 为了实现适时适量生产,需要致力于生产环节的同步化。即工序间不停留,一道工序加工结束后,立即转到下一工序,装配线与机械加工几乎同步进行。

(2) 要注意对产品的合理设计。具体方法包括模块化设计,设计的产品尽量使用通用件、标准件,设计时应考虑有助于实现生产自动化以降低时间成本。

(3) JIT 要求均衡化生产,即总装配线在向以前工序领取零部件时,应均衡地使用各种零部件来生产各种产品。在制订生产计划时就必须考虑均衡化生产,将其体现于产品实现计划中,使物流在各作业、生产线、工序、工厂之间均衡地流动。为达到均衡化生产,JIT 采用月计划、日计划,并根据需求的变化及时对计划进行调整。

拓展阅读 6.5　适时适量生产的方法

2. 弹性配置作业人员

劳动费用是成本的一个组成部分,企业要根据生产量的变动,弹性地增减各生产线的作业人数,以求尽量用较少的人员完成较多的生产活动。这种人员弹性配置的方法与历来生产系统中的"定员制",对作业人员提出了更高的要求,即为了适应这种变化,工人必须成为具有各种技能的"多面手"。

3. 质量管理贯穿其中

JIT 生产方式打破了传统生产观念,认为质量与成本之间并非成反比关系,通过将质量管理贯穿于每一工序中来实现产品的高质量与低成本。具体方法包括以下几种。

(1) 纠正措施

生产第一线的设备操作工人发现存在产品或设备问题时,有权自行停止生产,这样便可防止次品的重复出现,并杜绝类似产品的再产生,从而避免了由此可能造成的大量浪费。

(2) 预防措施

安装各种自动停止装置和加工状态检测装置,使设备或生产线能够自动检测次品,一旦发现异常或不良产品可以自动停止设备运行。

通常的质量管理方法只是在最后一道工序对产品进行检验,不能有效预防不合格的再次发生。因为,发现问题后如果不立即停止生产,难免会持续出现类似的问题,同时还会出现"缺陷"的叠加现象,增加最后检验的频次,无形中造成成本增加。

JIT 生产方式中发现问题就会立即停止生产并进行分析改进,久之则生产中存在的问题越来越少,企业的生产过程质量就会逐渐增强。

二、最优生产技术

(一) 最优生产技术的含义

OPT 是 optimized production technology 的英文缩写,我国译作"优化生产技术"或"最优生产技术"。它是由以色列物理学家艾利·高德拉特(Eli Goldratt)于 20 世纪 70 年代末首创的。最初,他为朋友的一个处于困境的制造厂设计开发了一套用于安排人力和物料调度的计算机软件,该软件实施运行后,使该厂迅速摆脱了困境。在此基础上,高德拉特随后又开发了一个广泛适用于制造业的管理软件,这就是 OPT 软件。

最初,OPT 被称作最优生产时间表(optimized production timetable),20 世纪 80 年代才改称为最优生产技术。后来高德拉特又进一步将它发展成为约束理论(theory of constraints)。OPT 产生的时间不长,却取得了令人瞩目的成就,是继 MRP 和 JIT 之后出现的又一项组织生产的新方式。

OPT 管理思想认为:对于加工装配型企业来说,市场波动是客观存在的,因而品种的多变性和生产的不均衡性也是必然存在的,一味追求各环节生产能力的协调平衡是不现实的。现实的做法是集中精力提高瓶颈资源的利用率,以瓶颈资源得到高效率利用为目标来追求物流过程的平衡,实现物流的同步化,即各道工序都与瓶颈工序同步。

OPT 并不要求将所有资源的可利用能力都加以充分利用,而是强调资源利用的有效性。它认为在非瓶颈资源上存在适度闲置是允许的,或者说在非瓶颈资源上节省时间是没有意义的。采取措施去提高非瓶颈资源的生产率,只能增加资源的空闲时间,并不能增加企业的产出量,还会付出不必要的代价。

因此,生产控制与成本控制方法应以瓶颈工序为核心来设计,对瓶颈工序之前的工序,按拉动方式进行计划与控制,对瓶颈工序之后的工序,按推动方式进行计划与控制。为了提高整个系统的产出量,保证瓶颈资源满负荷工作,系统中应设置适当的缓冲环节。

(二) OPT 的目标

OPT 的倡导者强调,任何制造企业的真正目标只有一个,即在现在和将来都能赚钱。要实现这个目标,必须在增加产销率的同时,减少库存和运行费。

1. 财务指标

要衡量一个企业是否能赚钱,通常采用以下3个指标:

(1) 净利润(net profit, NP)

净利润即一个企业赚多少钱的绝对量。一般来说,净利润越高的企业,其效益越好。

(2) 投资收益率(return on investment, ROI)

投资收益率表示一定时期的收益与投资的比。当两个企业投资不同时,单靠净利润是无法比较它们效益的好坏的。例如,两个企业的年净利润均为50万元,其中一个投资100万元,而另一个投资200万元,显然前者的效益要好。

(3) 现金流量(cash flow, CF)

现金流量表示短期内收入和支出的钱。没有一定的现金流量,企业也就无法生存下去。

以上3个指标主要考虑的是对现有资源的有效利用和安排。但是,它们并不能直接用于指导生产,因为它们太一般。例如,究竟采用多大批量为好,是无法直接从这3个指标作出判断的。因此,需要一些作业指标来作桥梁。如果这些作业指标好,以上3个指标就好,则说明企业赚钱。

2. 作业指标

按照OPT的观点,在生产系统中,作业指标有以下3种。

(1) 产销率(throughput, T)

按OPT的规定,它不是一般的通过率或产出率,而是单位时间内生产出来并销售出去的量,即通过销售活动获取金钱的速率。生产出来但未销售出去的产品只能是库存。

(2) 库存(inventory, I)

库存是一切暂时不用的资源。它不仅包括为满足未来需要而准备的原材料、加工过程的在制品和一时不用的零部件、未销售的成品,还包括扣除折旧后的固定资产。库存占用了资金,产生机会成本及一系列维持库存所需的费用。

(3) 运行费(operating expenses, OE)

它是生产系统将库存转化为产销量的过程中的一切花费,其中包括所有的直接费用和间接费用。如果以货币来衡量,产销率是要进入系统的钱,库存是存放在系统中的钱,而运行费则是将库存变成产销率而付出的钱。

3. 作业指标与财务指标的关系

作业指标与财务指标的关系,如图6-5所示。

下面分析3个作业指标与净利润、投资收益率、现金流量的关系。

产销率增加,而库存和运行费不变时,显然净利润、投资收益率和现金流量都随之增加。但是当运行费减少,而产销率和库存不变时,也会导致净利润、投资收益率和现金流

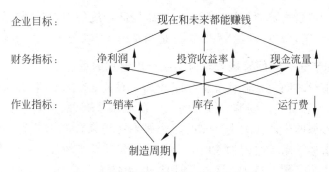

图 6-5　作业指标与财务指标的关系

量增加。然而,当库存减少,产销率和运行费不变时,情况就不那么简单。库存降低使库存投资减少,当产销率不变时,投资收益率将提高。同时,库存降低可加快资金周转,使现金流量增加。但是,当库存降低,产销率和运行费不变时,净利润却不会改变。

通常,库存降低可以导致运行费减少。而运行费减少,将导致净利润、投资收益率和现金流量增加,从而使企业赚钱。

但是,通过降低库存来减少运行费的作用是随着库存降低的程度而减弱的。当库存较高时,减少库存可以明显减少维持库存费,从而减少运行费,然而,当库存降低到一个较低水平时,再继续降低库存,则对减少运行费作用不大。可是,为何日本一些公司在已达到世界上最低的库存水平之后仍然要尽力继续降低库存?因为降低库存还能缩短制造周期。

缩短制造周期是提高企业竞争能力的一个重要因素。产品的品种、质量、价格与交货期是影响竞争力的几大因素,制造周期的缩短,对于缩短顾客的订货提前期,提高对顾客订货的响应性以及争取较高的价格都有很大作用。于是,制造周期的缩短导致市场占有率的增加,从而导致未来的产销量的增加。

(三) OPT 的原则

1. 追求物流的平衡,而不是生产能力的平衡

追求生产能力的平衡是为了使企业的生产能力得到充分利用。因此,在设计一个新厂时,自然会追求生产过程各环节生产能力的平衡。但是对于一个已投产的企业,特别是多品种生产的企业,如果一定要追求生产能力的平衡,那么即使企业的生产能力充分利用了,但是产品并非都能恰好符合当时市场的需求,必然有一部分要积压。

2. "非约束"

"非约束"的利用程度不由其本身决定,而是由系统的"约束"决定的。

3. 充分利用资源

资源的"利用"(utilization)和"活力"(activation)不是同义词。"利用"是指资源应该利用的程度，"活力"是指资源能够利用的程度。按照传统的观点，一般是将资源能够利用的能力加以充分利用，所以"利用"和"活力"是同义的。

4. 约束资源节省的时间直接表现为系统产出增加的量

一般来说，生产时间包括调整准备时间和加工时间。但在约束资源与非约束资源上的调整准备时间的意义是不同的。因为约束资源控制了有效产出，在约束资源上中断一个小时，是没有附加的生产能力来补充的。而如果在约束资源上节省一个小时的调整准备时间，则将能增加一个小时的加工时间，相应地，整个系统增加了一个小时的产出。

所以，约束资源必须保持100%的"利用"，尽量增大其产出。为此，对约束资源还应采取特别的保护措施，不使其因管理不善而中断或等工。

增大约束资源物流的方法有如下几种。

（1）减少调整准备时间和频率，约束资源上的批量应尽可能大。

（2）实行午餐和工休连续工作制，减少状态调整所需的时间损失。

（3）在约束资源前设置质量检查站，保证投入约束资源的工件100%是合格品。

（4）设置缓冲环节，使约束资源不受非约束资源生产率波动的影响。

5. "非约束"节省的一个小时无益于增加系统有效产出

因为非瓶颈资源上除生产时间（加工时间和调整准备时间）之外，还有闲置时间。节约一个小时的生产时间，将增加一个小时的闲置时间，而并不能增加系统的有效产出。

当然，如果节约了一个小时的生产时间，则可以减少加工批量，加大批次，以降低在制品库存和生产提前期。但这些结果能在多大程度上有益于系统追求的根本目标，依然牢牢受制于约束资源。

6. "约束"控制了库存和有效产出

因为，有效产出指的是单位时间内生产出来并销售出去的产品所创造的利润额，所以，很明显它受到企业的生产能力和市场的需求量这两方面的制约，即它们是受由资源约束和市场约束控制的。

如果"约束"存在于企业内部，则表明企业的生产能力不足，相应的有效产出也受到限制；而如果企业所有的资源都能维持高于市场需求的能力，那么，则市场需求就成了"约束"。这时，即使企业能多生产，但由于市场承受能力不足，有效产出也不能增加。同时，由于"约束"控制了有效产出，所以企业的"非约束"应与"约束"同步，它们的库存水平只要能维持"约束"上的物流连续稳定即可，过多的库存只是浪费，这样，"约束"也就相应地控制了库存。

以上6条原则都是涉及资源的。

7. 运输批量可以不等于（在许多时候应该不等于）加工批量

车间现场的计划与控制的一个重要方面就是批量的确定，它影响到企业的库存和有效产出。OPT 所采用的是一种独特的动态批量系统，它把在制品库存分为以下两种不同的批量形式。

（1）运输批量，是指工序间运送一批零件的数量。

（2）加工批量，指经过一次调整准备所加工的同种零件的数量，可以是一个或几个转运批量之和。在自动装配线上，转运批量为 1，而加工批量很大。

确定加工批量的大小应考虑：资源的合理应用（减少设备的调整次数）；合理的在制品库存（减少资金积压和在制品库存费用）。确定运输批量的大小则应考虑：提高生产过程的连续性、平行性；减少工序间的等待时间；减少运输工作量与运输费用。两者考虑的出发点不同，所以运输批量不一定要与加工批量相等。

8. 运输批量和加工批量要根据实际需要动态决定

运输批量是从在制品的角度来考虑的，而加工批量则是从资源类型的角度来考虑的。同一种工件在约束资源和非约束资源上加工时可以采用不同的加工批量，在不同的工序间传送时可以采用不同的运输批量，其大小根据实际需要动态决定。

以上两条是涉及物流的。

9. 编排作业计划时考虑系统资源约束，提前期是作业计划的结果，而不是预定值

MRP Ⅱ 制订作业计划的方法一般包括以下几个步骤：

（1）确定批量；

（2）计算提前期；

（3）安排优先权，据此安排作业计划；

（4）根据能力限制调整作业计划，再重复前 3 个步骤。可见 MRP Ⅱ 是按预先制定的提前期，用无限能力计划法编制作业计划。

但当生产提前期与实际情况出入较大时，所得的作业计划就脱离实际难以付诸实施，MRP Ⅱ 也因此招致了许多有关"期"的批评。

在这点上，OPT 与 MRP 正好相反，即不采用固定的提前期，而是考虑计划期内的系统资源约束，用有限能力计划法，先安排约束资源上加工的关键件的生产进度计划，以约束资源为基准，把约束资源之前、之间、之后的工序分别按拉动、工艺顺序、推动的方式排定，并进行一定优化，接下来编制非关键件的作业计划。所以，OPT 中的提前期是批量、优先权和其他许多因素的函数，是编制作业计划产生的结果。

（四）OPT 的实施

在实际工作中，OPT 的应用有以下 5 个主要的步骤。

（1）找出系统中存在的瓶颈工序。

企业要增加有效产出，一般会在以下几个方面采取措施。

① 增加生产过程的原材料投入。

② 扩大生产能力。如果由于某种生产能力的不足而导致市场需求无法满足,就要考虑增加生产能力。

③ 开拓市场。如果由于市场需求不足而导致市场能力过剩,就要考虑开拓市场需求。

④ 调整考核政策。找出企业内部和外部瓶颈资源有效产出的各种政策规定。

(2) 最大限度地利用瓶颈资源,即提高瓶颈利用率。

此时要给出解决第一步中所提出的种种问题的具体办法,从而实现有效产出的增加。例如,若某种原材料是瓶颈,就要设法确保原材料的及时供应和充分利用;若市场需求是瓶颈,就要给出进一步扩大市场需求的具体办法;若某种内部市场资源是瓶颈,就意味着要采取一系列措施来保证这个环节始终高效率生产。

(3) 使企业的所有其他活动服从于第二步中提出的各种措施。

要求生产系统其他部分与瓶颈工序的节奏同步,从而充分利用瓶颈工序的生产能力。为简明起见,我们还是以一个生产过程内部协调为例:如果流水线上的一台机器是瓶颈工序,那么可以在适当的地方设置时间缓冲,来保证流水线上其他环节对这台机器的供给能够满足这台机器的需要。而目前,很多企业正是对这点不明确,即要按照瓶颈环节的生产节拍来协调整个生产流程的工作。

一般情况下,如果那些非瓶颈环节追求 100% 的利用率,将给企业带来的不是利润,而是在制品、瓶颈环节中更多的等待时间和其他种种浪费。而现在的事实是,一些企业恰恰正在追求这些非瓶颈环节的 100% 利用。

(4) 打破瓶颈约束,即设法把第一步中找出的瓶颈转移到别处,使其不再是企业的瓶颈。例如,工厂的一台机器是约束,就要缩短设备调整和操作时间;改进流程;加班;增加操作人员;增加机器;等等。

(5) 如果通过第四步打破了现有的约束,则重返第一步,发现新的瓶颈,持续改善。

当突破一个瓶颈工序的约束以后,一定要重新回到第一步,开始新的循环。就像一根链条一样,改进了其中最薄弱的一环,但又会使其他的环节成为最薄弱的地方。为了突破原有约束采取了一些很好的措施,可一旦这个约束转移到其他环节,这些措施对于新的约束可能不适用,必须找到新的措施。

三、柔性制造系统

柔性制造系统(flexible manufacturing system,FMS),柔性制造系统是由统一的信息控制系统、物料储运系统和一组数字控制加工设备等组成,能适应加工对象变换的自动化机械制造系统。柔性是指生产组织形式和自动化制造设备对加工任务(工件)的适应性。

(一) 柔性制造系统的优点

柔性制造系统是一种技术复杂、高度自动化的系统,它将微电子学、计算机和系统工程等技术有机地结合起来,理想和圆满地解决了机械制造高自动化与高柔性化之间的矛盾。具体优点如下。

(1) 设备利用率高。一组机床编入柔性制造系统后,产量比这组机床在分散单机作业时的产量提高数倍。

(2) 在制品减少 80% 左右。

(3) 生产能力相对稳定。自动加工系统由一台或多台机床组成,发生故障时,有降级运转的能力,物料传送系统也有自行绕过故障机床的能力。

(4) 产品质量高。零件在加工过程中,装卸一次完成,加工精度高,加工形式稳定。

(5) 运行灵活。有些柔性制造系统的检验、装卡和维护工作可在第一班完成,第二班、第三班可在无人照看的情况下正常生产。在理想的柔性制造系统中,其监控系统还能处理诸如刀具的磨损调换、物流的堵塞疏通等运行过程中不可预料的问题。

(6) 产品应变能力大。刀具、夹具及物料运输装置具有可调性,且系统平面布置合理,便于增减设备,满足市场需要。

(二) 柔性制造系统的发展趋势

柔性制造系统的发展趋势大致有两个方面。一方面是与计算机辅助设计和辅助制造系统相结合,利用原有产品系列的典型工艺资料,组合设计不同模块,构成各种不同形式的具有物料流和信息流的模块化柔性系统;另一方面是实现从产品决策、产品设计、生产到销售的整个生产过程自动化,特别是管理层次自动化的计算机集成制造系统(computer integrated manufacturing systems,CIMS)。在这个大系统中,柔性制造系统只是它的一个组成部分。

四、人机工程

(一) 人—机—环境系统

人机工程(human engineering,HE)是以人、机器、环境为对象,研究其内部相互作用与结合的规律,使设计的机器和环境系统更适合人的生理和心理特点,达到在生产中安全、健康、舒适和高效率的目的。

在现代生产中,人、机、环境三者构成了有机的整体,生产过程则是三者交互发生作用的过程,如图 6-6 所示。

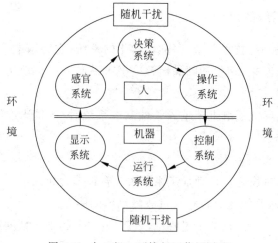

图 6-6 人—机—环境相互作用过程

(二) 人—机—环境系统的功能

1. 安全性

人—机—环境系统设计应使人操作机器出现错误的可能性降至最低点,从而保证机器操作中人的安全和财产的安全。

2. 高效性

人—机—环境系统具有高效率,有良好的工作效果,如高速度、高精度、高可靠性等,还应尽力减少人的工作负荷,如操作轻松、负担小、精神压力小、不易疲劳等。

3. 经济性

注重系统设计费用的节约。

五、精益生产

精益生产(lean production)是美国麻省理工学院 1985—1989 年进行的国际汽车计划(International Motor Vehicle Program,IMVP)的研究成果,是学院的研究小组在对比日本和美欧汽车生产的差异后,赋予日本的生产方式的名称,是日本丰田汽车公司生产方式——JIT 的发展和延续。

精益生产又称精细生产、精良生产,是针对传统的"大规模生产"而言的。"精",即少而精,不投入多余的生产要素,只是在适当的时间生产必要数量的市场急需产品(或下道工序急需产品);"益",即所有经营活动都要有益有效,具有经济性。

精益生产方式,指以顾客需求为拉动,以消灭浪费和快速反应为核心,使企业以最少的投入获取最佳的运作效益并提高对市场的反应速度。其核心就是精简,通过减少和消除产品开发设计、生产、管理和服务中一切不产生价值的活动(即浪费),缩短对客户的反应周期,快速实现客户价值增值和企业内部增值,增加企业资金回报率和企业利润率。

精益生产是从 JIT 发展起来的,因此必然包含 JIT 的众多特点。与供应链管理的原理也有许多相似之处,体现在以下几个方面。

(1) 体现价值增值的环节,消除一切不增值的作业活动,如先合理化再自动化的原则,产品开发与试制的同步工程。

(2) 提高快速响应能力。例如:发挥员工的创造性,授予权责对问题快速反应和处理,为产品创造价值;通过简单而综合的信息显示,在车间建立协同工作的动态工作小组等。

(3) 强调合作伙伴关系。发挥各自的核心竞争优势(包括产品开发、零部件供应等),然后进行整合。

(4) 以满足客户需求为前提。按照客户需求实行拉动式的个性化产品生产,改变了传统的大批量生产方式。

六、计算机集成制造系统

计算机集成制造系统,借助于计算机的硬件、软件技术,综合运用现代管理技术、制造技术、信息技术、自动化技术、系统工程技术,将企业生产全部过程中有关人、技术、经营管理三要素及其信息流、物流有机地集成并优化运行,以使产品上市快、质量好、成本低、服务优,达到提高企业市场竞争能力的目的。

第三节 供应链管理环境下生产计划与控制系统的协调

一、供应链的协调控制机制

协调供应链的目的在于使信息能无缝地、顺畅地、及时地在供应链中传递,减少因为信息失真而导致过量生产、过量库存现象的发生,使整个供应链能根据顾客的需求而步调一致,也就是使供应链获得同步化以响应市场需求变化。

要实现供应链的同步化运作,需要建立一种供应链的协调控制机制。供应链的协调控制机制根据不同的依据有两种划分方法。

小贴士

供应链协调:防止供应链之间出现问题。

供应链协作:实施过程中,上下环节(部门、个体)之间严格按事先设定好的方式进行工作。也就是说,供应链协调是对实施过程中上下环节可能出现的问题进行检查、评判、纠正和预防。

(1) 根据协调的职能不同:不同职能活动之间的协调与集成,如生产—供应协调、生产—销售协调、库存—销售协调等协调关系;对同一职能不同层次活动的协调,如多个工厂之间的生产协调。

(2) 根据协调的内涵不同:供应链的协调可划分为信息协调和非信息协调。

二、供应链的协调控制模式

供应链的协调控制模式可以分为中心化协调、非中心化协调和混合式协调3种。

1. 中心化协调

中心化协调控制模式把供应链作为一个整体纳入一个系统,采用集中方式决策,因而忽视了代理的自主性,也容易导致"组合约束爆炸",对不确定性的反应比较迟缓,很难适应市场需求的变化。

2. 非中心化协调

非中心化协调控制模式过分强调代理模块的独立性,对资源的共享程度低,缺乏通信与交流,很难做到供应链的同步化。

3. 混合式协调

各个代理一方面保持各自的运作独立性,另一方面参与整个供应商的同步化运作体系,保持了独立性与协调性的统一。

三、供应链的信息跟踪机制

(一) 跟踪机制运行环境

供应链各个代理之间的关系是服务与被服务的关系,服务信号的跟踪和反馈机制可使企业生产与供应关系同步进行,消除不确定性对供应链的影响。因此,应该在供应链系统中建立信息跟踪机制以降低不确定性对供应链同步化的影响。

供应链的信息跟踪机制提供供应链非信息协调和信息协调两方面的协调辅助。非信息协调主要指完善供应链运作的实物供需条件,采用JIT生产与采购、运输调度等;信息协调主要通过企业之间的生产进度的跟踪与反馈来协调各个企业的生产进度,保证按时完成用户的订单,及时交货。

跟踪机制的提出对与供应链管理的深入研究密不可分。供应链管理下企业之间的信息集成由以下3个部门展开。

1. 采购部门与销售部门

采购部门与销售部门是企业间传递需求信息的接口。需求信息总是沿着供应链从下游传至上游，从一个企业的采购部门传向另一个企业的销售部门。由于我们讨论的是供应链管理下的销售与采购环节，稳定而长期的供应关系是必备的前提，所以可将注意力集中在需求信息的传递上。

从常用的概念来看，企业的销售部门应该对产品交货的全过程负责，即从订单下达到企业开始生产，直到交货完毕的全过程。然而，在供应链管理下的战略合作伙伴关系建立以后，销售部门的职能简化了。销售部门在供应链上下游企业间的作用仅仅是一个信息的接口。它负责接收和管理有关下游企业需求的一切信息。

除单纯意义上的订单外，还有下游企业对产品的个性化要求，如质量、规格、交货渠道、交货方式等。这些信息是企业其他部门的运作所必需的。

同销售部门一样，采购部门的职能也得以简化。采购部门原有的工作是保证生产所需的物资供应。它不仅要下达采购订单，还要确保采购物资的保质保量和按时入库。

在供应链管理下，采购部门的主要工作是将生产计划系统的采购计划转换为需求信息，以电子订单的形式传达给上游企业。同时，它还要从销售部门获取与采购的零部件和原材料相关的客户个性化要求，并传达给上游企业。

2. 制造部门

制造部门的任务不仅是生产，还包括对采购物资的接收以及按计划对下游企业配套件的供应。在这里，制造部门实际上兼具运输服务和仓储管理两项辅助功能。制造部门能够完成如此复杂的工作，原因在于生产计划部门对下游企业的信息集成，同时也依赖于战略合作伙伴关系中的质量保证体系。

此外，制造部门还担负着制造过程中实时收集订单的生产进度信息，经过分析后提供给生产部门。

3. 生产计划部门

在集成化管理中企业的生产计划部门肩负着大量的工作，集成了来自上下游企业生产及计划部门、企业自身的销售部门和制造部门的信息。

综合这几个步骤，可用图6-7清晰地表达出来。

(二) 信息跟踪机制目的

供应链企业在生产系统中使用跟踪机制的根本目的是保证对下游企业的服务质量。只有在企业集成化管理条件下，跟踪机制才能发挥其最大的作用。跟踪机制在企业内部表现为客户(上下游企业)的相关信息在企业生产系统中的渗透。其中，客户的需求信息(订单)成为贯穿企业生产系统的一条线索，成为生产计划、生产控制、物资供应相互衔

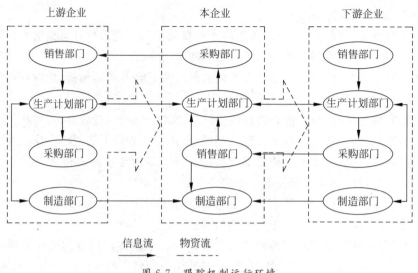

图 6-7 跟踪机制运行环境

接和协调的手段。

1. 生产计划中的跟踪机制

生产计划中的跟踪机制主要包括以下几个方面的内容。

（1）接单。在接到下游企业的订单后，建立针对上游企业的订单档案，其中包含用户对产品的个性化要求，如对规格、质量、交货期、交货方式的要求等。

（2）主生产计划进行外包分析。将订单分解为外包子订单和自制件子订单。订单与子订单的关系在于订单通常是一个用户提出的订货要求，在同一个用户提出的要求中，可能有多个订货项，我们可以将同一订单中不同的订货定义为子订单。

（3）主生产计划。对子订单进行规划，改变子订单在期与量上的设定，但保持了子订单与订单的对接关系。

（4）车间作业计划。车间作业计划用于指导具体的生产活动，具有高度的复杂性，一般难以严格按子订单的划分来调度生产，但可要求在加工路线单上注明本批生产任务的相关子订单信息和相关度信息。在整个生产过程中实时地收集和反馈子订单的生产数据，为跟踪机制的运行提供来自基层的数据。

（5）采购计划。采购部门接收的是按子订单下达的采购信息，它们可以使用不同的采购策略来完成采购计划。

2. 生产进度控制中的跟踪机制

生产控制是生产管理的重要职能，是实现生产计划和生产作业管理的重要手段。虽然生产计划和生产作业计划对生产活动已做了比较周密而具体的安排，但随着时间的推移,市场需求往往会发生变化。此外,各种生产准备工作不周全或生产现场偶然因素的影响,也会使计划产量和实际产量之间产生差异。因此,必须及时对生产过程进行监督和检查,发现偏差,进行调节和校正工作,以保证计划目标的实现。

本部分主要讨论内嵌于生产控制中的跟踪机制及作用。生产控制有着许多具体的内容,我们仅以具有普遍意义的生产进度控制作为讨论的对象。

生产进度控制的主要任务是依照预先制订的作业计划,检查各种零部件的投入和产出时间、数量及配套性,保证产品能准时产出,按照订单上承诺的交货期将产品准时送到用户手中。

由于建立了生产计划中的跟踪机制,生产进度控制中的相应工作就是在加工路线单中保留子订单信息。此外,在生产进度控制中运用了多种分析方法,如在生产预计分析中的差额推算法、生产均衡性控制中的均衡系数法、生产成套性控制中的甘特图等。

这些方法同样可以运用到跟踪机制中,只不过分析的目标不再仅是计划的执行状况,还包括了对各子订单的分析;在没有跟踪机制的生产系统中,由于生产计划中隐去了子订单信息,生产控制系统无法识别生产过程与子订单的关系,也无法将不同的子订单区别开来,因此仅能控制产品的按计划投入和产出。使用跟踪机制的作用在于对子订单的生产实施控制,以保证企业的服务质量。

拓展阅读6.6　一汽的精益生产与准时生产方式

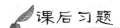

课后习题

一、单选题

1. 承诺与(　　)是供应合同签订的关键要素。
   A. 柔性　　　　B. 时间　　　　C. 质量　　　　D. 进度
2. 通过供应商来管理客户的库存一般称为(　　)。
   A. VMI　　　　B. JIT　　　　C. VME　　　　D. MMI
3. 企业内部及企业间的一切经营活动都是围绕着(　　)而运作,通过它驱动其他企业活动。
   A. 物流　　　　B. 资金　　　　C. 信息　　　　D. 订单
4. 以(　　)为基础的质量管理体系模式运作方式是全面质量管理体系运作的基本模式。
   A. 生产　　　　B. 过程　　　　C. 运输　　　　D. 仓储

5. 精益生产源于( )JIT 生产方式。
   A. 日本本田　　B. 日本丰田　　C. 美国通用　　D. 荷兰飞利浦

二、多选题

1. 在制订生产计划的过程中,主要面临以下三个方面的问题( )。
   A. 柔性约束　　B. 生产进度　　C. 生产能力　　D. 生产订单
   E. 生产质量
2. 供应链的协调控制模式分为( )。
   A. 信息协调　　B. 集中协调　　C. 分散协调　　D. 混合式协调
   E. 资金协调
3. 精益生产必须能很好地实现以下子目标：( )。
   A. 零库存　　B. 高柔性(多品种)　　　　　　C. 无缺陷
   D. 高质量　　E. 低成本
4. 精益生产三根支柱就是( )。
   A. ERP 技术　　B. JIT　　C. 成组技术　　D. 全面质量管理
   E. 电子商务技术
5. 全面质量管理按( )进行循环。
   A. 计划　　B. 执行　　C. 检查　　D. 处理
   E. 使用

三、名词解释

1. 精益生产
2. 大量定制
3. 敏捷制造

四、简答题

1. 简述供应链管理环境下的生产计划 3 个问题。
2. 简述精益生产体系的特征。

五、论述题

1. 论述供应链管理环境下的生产控制的内容。
2. 论述延迟技术在大量定制中的应用。

第七章

供应链库存管理

学习目标

- 了解供应链库存存在的问题；
- 理解"牛鞭效应"的产生原因及缓解措施；
- 掌握供应链库存管理方法的含义及库存优化方法；
- 理解供应链管理环境下的多级库存管理的基本思想，掌握多级库存管理的控制策略。

技能目标

- 能够运用所学知识缓解企业"牛鞭效应"；
- 学会利用库存管理方法控制企业库存。

开篇案例

雀巢与家乐福的VMI系统

过去，因供应商与零售商的价格对立关系以及系统和运作方式的不同，VMI很难有实际、有效的运用。雀巢与家乐福两家公司协议在有效客户反应方面进行更密切的合作。整体运作的重点在于雀巢建立整个计划的机制，总目标是增加商品的供应率，降低客户（家乐福）库存持有天数，缩短订货提前期，以及降低双方物流作业的成本等。

就雀巢与家乐福的既有关系而言，只是单纯的买卖关系，唯一特别的是家乐福对雀巢来说是一个重要的客户，所以设有相对应的专属接洽人员，买卖方式也仍是家乐福具有十足的决定权，决定购买哪些产品与数量。在系统方面,双方各自有独立的内部 ERP 系统,彼此间不相容。在推动计划的同时,家乐福进行与供应商以 EDI 连线方式的推广计划,雀巢的 VMI 计划也打算以 EDI 的方式进行连线。

因此,整体系统的构建就是为了改善上述状况。在经费的投入上,家乐福方面主要是在 EDI 系统建设上的花费,没有其他额外的投入;雀巢方面除 EDI 建设外,还引进了一套 VMI 的系统。

实际上线执行 VMI 运作近半年后,雀巢对家乐福物流中心的产品到货率由原来的 80% 左右提升至 95%(超越目标值),家乐福物流中心对零售店面的产品到货率也由 70% 左右提升至 90% 左右,且仍在继续改善中,库存天数由原来的 25 天左右下降至目标值 15 天以下,在订单修改率方面,也由 60%~70% 的修改率下降至 10% 以下。

除了这些具体成果,对雀巢来说最大的收获是与家乐福合作关系的改善上。过去雀巢与家乐福是单向的买卖关系,客户要什么就给什么,甚至尽可能地推销产品,彼此都忽略了真正的市场需求,导致卖得好的商品经常缺货,而不畅销的商品却有很多库存。

经过这次合作,双方增进了相互了解,也愿意共同解决问题,并使各项问题的症结陆续浮现,有利于从根本上改进供应链的整体效率,同时掌握了以销售资料和库存量来作为市场需求预测和库存补货的解决方法。另外,雀巢在原来与家乐福的 VMI 计划基础上,也进一步考虑针对降低缺货率以及促销合作等方面加强合作。

资料来源:https://www.jianshu.com/p/d744c9f8121e,2021-02-22.[2022-06-18]

案例导学

传统的库存管理仅仅是对自身库存物质的数量管理与控制,只是着眼于自身库存水平的最低与库存持有费用的最少,而把库存物资往其上游或下游转移。而供应链管理环境下的库存管理则应把视野从自身扩大到由供应商、制造商、批发商和零售商组成的供应链网络上来,使它们之间充分交换库存信息,相互协调共同管理库存、实现整体库存水平的下降。雀巢与家乐福的 VMI 计划是有效客户反应体系中的一种应用。就供应链的角度而言,有效客户反应将影响整个后端的工厂制造,并提升前端的店铺经营效率,实质性地降低库存成本。

第一节 供应链管理环境下的库存问题

传统的库存问题主要以单个企业为对象,没有考虑供应链管理环境下不同企业之间的库存协调问题。由于实施供应链管理之后,库存以原材料、在制品、半成品、成品的形式存在于供应链的各个环节,因此,供应链管理环境下的库存问题和传统的企业库存问题有许多不同之处,这些不同表现出供应链管理思想对库存的影响。

传统的企业库存管理侧重于优化单一的库存成本,从库存持有费用、订购费用、缺货损失费用的权衡中确定经济订货量和订货点。从单一的库存管理角度看,这种库存管理方法有一定的适用性,但是从供应链整体的角度看,单一的企业库存管理方式显然是不够的。

目前供应链管理环境下的库存管理问题主要产生于3个方面的原因:供应链的战略与规划、供应链的运作和供应链中的信息传递和信息共享。这些原因的存在,导致供应链管理环境下的库存管理出现了如图7-1中所示的主要问题。

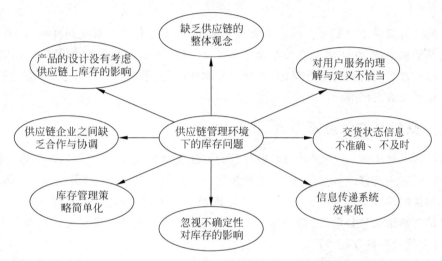

图 7-1　供应链管理环境下的库存问题

一、缺乏供应链的整体观念

供应链的整体绩效不仅取决于供应链上各节点企业各自的绩效,而且取决于各个节点企业之间的合作。由于各节点企业都是独立的经济主体,都有各自独立的目标与使命,有些目标和供应链的整体目标是不相干的,更有可能是冲突的,因此往往存在从局部利益出发,各自为政地安排库存,影响了供应链的整体绩效。

例如,汽车配件厂可能为降低库存成本而大量压缩库存,造成下游组装厂的零部件供货不稳定或不及时,延长了客户响应时间。为解决这个问题,组装厂就不得不维持较高的库存,从而导致供应链整体绩效的下降。在对供应链库存没有整体评价指标的情况下,情况更加突出。

二、对用户服务的理解与定义不恰当

供应链管理的绩效好坏应该由用户来评价,或者用企业对用户的反应能力来评价。但是,供应链中各节点企业对用户服务的理解与定义各不相同,导致对用户服务水平的差异。许多企业采用订货满足率来衡量用户服务水平,这是一种比较好的用户服务考核指标。

但是,用户满足率本身并不保证运作问题。比如,一家计算机工作站的制造商要满足一份包含多产品的订单要求,产品来自各供应商,用户要求一次性交货,制造商要等各个供应商的产品都到齐后才一次性装运给用户,这时以总的用户满足率来衡量制造商的用户服务水平是恰当的,但是,这种衡量指标并不能帮助制造商发现是哪家供应商的交货迟了或早了。

传统的订货满足率衡量指标也不能衡量订货的延迟水平。两家同样具有90%的订货满足率的供应商,在如何迅速补给余下的10%订货要求方面差别是很大的。同时,传统企业也常常忽视其他的服务指标,如总订货周转时间、平均回头订货率、平均延迟时间、提前或延迟交货时间等。

三、交货状态信息不准确、不及时

当顾客下订单时,他们总是想知道什么时候能交货。在等待交货过程中,也可能会对订单交货状态进行修改,特别是当交货被延迟以后。但在供应链的实际运作中,顾客常常无法得到及时而准确的推迟交货的信息,导致顾客的不满。例如,一家计算机公司30%的订单是在承诺交货日期之后交货的,40%的实际交货日期与承诺交货日期偏差10天之久,而且交货日期修改过多次。

交货状态信息不及时、不准确的主要原因是在供应链管理环境下缺乏有效的信息传递系统。

四、信息传递系统效率低

在供应链中,各个供应链节点企业之间的需求预测、库存状态、生产计划等都是供应链管理的重要数据,这些数据分布在不同的供应链节点企业,要做到有效地快速响应用户需求,必须实时地传递和共享这些分布在不同企业中的数据。为此,需要对供应链的信息系统模型做相应的改变,通过系统集成的办法,使供应链中的库存数据能够实时、快速地传递。

但就供应链运行的现状来看,许多企业的信息系统并没有很好地集成起来,当供应商需要了解用户的需求信息时,得到的往往是延迟的信息和不准确的信息。

延迟及其信息的失真导致库存量的精确度降低,短期生产计划的实施也会遇到困难。例如,企业为了制订一个生产计划,需要获得关于需求预测、当前库存状态、订货的运输能力、生产能力等信息,这些信息需要从供应链的不同节点企业数据库获得,数据调用的工作量很大。

数据整理完后制订主生产计划,然后运用相关管理软件制定MRP,这样一个过程一一般需要很长的时间,时间越长,预测误差越大,制造商对最新订货信息的有效反应能力也就越小,生产出过时的产品和造成过高的库存也就不足为奇了。

五、忽视不确定性对库存的影响

供应链运行中存在诸多的不确定因素,如供应商生产能力、订货提前期、货物运输状况、原材料的质量、制造商的制造资源、生产过程产品的加工时间、运输时间、顾客需求的变化、宏观经济和政策等。

为减少不确定性对供应链的影响,首先应了解不确定性的来源和影响程度。供应链中的很多节点企业并没有认真研究和跟踪其不确定性的来源和影响,错误地估计供应链中物料的流动时间(提前期)等,造成有的物品库存增加,而有的物品库存不足的现象。

六、库存管理策略简单化

无论是生产性企业还是物流企业,库存管理的目的都是保证供应链运行的连续性和应对不确定需求。了解和跟踪不确定性状态的因素是第一步;第二步是要利用跟踪到的信息去制定相应的库存管理策略。这是一个动态的过程,因为不确定性在不断地变化。有些供应商在交货与质量方面可靠性好,而有些则相对差些;有些物品的需求可预测性大,而有些物品的可预测性小一些。库存管理策略应能反映这种情况。

许多企业对所有的物品采用统一的库存管理策略,物品的分类没有反映供应与需求中的不确定性。在传统的库存管理策略中,多数是面向单一企业的,采用的信息基本上来自企业内部,其库存控制没有体现供应链管理的思想。

七、供应链企业之间缺乏合作与协调

供应链是一个整体,只有供应链各节点企业的活动很好地协调起来,才能取得最佳的运作效果。协调是供应链管理的主要内容,协调的目的是使满足一定服务质量要求的信息可以无缝地、流畅地在供应链中传递,从而使整个供应链能够最大限度地满足用户需求,形成更为合理的供需关系,适应复杂多变的市场环境。

例如,当用户的订货由多种产品组成,而各产品又是由不同的供应商提供时,若用户要求所有的商品都一次性交货,这时企业必须对来自不同供应商的交货期进行协调。如果供应商节点企业之间缺乏合作与协调,必然会导致交货期延迟和服务水平下降,同时库存水平也由此而增加。

供应链的各个节点企业为了应对不确定性,都设有一定的安全库存。但是,由于供应链,尤其是全球化供应链中各个节点企业之间的信息透明度不高,相互之间缺乏有效的协调,每个企业都不得不维持一个较高的安全库存,为此付出了较高的代价。

对供应链中各个不同的节点企业而言,因为各自都有不同的目标、不同的绩效衡量尺度、不同的仓库,也不愿意去帮助其他部门共享资源,所以在供应链这种分布式的组织体系中,集中控制库存的阻力更大。

要进行有效的合作与协调,供应链不同节点企业之间需要一种有效的激励机制。在企业内部,一般有各种各样的激励机制加强部门之间的合作与协调,但是当涉及企业之间的激励时,困难就大得多。问题还不仅如此,信任风险的存在更加深了问题的严重性,相互之间缺乏有效的监督机制和激励机制是供应链企业之间合作不稳固、形成多级库存的主要原因。

八、产品的设计没有考虑供应链上库存的影响

现代产品设计与先进制造技术的出现,使产品的生产效率大幅度提高,而且具有较高的成本效益,但是供应链库存的复杂性常常被忽视了,结果,由于生产等所节省下来的成本都被供应链上的分销与库存成本给抵消了。同样,在引进新产品时,如果不进行供应链的战略管理与规划,也会因为如运输时间过长、库存成本高等而无法获得成功。

例如,美国一家计算机外围设备制造商,为世界各国分销商生产打印机,有一些打印机具有销售所在国特色的配件,如电源、说明书等。美国工厂按需求预测生产,但随着时间的推移,当打印机到达各地区分销中心时,需求已经发生了变化。

因为打印机是为特定国家而生产的,分销商没有办法来应对需求的变化,结果造成大量的产品积压,形成了高库存。后来,该制造商重新设计了供应链结构,主要是对打印机的装配过程进行了改变,工厂只生产打印机的通用组件,让分销中心再根据所在国家的需求特点加入相应的特色组件,这样,大量的库存就减少了,同时供应链也具有了柔性。

这样便产生了"产品为供应链管理而设计"的思想。在供应链的重构过程中,充分考虑到生产商和分销商之间的合作,分销中心参与了产品装配设计,能够最大限度地满足不同国家消费者的个性化需求。

此外,在供应链的结构设计中,同样需要考虑库存的影响。要在一条供应链中增加或关闭一个工厂或分销中心,一般是先考虑固定成本与相关的物流成本,至于网络变化对运作的影响因素,如库存投资、订单的响应时间等常常是被放在第二位。但是这些因素对供应链的影响是不可低估的。

例如,美国一家IC芯片制造商的供应链结构是这样的:在美国加工晶片后运到新加坡检验,再运回美国生产地做最后的测试,包装后运到用户手中。供应链之所以这样设计,是因为考虑了新加坡的检验技术先进、劳动力素质高和税收低等因素。但是这样做显然对库存和周转时间的考虑是欠缺的,因为从美国到新加坡来回至少要两周,而且还有海关手续时间,这就延长了制造周期,增加了库存成本。

第二节 供应链中的"牛鞭效应"

在供应链的运作过程中,发现有些商品的顾客需求较稳定、变动不大,但是上游供应商往往比下游供应商维持更高的库存水平,这种现象是由宝洁公司在调查其产品"尿不湿"的订货情况时发现的。

1995年,宝洁公司管理人员在考察婴儿一次性纸尿裤的订单分布规律时,发现一定地区的婴儿对该产品的消费比较稳定,零售商那里的销售量的波动也不大,但厂家经销商那里得到的订货量却出现大幅度波动,同一时期厂家向原材料供应商的订货量波动幅度更大,这一现象与我们挥动鞭子时手腕稍稍用力,鞭梢就会出现大幅度摆动的现象相类似。于是,人们将这种越往供应链上游走,需求波动程度越大的现象,叫作"牛鞭效应"(bullwhip effect),又称"需求变异加速放大原理"(如图7-2所示)。

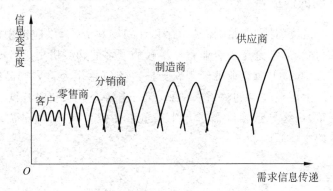

图7-2 供应链中的"牛鞭效应"

拓展阅读7.1 供应链中的"牛鞭效应"

在惠普、IBM等跨国企业中也出现类似的现象。另外,麻省理工学院的斯特曼(Sterman)教授通过著名的"啤酒游戏"(在这个游戏中,参与者在游戏中扮演一款品牌啤酒相关的顾客、零售商、批发商以及供应商4个角色。游戏规则:参与者不能互相交流意见,而且只能在得到下游提供的订单的基础上做决策。每次玩这个游戏,得到的悲惨结果几乎一样:下游零售商、中游批发商、上游制造商,起初都严重缺货,后来却严重积货)也证明了"牛鞭效应"的存在。

因为这种需求放大效应的影响,上游供应商通常需要保持比下游供应商更高的库存量,供应链整体会产生过多的库存。有关研究表明,在整个供应链中,从产品离开制造商的生产线至其到达零售商的货架,产品的平均库存时间超过 100 天。

被扭曲的需求信息使供应链中的每个节点企业都相应地增加库存。"牛鞭效应"还导致企业生产计划的不确定性。例如,过多地修改计划,增加补救措施、加班、加快运输等,所有这些活动都带来了供应链运作过程中的费用增加和效率降低。

一、"牛鞭效应"产生的原因

表面上看,"牛鞭效应"表现为需求的不确定性。实质上,这种不确定性却是由于需求变化的信息在供应链中传递时出现失真,进而扭曲放大的结果。引起"牛鞭效应"的原因,一方面在于供应链上下游节点之间需求沟通方面存在着障碍,是在信息不充分的条件下,决策者追求优化决策的结果;另一方面是由供应链的固有属性引起的。

具体来说,主要有如下原因。

(一) 需求预测的修正

为了安排生产进度、计划产量、控制库存和计划物料需求,供应链中的企业通常都会预测产品需求,而预测通常是基于企业直接接触的顾客的购买历史进行的。

当下游企业订购时,上游企业的经理就会把这条信息作为将来产品需求的信号来处理,基于这个信号,上游经理会调整需求预测,同时上游企业也会向其供应商增加订购,使其做出相应的调整,最终导致实际需求与生产量不一致。因此,这种需求信号的处理是"牛鞭效应"产生的主要原因。

(二) 批量订货决策

在供应链中,每个企业都会向其上游订货。一般情况下,销售商并不会来一个订单就向上级供应商订一次货,而是在考虑库存和运输费用的基础上,在一个周期或者汇总到一定数量后再向供应商订货;为了减少订货频率,降低成本和规避断货风险,销售商往往会按照最佳经济规模加量订货。

同时,频繁的订货也会增加供应商的工作量和成本,供应商也往往要求销售商在一定数量或一定周期订货,此时销售商为了尽早得到货物或全额得到货物,或者为备不时之需,往往会人为提高订货量。这样,批量订货决策导致了"牛鞭效应"。

(三) 价格波动

价格波动会促使提前购买。制造商通常会进行周期性促销,如价格折扣、数量折扣、优惠券等,这些优惠实质上是一种间接的价格优惠。制造商的价格优惠会促使其分销商提前购买日后所需的产品,而提前购买的结果是顾客所购买的数量并不反映他们的即时需求,这些批量足以供他们将来一段时间使用。这种促销对供应链来说可能会成本很高。

当制造商的价格处于低水平时(通过折扣或其他促销手法),顾客常会购买比自己实际所需要大得多的数量;当制造商的价格恢复正常水平时,顾客由于有足够库存,因此在其库存消耗完之前,他们不会再购买。结果,顾客的购买模式并不能反映他们的消耗/消费模式,并且使其购买数量的波动较其消耗量波动大,从而产生"牛鞭效应"。

促销对供应链的影响是造成提前购买,从而不能反映顾客的真实需求,因为顾客会在商品价格低时购买比实际需求多的商品,而在价格高时购买比实际需求少的商品或者直接停止购买,寻找替代品。在这种情况下,顾客的购买模式无法反映市场的实际需求状况,最终反映在供应链上便是"牛鞭效应"的放大现象。

(四) 定量配给和短缺博弈

当产品供不应求时,制造商常根据顾客订购的数量按照一定的比例进行限量供应,客户为了获得更大份额的配给量,会故意夸大实际的订货需求量;当供不应求的情况得到缓和时,订购量便会突然下降,同时大批客户会取消他们的订单。

对潜在的限量供应进行的博弈,会使顾客产生过度反应。这种博弈的结果是供应商无法区分这些增长中有多少是由于市场真实需求而增加的,有多少是零售商害怕限量供应而虚增的,因而不能从顾客的订单中得到有关产品需求情况的真实信息,从而造成供应链"牛鞭效应"的产生。

除了上面的 4 个主要原因,还有供应链的多层次结构、信息的不共享性、订货提前期等原因,这里不再一一赘述。

二、缓解"牛鞭效应"的措施

解决"牛鞭效应"的根本对策是整合供应链中企业之间的关系,建立企业之间的诚信机制,通过建立一个信息共享系统实现信息共享管理,协调各企业的行动,确保需求信息的真实、快速传递,从而减少供应链中的"牛鞭效应"。

(一) 统一需求预测方法

为了避免供应链有关数据的重复处理,上下游企业需要根据相同的原始资料更新自己的需求预测。目前有以下 3 种常用的方法。

一是供应链的合作伙伴利用 EDI 实现实时信息交流和信息共享,彻底消除信息的不对称性,准确把握市场真实需求数据。如果零售商与其他供应链成员共享销售终端(point of sale,POS)数据,就能使各成员对实际顾客要求的变化做出响应。因此,在供应链上实行销售时点数据信息共享,使供应链每个阶段都能按照顾客要求进行更加准确的预测,从而减少需求预测变动性,减少"牛鞭效应",提高预测的准确性。

二是绕过下游企业来获得有关信息。例如,戴尔计算机就绕过传统的分销渠道,直接面向消费者销售其计算机,这样戴尔公司就可以直接了解其产品的需求模式。

三是缩短订货提前期。正如前面所提到的,供应时间过长也会夸大"牛鞭效应"。因此,提高经营效率能够大大降低更新多种预测数据导致需求变动的幅度。

(二) 打破批量订购

企业可以调整订货策略,采用小批量、多频次订货的采购或供应模式。一方面,可以采用混合订购、联合运输和共同配送实现运输的规模经济;另一方面,实施业务外包使小批量订购实现规模经济。将采购与物流配送业务外包给第三方物流企业完成,这样可以缩短订货提前期和实现小批量、多批次订货,不用再进行大批量、多订单集中订货,同时也规避了运输风险。

(三) 稳定价格

为了有效控制产品的市场价格,厂商应该制定严格的价格稳定策略和管理机制,减少对批发商的折扣频率和幅度,避免价格的剧烈波动。因此,企业可以通过稳定价格来减少对提前购买等情况的激励,从而掌握正确的市场需求信息。例如,沃尔玛的"天天平价"策略能够产生更稳定的、变动性更小的顾客需求模式。

(四) 消除短缺博弈行为

为了消除短缺博弈行为,可从以下3个方面准备。

1. 当供应不足时,供应商可以实行订货分级管理

根据"帕累托法则"对分销商进行信誉和能力评估,区别对待,实施订货分级管理,对属于20%的重要分销商在供货上做到重点保证,对资信水平较低的客户进行有审批的限制供应。区别对待来进行限量供应,而不是根据各经销商自己所下订单的数量,这样可以制止经销商为了各自私利,为了获得更多的供货而夸大其订货量。

2. 让顾客共享库存、生产等信息减少博弈

某些制造商会在销售旺季来临之前帮助顾客做好订购工作,这样它们就能更好地设计生产能力和安排生产进度以满足产品的需求。

3. 制定合理的退货奖惩制度

制造商给零售商的退货政策也会鼓励博弈行为。缺乏惩罚约束,零售商会不断夸大自己的需求,在供给过剩的时候再退货或取消订单。

第三节 供应链库存管理方法与优化

一、供应商管理库存

传统的库存管理模式一般是由库存所有者管理库存的,库存设置与管理是由统一组织完成的。一种新的库存管理模式是VMI。

(一) VMI的含义

VMI(vendor managed inventory)即供应商管理库存,是指供应商等上游企业基于其下游客户的生产经营、库存信息,对下游客户的库存进行管理与控制。VMI的基本思想:一是买方不再拥有库存,只制定服务水平;二是卖方完全控制库存,直到销售完补充库存。其实质是将库存决策权代理给了供应商,由供应商代理分销商或批发商行使库存决策的权力。

(二) VMI的运作模式

在 VMI 系统中,核心企业既可以在供应链的上游,也可以在供应链的下游,而当在下游时它既可以是供应链的中间环节,也可以在供应链的末端。显然,不同情况下,VMI 的运作模式是不相同的,VMI 主要有 4 种运作模式:供应商—制造商(核心企业)、供应商—零售商(核心企业)、核心企业(一般为制造商)—分销商(或零售商)、第三方物流企业参与。

1. 供应商—制造商 VMI 运作模式

在这种运作模式中,制造商除要为核心企业以外,一般还有如下特点。

(1) 生产规模比较大,生产比较稳定,即每天对零配件或原材料的需求量变化不是很大。

(2) 要求供应商每次供货数量比较小,一般满足 1 天的零配件,有的甚至是几个小时。

(3) 供货频率要求较高,有时甚至要求一天 2～3 次的供货频率。

(4) 一般不允许发生缺货,即服务水平要求达到 99% 以上。

由于这种模式中的制造商必定有几十家甚至上百家的供应商为其供应零配件或原材料。如果让每一个供应商都要在制造商的附近建立仓库的话,显然是不经济的。因此,可以在制造商的附近建立一个供应商管理库存中心(VMI-HUB),如图 7-3 所示。

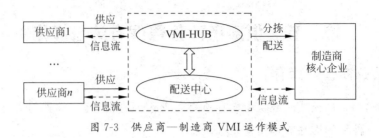

图 7-3 供应商—制造商 VMI 运作模式

拓展阅读 7.2 供应商库存管理的系统架构

加入 VMI-HUB 具有两方面的效果：一方面，起到缓冲作用。由于一个客户要对应 n 个供应商，假如客户对供货频率要求较高，那么可能会出现在多个供应商同时将货物送达的情况下，由于事先没有安排势必会出现混乱的卸货场面，严重的甚至会影响生产秩序，给企业的正常工作带来不便。有了 VMI-HUB，可以以专业的配送方式避免以上现象，起到了缓冲作用。另一方面，增加了深层次的服务。

在没有 VMI-HUB 时，供应商彼此都是独立的，送达的货物都是彼此分开的，当有了 VMI-HUB 后，它会在发货之前先提供拣货的服务，VMI-HUB 会按照生产企业的要求把零配件按照成品的比例配置好，然后再发送给生产商，这样就提高了生产商的生产效率。

当 VMI 在正常实施时，不仅要求供应商 1 与 VMI-HUB 之间交换库存信息，还包括生产计划、需求计划、采购计划、历史消耗、补货计划、运输计划、库存情况等信息。从图 7-3 可以看出，生产商 1 与 VMI-HUB 之间可以完全地、实时地、自动地进行信息交换。

当需求发生突然变化时（比如，由于生产商的销售突增，VMI-HUB 中的库存不能及时满足生产商的需求时），VMI 的实施结构做出了相应的改变。如图 7-4 所示：VMI-HUB 直接把补货计划发给供应商的信息系统，这时供应商直接向生产商进行补货，从而节约了时间与成本。我们把供应商这种不经过 VMI-HUB 而直接向生产商进行补货的行为称为越库配送（cross-docking）。

2. 供应商—零售商 VMI 运作模式

当零售商把销售等相关信息通过 EDI 传输给供应商后（通常是一个补货周期的数据，如 3 天，甚至 1 天），供应商根据接收到的信息进行对需求的预测，然后将预测的信息输入 MRP 系统，并根据现有的企业内的库存量和零售商仓库的库存量，生产补货订单，安排生产计划，进行生产。生产出的成品经过仓储、分拣、包装、运送给零售商，如图 7-5 所示。

供应商—零售商 VMI 运行模式与供应商—制造商 VMI 运作模式的区别如下。

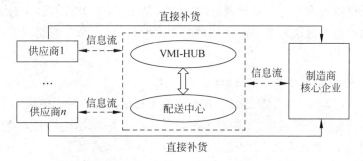

图 7-4　供应商—制造商 VMI 运作模式：越库配送

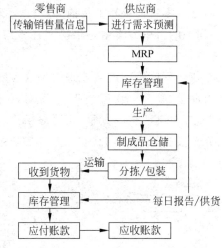

图 7-5　供应商—零售商 VMI 运作模式

在面对比较大的零售商时，并不一定当"接收货物"后，就产生了应付账款。通常大的零售商（如沃尔玛）要求，只有当供应商的货物真正被销售以后，才向供应商付款，否则不产生"应付账款"。

这种模式一般不需要建造 VMI-HUB 这个中枢环节。因为对零售商来说，两个供应商所供应的产品是相互独立的，在同一段时间内它们不是同时需要的，不像生产商需要零部件或原材料对生成一个产品来说是必须同时获得的。

3. 核心企业—分销商 VMI 运作模式

这种模式由核心企业充当 VMI 中的供应商角色，它的运作模式与前两种大致相同，由核心企业收集各个分销商的销售信息并进行预测，然后按照预测结果对分销商的库存统一管理与配送。由于这种模式下的供应商只有一个，所以不存在要在分销商附近建立仓库的问题。

核心企业可以根据与各个分销商之间的实际情况，统一安排对各个分销商的配送问题，并且，可以保证每批次都是以经济批量的方式发货，每次配送的路线都可以调整为最佳配送路线。

4. 第三方物流企业参与下的 VMI 运作模式

在实际实施过程中，有时需要第三方物流服务提供商的参与。原因如下。

在供应商－生产商模式中，无论对生产商还是供应商来说，它的核心竞争力主要是体现在其生产制造上，而不是物流配送上。显然，让供应商或者生产商去管理 VMI-HUB 都是不经济的。

在供应商－零售商模式下，由于零售商的零售品范围比较广，供应商和零售商的地理位置相距较远，直接从供应商处向零售商补货的提前期较长，不利于进行准确的需求预测和应对突发状况。解决这一问题的折中方案就是供应商在零售商附近租用或建造仓库，由这个仓库负责直接向零售商供货。

基于上述原因，让一家专业化程度较高的企业来管理这 VMI-HUB 或仓库是最合适不过了，而这时最理想的对象就是"第三方物流企业"。况且，供应链管理强调的是，在供应链上的各个企业应该充分发挥自己的核心竞争力，这对第三方物流企业来说正好适应这种库存运作模式的要求，充分发挥其特点与优势。当第三方物流企业加入时，VMI 运作模式相应改变为如图 7-6 所示。

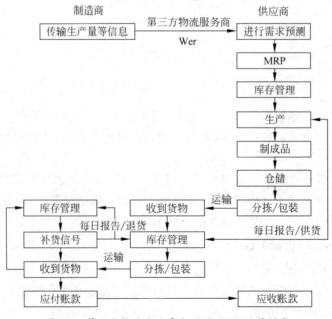

图 7-6　第三方物流企业参与下的 VMI 运作模式

(三) 实施 VMI 的好处

VMI 之所以得到众多国际著名大公司的青睐,是因为实施 VMI,可以为企业和供应链带来如下的好处。

1. 增加供应链的销售收入

首先,提高下游客户资金使用效率,增加销售收入;其次,为下游客户节省了用于库存的空间占用,可以有更多的空间用来陈列商品,从而提高商品的销售额;最后,供应商通过对库存的掌握,可以根据需求特点、商品的边际收益、库存成本以及生产规模的变动成本等因素,合理确定商品的促销时机。

2. 降低供应链的库存成本

首先,供应商对自己的产品管理更专业和更有经验,降低产品库存损耗,提高使用率;其次,由于供应商直接掌握销售点的资讯数据,消除了信息的扭曲和时滞,使需求预测更加准确,可有效地消除"牛鞭效应",使整个供应链的库存水平降低;最后当供应商与下游的多个客户建立 VMI 伙伴关系时,实施 VMI,供应商可以把下游不同客户的需求集中起来。

由于下游不同客户的地理位置、规模实力、销售策略等存在差异,对商品的需求时间和数量也必然不同,由供应商统一管理各个客户的库存,就可以采取最优方案调剂余缺,以相对较少的库存总量满足各个客户不同时间和数量的需求,从而显著降低供应链的库存成本。

3. 提高客户服务水平

(1) 实施 VMI,可以精简业务流程,提高供应链的柔性。在传统的供应链管理中,其业务流程是消费者购买→销售商盘查→销售商订货→供货商备货→供货商配送→销售商上架。整个供应链中,过程冗长且缺乏效率。实施 VMI 后,其业务流程缩短为消费者购买→库存检查→供应商配送→销售商上架。精简业务流程能够缩短交易时间,使上游制造商更好地控制生产经营活动,满足用户需求,提高整个供应链的柔性。

(2) 实施 VMI,可以提高货物的可得率和供货效率。在传统的供应链管理中,供应链各环节分别管理库存,上游供应商通常根据下游客户的订单状况确定库存补充策略。当零售商需要补充库存并发出订单时,供应商需要查看库存,并进行备货。如遇库存不足,则还要补充库存,订单的反应时间较长。尤其是在下游客户进行商品促销活动时,由于供应商事先并不了解零售商的促销计划,而是根据正常的订单准备货源。面对订单的变化,极易发生缺货和前置时间延长的情况,严重影响客户的正常销售,降低服务水平。然而,当企业之间建立 VMI 伙伴关系之后,供应商不但可以直接得到下游客户的销售资讯和库存信息,而且可事先获知下游客户的促销计划,做到事先备货,提高货物的可得率和供货效率。

(3) 实施 VMI,供应商与零售商形成了相对紧密的战略联盟伙伴关系,供应商不再为如何将商品推销给零售商而大伤脑筋,而是将更多精力集中在完善供应商物流软硬件设施、提高物流服务水平、加强与供应链下游企业的联系和沟通、提升自身的物流管理能力上,从而更进一步提高客户服务水平。

据调查,雀巢与家乐福实施 VMI 后,雀巢对家乐福配送中心产品的到货率由原来的 80% 左右提升至 95%,家乐福配送中心对零售店铺产品到货率由 70% 提升至 90% 左右,订单修改率也由 60%～70% 下降到 10% 以下。

4. 为上下游企业都带来好处

(1) 供应商是商品的供应者,由供应商来管理库存可以更加主动和灵活。实施 VMI,通过 EDI 来传送下游客户的生产和库存数据,供应链上游的供应商将直接接触真正的需求信息。供应商利用该信息调节库存水平,可以降低安全库存量,做到有预见性地组织生产和采购,提高了供应商的生产稳定性,降低了应急反应所付出的额外成本。

(2) 实施 VMI,供应商的管理水平和供货能力一目了然,有利于下游客户对供应商的评估,促使供应商之间平等竞争,优胜劣汰。所以,成功实施 VMI,将为建立高效的供应链提供条件。

5. 改善上下游企业关系

在传统的供应链管理中,上游的供应商与下游的客户只是单向买卖关系,下游客户要什么,上游供应商就给什么,甚至是尽可能多地推销产品。双方的关系是敌对的输赢关系,彼此都忽略了真正的市场需求,导致好卖的商品经常缺货,而不畅销的商品却有很多存货。实施 VMI,上下游企业之间的关系由原来的敌对关系转变为合作的双赢关系。通过合作,双方共同面对市场,共同解决问题,有利于从根本上改进供应链的整体运作效率。

(四) VMI 的实施

实施 VMI 要基于合作性原则、互惠原则、目标一致性原则和连续改进原则的基础上,具备拥有核心企业、合作企业相互信任、建立信息系统平台、共享平台以及信息分析和预测等 5 个关键条件,并具有一定的技术支持,才能实施 VMI。实施 VMI 策略的步骤如下。

1. 确定目标

根据企业的不同情况确定 VMI 的目标,可以从以下几方面着手:降低供应链上的产品库存,抑制"牛鞭效应";降低买方企业和供应商成本,提高利润;增强企业的核心竞争力;提高双方合作程度和忠诚度;等等。

2. 建立客户情报信息系统

供应商要有效地管理客户库存,必须能够获得真实客户的有关信息。通过建立客户信息库,供应商能够实时掌握客户的需求变化,把由分销商或零售商进行的需求预测与分析功能集成到供应商的系统中来。

3. 建立物流网络管理系统

供应商要管理好库存,必须建立起完善的物流网络管理系统,保证自己的产品需求信息和物流畅通。目前已有许多企业开始采用 MRP 或 ERP 系统,这些软件系统都集成了物流管理的功能。通过对这些功能的扩展,就可以建立完善的物流网络管理系统。

4. 建立供应商与分销商的合作框架协议

供应商和分销商在一起,通过共同协商确定订单处理的业务流程以及库存控制的有关参数,如补充订货点、最低库存水平和库存信息的传递方式(如 EDI 或互联网)等。

5. 组织机构的变革或业务重组

VMI 策略改变了供应商的组织模式,为了适应新的管理模式,供应商需要建立一个 VMI 职能部门,负责对 VMI 服务(负责库存控制、库存补给和服务水平)的监控以及维持与客户之间的关系。

拓展阅读 7.3　客户管理库存

二、联合库存管理

联合库存管理(jointly managed inventory,JMI)是介于 VMI 和 CMI 之间的一种库存管理方式,顾名思义,就是由供应商与客户共同管理库存,进行库存决策。它结合了对产品的制造更为熟悉的生产或供应商以及掌握消费市场信息能对消费者消费习惯做出更快更准反映的零售商各自的优点,因此能更准确地对供应商和销售商做出判断。因此,JMI 是一种在 VMI 的基础上发展起来的供应商与用户权利、责任平衡和风险共担的库存管理模式,是为了解决定供应链体系中的"牛鞭效应",提高供应链的同步化程度而提出的。

(一) JMI 的基本思想

JMI 是供应链上两个或多个成员组织共同参与库存计划、控制等库存管理过程。JMI 和 VMI 不同,它强调双方同时参与,共同制订库存计划,使供应链过程中的每个库存管理者(供应商、制造商、分销商)都从相互之间的协调性考虑,保持供应链相邻的两个节点之间的库存管理者对需求的预期一致,从而消除了"牛鞭效应"。

任何相邻节点需求的确定都是供应双方协调的结果,库存管理不再是各自为政的独立运作过程,而是供应连接的纽带和协调中心,JMI 的基本模型如图 7-7 所示。

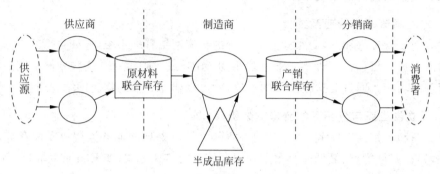

图 7-7 JMI 的基本模型

(二) JMI 的优势

与传统的库存管理模式相比,JMI 具有以下优势。

1. 信息优势

传统模式下,各供应链节点间容易形成各自为政、缺乏信息沟通的现象。通过实施 JMI,不仅能充分利用现代信息技术畅通信息渠道,保证供应链上下游企业信息共享,还能有效地预测市场需求,减少"牛鞭效应"。

2. 成本优势

实施 JMI,可实现分销商、制造商、供应商之间的库存管理一体化,可以让三方都能够实现 JIT 采购(即在恰当的时间、恰当的地点,以恰当的数量和质量采购恰当的物品),不仅可以减少库存,还可以加快库存周转速度,缩短订货和交货提前期,从而降低企业的采购成本。

3. 物流优势

JMI 打破了各自为政的传统供应链库存管理模式,强调各方协同合作,共同制订库存计划,分担风险,有效地消除库存过高和"牛鞭效应"。

4. 战略联盟优势

JMI 的实施是建立在供应链各方充分信任和合作的基础上,只有分销商、制造商和供应商协同一致行动,才能有效实施 JMI。通过 JMI 的运行,加强了企业间的联系和合作,形成了一种战略合作伙伴关系,充分体现出战略联盟的整体竞争优势。

(三) JMI 的实施策略

为了成功地实施联合库存管理,供应链上的节点企业应采取行之有效的策略,在满足各自目标的前提下,提高供应链的整体运作绩效。

1. 建立供需协调管理机制

为了发挥 JMI 的作用,供需双方应从合作的精神出发,建立供需协调的管理机制,明确各自的目标和责任,建立合作沟通的渠道,为供应链的 JMI 提供有效的机制。图 7-8 所示为产销联合库存实施过程。如果没有一个协调的管理机制,就不可能进行有效的联合库存管理。

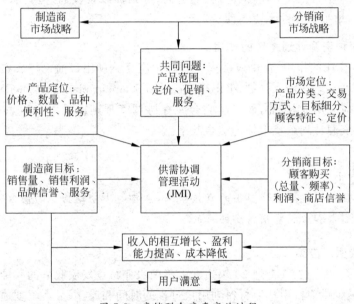

图 7-8 产销联合库存实施过程

建立供需协调管理机制,要从以下几方面着手。

(1) 建立共同合作目标

要建立联合库存管理模式,首先供需双方必须本着互惠互利的原则,建立共同的合作目标。为此,要理解供需双方在市场目标中的共同之处和冲突点,通过协商形成共同的目标,如用户满意度、利润的共同增长和成本降低等。

(2) 建立联合库存的协调控制方法

JMI 中心担负着协调供需双方利益的角色,起协调控制器的作用,因此需要对库存优化的方法进行明确的规定。这些内容包括如何在多个需求商之间调节与分配、库存的最大量和最低库存水平、安全库存的确定、需求的预测等。

(3) 建立一种信息沟通的渠道或系统

信息共享是供应链管理的特色之一,为了提高整个供应链需求信息的一致性和稳定性,减少多重预测导致的需求信息扭曲,应增加供应链各方对需求信息获得的及时性和透明性。为此,应建立一种信息沟通的渠道或系统,以保证需求信息在供应链中的畅通和准确性。要将条形码技术、扫描技术、POS 系统、射频识别技术(radio frequency indentification,RFID)技术和 EDI 集成起来,并且要充分利用互联网的优势,在供需双方之间建立一个畅通的信息沟通桥梁和联系纽带。

(4) 建立有效的利益分配与激励机制

要有效运行基于协调中心的库存管理,必须建立一种公平的利益分配制度,并对参与协调库存管理的各个节点企业(供应商、制造商、分销商或批发商)进行有效的激励,防止机会主义行为,增加协作性和协调性。

2. 发挥两种资源计划系统的作用

为了发挥 JMI 的作用,在供应链库存管理中应充分利用目前比较成熟的两种资源管理系统:MRPⅡ和配送需求计划(distribution requirement planning,DRP)。原材料联合库存协调管理应采用 MRPⅡ,而产品联合库存协调管理则应采用 DRP。这样在供应链系统中把两种资源计划系统很好地结合起来。

小贴士

DRP 是 MRP 在流通领域应用的直接结果,主要解决分销物资的供应问题,从而达到有效满足市场需求和配置费用最少的目的。

3. 建立快速反应系统

快速反应系统是在 20 世纪 80 年代末由美国服务行业发展起来的一种供应链管理策略,目的在于减少供应链中从原材料到用户过程的时间和库存,最大限度地提高供应链的运作效率。

快速反应系统在美国等西方国家的供应链管理中被认为是一种有效的管理策略,经历了 3 个发展阶段:第一阶段是商品条形码化,通过对商品的标准化识别处理加快订单的传输速度。第二阶段是内部业务处理的自动化,采用自动补货与 EDI 系统提高业务自动化水平。第三阶段是采用更有效的企业间合作,消除供应链组织之间的障碍,提高供应链的整体效率。例如,通过供需双方合作来确定库存水平和销售策略等。

目前,在欧洲等西方国家,快速反应系统应用已达到第三阶段,通过联合计划、预测与补货等策略进行有效的用户需求反应。美国的 Kurt Salmon 协会调查分析认为,实施快速反应系统后供应链效率大为提高;缺货大大减少,通过供应商与零售商的联合协作保证 24 小时供货;库存周转速度提高 1~2 倍;通过敏捷制造技术,企业的产品中有

20%～30%是根据用户的需求而制造的。快速反应系统需要供需双方的密切合作,因此协调库存管理的建立为快速反应系统发挥更大的作用创造了有利的条件。

4. 发挥第三方物流系统(third party logistics,TPL)的作用

第三方物流系统是供应链集成的一种技术手段,它为用户提供各种服务,如产品运输、订单选择、库存管理等。把库存管理的部分功能外包给第三方物流系统管理,可以使企业更加集中精力于自己的核心业务,第三方物流系统起到了供应商和用户之间联系的桥梁作用,使JMI的运作模式得以优化,如图7-9所示。

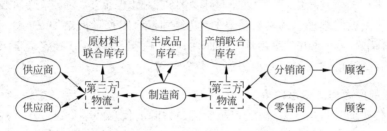

图 7-9　第三方物流参与的 JMI 模式

面向JMI的第三方物流系统使供应与需求双方都取消了各自独立的库存,增加了供应链的敏捷性和运作效率,能够大大改善供应链的用户服务水平和运作效率。

(四) 选择合适的 JMI 模式

供应链 JMI 模式主要有以下两种。

一种是各个供应商的零部件都直接存入核心企业的原材料中,即将各个供应商的分散库存转变为核心企业的集中库存。集中库存要求供应商的运作方式是:按核心企业的订单或订货来组织生产,产品完成时,立即实施小批量、多频次的配送,直接将产品送到核心企业的仓库中补充库存。在这种模式下,库存管理的重点在于核心企业根据生产的需要,保持合理的库存量,既能满足需要,又能使库存总成本最小。

另一种是无库存模式,即供应商和核心企业都不设立库存,核心企业实行无库存的生产方式。此时供应商直接向核心企业的生产线进行连续小批量、多频次的补货,并与之实行同步生产、同步供货,从而实现"在需要的时候把所需要的品种和数量的原材料送到需要的地点"的操作模式。

在这种JIT供货模式下,由于完全取消了库存,所以效率最高、成本最低。但是这种模式对供应商和核心企业的运作标准化、配合程度、协作精神要求也高,操作过程要求也严格,而且两者的空间距离不能太远。

对于实施JMI的企业来说,应根据自身和合作方的实际情况,选择合适的JMI模式,以期取得最为理想的效果。

三、供应链管理库存优化方法

在库存管理过程中,企业通常利用库存作为缓冲区,以满足连续需求和调整紧急需求,应用库存维持连续的生产,并且提高顾客服务水平。供应链节点企业需要库存,整个供应链体系同样需要库存,但是,两者进行优化的目标和前提是不同的。

(一) 企业库存优化方法

在企业生产经营过程中,库存是必不可少的,它对于保障生产质量、确保服务质量、贯彻以客户为中心的管理理念都具有重要的作用。但是,库存量的增加又会加重企业的负担,影响资金周转。正是由于库存具有两面性,在生产实践中,应该确定科学、合理的库存量。企业库存优化的方法可以归纳为如下3个方面。

1. 职能部门之间的信息共享

构造现代化的管理信息系统,实现职能部门之间的信息共享。通过互联网/内联网作为技术支撑,能及时获得并处理来自供应商、销售商和客户的信息,及时获得企业生产经营状况信息,协调生产,加速业务流程重组能力,减少企业的安全库存量,从而提高企业快速有效反应客户需求的能力。

2. 建立合作伙伴关系

JMI、VMI 和(collaborative planning forecasting and replenishment,CPFR)库存管理策略的实施,都是建立在企业之间互惠互利基础上的。JMI、VMI 和 CPFR 都是面向供应链体系的库存管理技术,借助于信息共享和资源共享,来实现成本共担和风险共担。有效地实施客户关系管理,并积极成为供应链成员,在合作过程中,将企业的竞争优势转换成供应链的竞争优势。

3. 充分利用社会资源

企业库存优化面对的是企业内部资源的冲突,企业借助于企业外部资源的优化配置,来实现供应链体系资源的优化。特别是将企业内部价值链转换成供应链,构筑社会资源优化配置的基础。

(二) 供应链管理体系库存优化方法

在供应链管理体系中,单一企业库存优化策略的实施,不一定能够带来整个供应链体系库存的优化。只有站在整个供应链系统的高度,才能实现整个供应链库存的优化。

1. 供应链成员之间的信息共享

供应链成员之间的信息共享,对于信息代替库存、优化库存结构都具有重要作用。信息在供应链节点企业之间的快速流动,不仅弥补了物流流动滞后的时差,而且成为寻找供应链约束点的途径以及优化库存资源配置的决策依据。

2. 实现供应链同步化

库存是由于生产经营过程中各个环节衔接上的停滞造成的。对供应商的供应商、客户的客户等方面的信息流和物流实现供应链同步化管理，有利于供应链以尽可能低的库存成本提供最佳的服务水平。供应链同步化管理则将超越企业边界，建立端到端的供应链。

建立在供应商与制造商之间的转运中心和制造商与销售商之间的配送中心作为中心仓库，集中管理整个供应链的库存，不仅可以降低原来供应链中分散在各个企业中单独仓库的库存成本，以便利用库存的集成管理，最终降低整个供应链的库存成本，而且中心库存增强了供应链的同步化能力。

3. 创新运输集成模式

在供应链管理中，信息传递和物流流动是很难同步进行的，时滞的产生和影响，推动了运输的发展。运输便成为加快物流流动、缩短物流周期和降低库存的关键。由于客户需求的多样化，需求批量小，以及供应商、制造商、销售商之间地理位置的远近不同，如果每个企业都按客户需求组织运输，显然会使运输成本大大上升。因此，必须统一组织运输，实现运输集成化。

混装运输和第三方物流，是运输集成化的两种模式。制造商可以鼓励分销商实行混装订货，这样用一部车就满载了同一制造商的多种产品，而每一种产品相当于实施了小批量订货或频繁再供货策略，运货次数并没增加，但却保证了运输的高效率。

第三方物流不局限于为一条供应链服务，它可以同时服务于多条供应链，实现满载运输的经济化要求。英国的 Tesco、Sainsbury 与 NFC 长期合作进行物流配送，以及 DHL、UPS 都是采用第三方物流策略，都是运输集成模式的典范。因此，信息共享是企业和供应链优化库存的重要途径，离开了信息的支持，企业和供应链难以实现物畅其流。

第四节 供应链管理环境下的多级库存管理与控制

基于协调中心的 JMI 是一种联邦式供应链库存管理策略，是对供应链的局部优化控制，而要进行供应链的全局性优化与控制，则必须采用多级库存管理与控制的方法。因此，多级库存管理与控制是供应链资源的全局性优化。

一、多级库存管理的基本思想

最早开始多级库存研究的学者是克拉克（Clark）和斯卡夫（Scarf），他们提出了"级库存"的概念：供应链的级库存＝某一库存节点现有的库存＋转移到或正在转移给后续节点的库存。这样,检查库存状态时不仅要检查本库存节点的库存数据,而且要检查其下游需求方的库存数据。以后的学者在此基础上对多级库存问题做了很多深入研究。

多级库存系统与单级库存系统既有联系又有区别,单级库存系统是构成多级库存系统的基础,许多对单级库存系统的分析方法也可用于多级库存系统,然而多级库存系统还具有单级库存系统不具备的问题。供应链管理的目的是使整个供应链各个阶段的库存最少。但是,前面所介绍的库存管理模式是从单一企业内部的角度去考虑库存问题,因而并不能使供应链整体达到最优。

多级库存的管理与控制是在单级库存控制的基础上形成的。多级库存系统根据不同的配置方式,有串行系统、并行系统、纯组装系统、树形系统、无回路系统和一般系统。

多级库存控制的方法有两种:一种是非中心化(分布式)策略;另一种是中心化(集中式)策略。

非中心化策略是指各个库存点独立地采取各自的库存策略,这种策略在管理上比较简单,但是并不能保证产生整体的供应链优化,如果信息的共享度低,多数情况产生的是次优的结果,因此非中心化策略需要更多的信息共享。

中心化策略,即所有库存点的控制参数是同时决定的,考虑了各个库存点的相互关系,通过协调的办法获得库存的优化。但是中心化策略在管理上协调的难度大,特别是供应链的层次比较多,即供应链的长度增加时,更增加了协调控制的难度。

供应链环境下的多级库存管理与控制的目标是成本最低/速度最快,而在实施多级库存管理与控制的过程中会面临一定的约束,诸如库存容量、运输条件、流量、时间与交货期、资金占用等。

二、多级库存控制所面对的问题

(一) 明确库存优化的目标

传统的库存优化问题无一例外地进行库存成本优化,在强调敏捷制造、基于时间的竞争条件下,这种成本优化策略是否适宜?供应链管理的两个基本策略——有效客户反应和快速反应——都集中体现了顾客反应能力的基本要求,因此在实施供应链库存优化时,要明确库存优化的目标是什么,成本还是时间?成本是库存控制中必须考虑的因素,但是,在现代市场竞争的环境下,仅优化成本这样一个参数显然是不够的,应该把时间(库存周转时间)的优化也作为库存优化的主要目标来考虑。

拓展阅读 7.4　有效客户反应

(二) 明确库存优化的边界

供应链库存管理的边界即供应链的范围。在库存优化中,一定要明确所优化的库存范围是什么。供应链的结构有各种各样的形式:有全局的供应链,包括供应商、制造商、分销商和零售商各个部门;有局部的供应链,分为上游供应链和下游供应链,在传统的所谓多级库存优化模型中,绝大多数的库存优化模型是下游供应链,即关于制造商(产品供应商)—分销中心(批发商)—零售商的三级库存优化。

很少有关于零部件供应商—制造商之间的库存优化模型,在上游供应链中,主要考虑的问题是关于供应商的选择问题。

(三) 多级库存优化的效率问题

理论上讲,如果所有的相关信息都是可获得的,并把所有的管理策略都考虑到目标函数中去,中心化的多级库存优化比基于单级库存优化的策略(非中心化策略)要好。

但是,现实情况未必如此,当把组织与管理问题考虑进去时,管理控制的幅度常常是下放给各个供应链的各个节点企业独立进行的,因此多级库存控制策略的好处也许会被组织与管理的考虑抵消。因此,简单的多级库存优化并不能真正产生优化的效果,需要对供应链的组织、管理进行优化。否则,多级库存优化策略效率是低下的。

(四) 明确采用的库存控制策略

在单库存点的控制策略中,一般采用的是周期性检查与连续性检查策略。这些库存控制策略对于多级库存控制仍然适用。但是,到目前为止,关于多级库存控制,都是基于无限能力假设的单一产品的多级库存,对于有限能力的多产品库存控制是供应链多级库存控制的难点和有待解决的问题。

三、多级库存管理与控制策略

在实际的管理实践中,多级库存优化的关注点主要有两个角度:成本优化和时间优化。两者的侧重点有所不同。

(一) 基于成本优化的多级库存管理

基于成本优化的多级库存控制实际上就是确定库存控制的有关参数:库存检查期、订货点、订货量。下面以整个供应链模型为例(见图7-10),说明基于成本优化的库存优化模式。

在分析之前,首先确定库存成本结构。

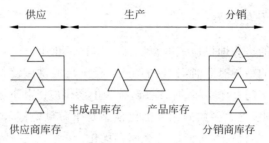

图 7-10　多级供应链库存模式

1. 供应链的库存成本结构

（1）库存维持费用（holding cost，C_h）

库存维持费用包括资金成本、仓库及设备折旧费、税收、保险金等。库存持有费用与库存价值和库存量的大小有关，其沿着供应链从上游到下游进行累计，如图 7-11 所示。

图 7-11　供应链库存维持费用的积累过程

h_i 为单位周期内单位产品（零件）的库存持有费用。如果 v_i 表示 i 级库存量，那么，整个供应链的库存持有费用为

$$C_n = \sum_{i=1}^{n} h_i v_i$$

如果是上游供应链，则库存持有费用是一个汇合的过程，而在下游供应链，则是分散的过程。

（2）交易成本（transaction cost，C_r）

交易成本，即在供应链企业之间的交易合作过程中产生的各种费用，包括谈判要价、准备订单、商品检验费用、佣金等。交易成本随交易量的增加而减少。交易成本与供应链企业之间的合作关系有关，通过建立一种长期的互惠合作关系，有利于降低交易成本，战略合作伙伴关系的供应链企业之间交易成本是最低的。

（3）缺货损失成本（shortage cost，C_s）

缺货损失成本是由于供不应求，即库存 $v_i < 0$ 的时候，造成市场机会损失及用户罚款等。

缺货损失成本与库存大小有关。库存量大，缺货损失成本小；反之，缺货损失成本高。为了减少缺货损失成本，维持一定量的库存是必要的，但是库存过多将增加库存维持费用。

在多级供应链中,提高信息的共享程度、增加供需双方的协调与沟通有利于减少缺货带来的损失。

总的库存成本为

$$TC = C_h + C_t + C_s$$

多级库存控制的目标就是优化总的库存成本 C,使其达到最小。

2. 多级库存控制策略

多级库存的控制策略分为中心化控制策略和非中心化策略,以下分别加以说明。

(1) 中心化库存控制策略

目前关于多级库存的中心化控制策略的探讨不多,采用中心控制的优势在于能够对整个供应链系统的运行有一个较全面的掌握,能够协调各个节点企业的库存活动。中心化控制是将控制中心放在核心企业上,由核心企业对供应链系统的库存进行控制,协调上游企业与下游企业的库存活动。

这样核心企业也就成了供应链上的数据中心(数据仓库),担负着数据集成、协调功能,如图 7-12 所示。

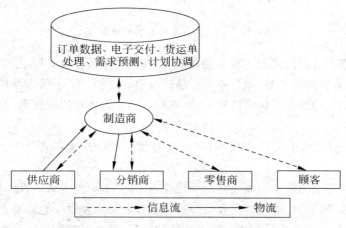

图 7-12 供应链中心化库存控制模型

中心化库存优化控制的目标是使供应链上总的库存成本最低,即

$$\min TC = \sum_{i=1}^{n} \{C_{h_i} + C_{t_i} + C_{s_i}\}$$

理论上讲,供应链的层次是可以无限的,即从用户到原材料供应商,整个供应链是 n 个层次的供应链网络模型,分一级供应商、二级供应商……k 级供应商,然后到核心企业(组装厂);分销商也可以是多层次的,分一级分销商、二级分销商、三级分销商等,最后才到用户。但是,现实的供应链的层次并不是越多越好,而是越少越好,因此实际供应链的

层次并不很长,采用供应—生产—分销这样的典型三层模型足以说明供应链的运作问题。

各个零售商的需求 D_{it} 是独立的,根据需求的变化做出的订货量为 Q_{it},各个零售商总的订货汇总到分销中心,分销中心产生一个订货单给制造商,制造商根据订货单制订主生产计划,同时对上游供应商产生物料需求。整个供应链在制造商、分销商、零售商三个地方存在三个库存,这就是三级库存(见图7-13)。

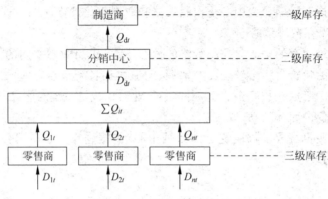

图7-13 三级库存供应链模型

这里假设各零售商的需求为独立需求,需求率 d_i 与提前期 LT_i 为同一分布的随机变量,同时系统销售同一产品,即为单一产品供应链。这样一个三级库存控制系统是一个串行与并行相结合的混合型供应链模型,可以建立如下的库存控制模型为

$$\min\{C_{mfq} + C_{cd} + C_{rd}\}$$

式中,C_{mfq} 为制造商的库存成本;C_{cd} 为分销商的库存成本;C_{rd} 为零售商的库存成本。

关于订货策略采用连续检查还是周期性检查的问题,原则上讲两者都是适用的,但各有特点。问题在于采用传统的订货策略时有关参数的确定和供应链环境下的库存参数的确定应有所不同,否则不能反映多级库存控制的思想。因此,不能按照传统的单点库存控制策略进行库存优化,必须寻找新的方法。

采用多级库存取代点库存能够解决供应链环境下的库存问题。因为点库存控制没有考虑多级供应链中相邻节点的库存信息,因此容易造成需求放大现象。采用级库存策略后,每个库存点不再是仅检查本库存点的库存依据,而是检查处于供应链整体环境下的某一级库存状态。级库存策略的库存决策是基于完全对其下游企业库存状态掌握的基础上,因此避免了信息扭曲现象。

建立在互联网和EDI技术基础上的全球供应链信息系统,为企业之间的快速信息传递提供了保证,因此,实现供应链的多级库存控制是有技术保证的。

(2) 非中心化的控制策略

非中心化库存控制是把供应链的库存控制分为 3 个成本归结中心,即制造商成本中心、分销商成本中心和零售商成本中心,各自根据自己的库存成本优化方法做出优化控制策略,如图 7-14 所示。

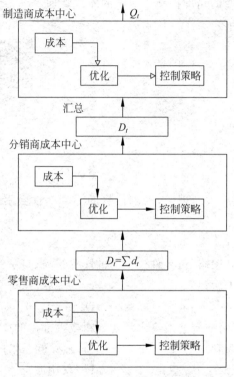

图 7-14 多级库存控制模式

非中心化的多级库存控制要取得整体供应链优化效果,需要增强供应链的信息共享程度,使供应链的各个节点企业都共享统一的市场信息。非中心化多级库存控制策略能够使企业根据自己的实际情况独立做出快速决策,有利于发挥企业自己的独立自主性和灵活机动性。

非中心化库存订货点的确定,可完全按照单点库存的订货策略进行,即每个库存点根据库存的变化,独立地决定库存控制策略。非中心化的多级库存优化策略,需要企业之间的协调性比较好,如果协调性差,有可能导致各自为政的局面。

(二) 基于时间优化的多级库存控制

基于成本优化的多级库存优化方法是传统的做法。随着市场变化,市场竞争已从传统的、简单的成本优先的竞争模式转为时间优先的竞争模式,这就是敏捷制造的思想。因此,供应链的库存优化不能简单地仅优化成本。

在供应链环境下,库存优化还应该考虑对时间的优化,如库存周转率的优化、供应提前期的优化、平均上市时间的优化等。库存时间过长对于产品的竞争不利,因此供应链系统应从提高用户响应速度的角度提高供应链的库存管理水平。

拓展阅读 7.5　联想 VMI 的完美蜕变

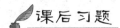

一、单选题

1. 在需求变异加速放大原理中,需求信息的不真实性会沿着(　　)逆流而上,产生逐级放大的现象。
   A. 运输　　　　B. 生产　　　　C. 配送　　　　D. 供应链
2. 在 VMI 库存控制策略下,允许(　　)的库存策略、订货策略进行计划和管理。
   A. 下游组织对上游组织　　　　B. 上游组织对下游组织
   C. 串行　　　　　　　　　　　D. 并行
3. (　　)是指将被用来制造最终产品的材料或零部件的库存。
   A. 相关性需求库存　　　　　　B. 独立性需求库存
   C. 安全库存　　　　　　　　　D. 备用库存
4. VMI 是拥有最佳的(　　)就可以达到最小的库存,大大降低缺货的概率,更好地改善客户满意度和销售状况。
   A. 容量　　　　B. 信息　　　　C. 预测　　　　D. 管理
5. VMI 组织发货是根据(　　)和需求方库存的情况。
   A. 销售分析　　B. 运输能力　　C. 客户订单　　D. 经验数据

二、多选题

1. 库存具有资源平衡功能,其中包括(　　)等几种资源平衡。
   A. 采购　　　　B. 销售　　　　C. 运输　　　　D. 客户
   E. 生产
2. 目前供应链管理环境下的库存控制存在的主要问题有三大类:(　　)。
   A. 信息类问题　　　　　　　　B. 供应链的运作问题

  C. 供应链的战略与规划问题　　　　D. 数量问题

  E. 时间问题

3. 现代供应链库存运行机制主要应该从以下3个层次着手：(　　)。

  A. 建立供需计划协调管理机制

  B. 建立供应链库存运行机制

  C. 建立供应链库存绩效评价体系

  D. 建立合作机制

  E. 建立财务制度

4. 实施VMI主要包括如下内容：(　　)。

  A. 建立供应商和需求方合作协议

  B. 权力转让和机构调整

  C. 构建信息系统

  D. 建立完备的物流系统

  E. 为最终客户建档和建立监督机制

5. 与传统的库存管理模式相比，VMI具有如下几个方面的优点：(　　)。

  A. 同步化提供了条件和保证

  B. 降低了诸多不确定性因素

  C. 供需双方的信息交流和协调的纽带

  D. 实现零库存管理

  E. 资源共享和风险分担

三、名词解释

1. VMI
2. 级库存

四、简答题

1. 简述"牛鞭效应"产生的原因。
2. 简述JMI的实施策略。

五、论述题

论述实施VMI的好处。

第八章

供应链绩效评价与激励

学习目标

- 理解供应链绩效评价的内涵、意义和原则,掌握供应链绩效评价的内容;
- 掌握供应链绩效评价的指标,熟悉供应链绩效评价的一般方法;
- 掌握供应链绩效评价的方法。

技能目标

- 学会选取合适的评价指标对供应链企业进行绩效评价。

开篇案例

一个成功的供应链绩效管理案例——弗莱克斯特罗尼克斯国际公司

电子制造服务(electronic manufacturing services,EMS)提供商弗莱克斯特罗尼克斯(Flextronics)国际公司两年前便面临着一个既充满机遇又充满挑战的市场环境。Flextronics公司面临的境遇不是罕见的。事实上,许多其他行业的公司都在它们的供应链中面临着同样的问题。很多岌岌可危的问题存在于供应链的方方面面——采购、制造、分销、物流、设计、融资等。

供应链绩效控制的传统方法

惠普、3COM、诺基亚等高科技原始设备制造商出现外包趋势,来自电子制造服务业的订单却在减少;同时,Flextronics公司受到来自制造成本和直接材料成本大幅度缩减的压力。供应链绩效控制变得日益重要起来。

与其他公司一样,Flextronics特罗尼克斯第一个重要的业务规则是改善交易流程和数据存储。通过安装交易性应用软件,企业同样能快速减少数据冗余和错误。比如,产品和品质数据能够通过订单获得,并且和库存状况及消费者账单信息保持一致。第二个规则是将诸如采购、车间控制、仓库管理和物流等操作流程规范化、流程化。这主要是通过供应链实施软件诸如仓库管理系统等实现的,分销中心能使用这些软件接受、选取和运送订单货物。

控制绩效的两种传统的方法是指标方法和平衡计分卡(balanced score card,BSC)法。在指标方法中,功能性组织和工作小组建立和跟踪那些被认为是与度量绩效最相关的指标。不幸的是,指标方法存在着很多的局限性。试图克服某些局限性,许多公司采取了平衡计分卡法。虽然概念上具有强制性,绝大多数平衡计分卡作为静态管理"操作面板"实施,不能驱动行为或绩效的改进。Flextronics公司也被供应链绩效控制的缺陷苦苦折磨着。

供应链绩效管理周期

Flextronics公司实施供应链绩效管理(supply chains performance managment,SCPM)带给业界很多启示:供应链绩效管理有许多基本的原则,可以避免传统方法的缺陷。交叉性功能平衡指标是必要的,但不是充分的。供应链绩效管理应该是一个周期,它包括确定问题,明确根本原因,以正确的行动对问题做出响应,连续确认处于风险中的数据、流程和行动。

Flextronics公司认为,定义关键绩效指标、异常条件以及当环境发生变化时更新这些定义的能力是最优秀供应链绩效管理系统的一大特征。一旦异常情况被确认,使用者需知道潜在的根本原因、可采取的行动的选择路线以及这种可选择行为的影响。以正确的行动对异常的绩效做出快速的响应是必要的。但是,一旦响应已经确定,只有无缝地、及时地实施这些响应,公司才能取得绩效的改进。这些响应应该是备有文件证明的,通过系统根据数据和信息发生以及异常绩效的解决不断地做出更新、调整。响应性行动导致了对异常、企业规则、业务流程的重新定义。因此,周期中连续确认和更新流程是必要的。

Flextronics公司的成功,确认了供应链绩效管理的实践的力量和重要性。

Flextronics公司使用了供应链绩效管理的方法,使它能确认邮政汇票的异常情况,了解根本原因和潜在的选择,从而采取行动更换供应商、缩减过度成本、利用谈判的力量。绩效管理的方法包括实施基于Web的软件系统加速供应链绩效管理的周期。Flextronics公司在8个月的"实施存活期"中节约了几百亿美元,最终在第一年产生了巨大的投资回报。

资料来源:https://ishare.iask.sina.com.cn/f/1jesHHTe5rh.html,2021-02-22.[2022-06-18]

案例导学

供应链是由上下游许多财务独立、目标不同的企业或成员组成,每个成员对供应链的贡献大小肯定不同。因此,必须根据每个成员对供应链所做贡献的大小而相应分配供应链所带来的效益。

供应链中不同成员存在着不同的相互冲突的目标。例如,供应商的目标与制造商追求的目标之间存在着冲突,供应商追求稳定供货与制造商追求柔性供货也存在着直接冲突,制造商进行大批量生产的目标与仓库和配送中心降低库存的目标之间也随时都在发生相互间的利益冲突。

因此,如何建立一套有效的激励机制,使整个供应链优化所产生的效益在供应链各企业之间以及企业内部之间进行合理分配就显得非常重要和必要。只有供应链各企业都从供应链管理中受益,各企业才能自觉维护供应链的整体利益,并且要对那些对供应链做出较大贡献的企业进行重点鼓励,这样整个供应链才能充满活力。

第一节 供应链绩效评价概述

一、供应链绩效评价的内涵

(一) 供应链绩效

绩效通常是指正在进行的某种活动或者已经结束的某种活动中取得的成绩。因此,绩效不但可以看作是一个过程的表现,也可以看作是一个过程产生的结果。

一般来讲,供应链绩效是针对供应链目标而言的供应链整体运作情况,而供应链的运作情况是由供应链上节点企业自身及企业间的合作实现的。因此,供应链绩效既包括节点企业的运作,又包括节点企业间的合作,以及最终实现的供应链整体的运作业绩和效果。

从价值角度看,供应链绩效可以理解为:供应链各成员通过信息协调和共享,在供应链基础设施、人力资源和技术开发等内外资源的支持下,通过物流管理、生产操作、市场营销、顾客服务、信息开发等活动增加和创造的价值总和。

(二) 供应链绩效评价

绩效评价是指运用一定的评价方法、量化指标及评价标准,对既定的绩效目标的实现程度,以及为实现这一目标所安排预算的执行结果而进行的综合性评价。因此供应链绩效评价是指围绕供应链的目标,对供应链整体、各环节(尤其是核心企业运营状况以及各环节之间的运营关系等)所进行的事前、事中和事后分析评价。

具体说,评价供应链的绩效,是对整个供应链的整体运行绩效、供应链节点企业、供应链上的节点企业之间的合作关系所做出的评价。

供应链绩效评价指标选择偏重于能够恰当地反映供应链整体运营状况以及上下节点企业之间的运营关系,而不是单独地评价某一供应商的运营情况。为了达到这些目的,供应链的绩效评价一般从3个方面考虑:一是内部绩效度量,二是外部绩效度量,三是供应链整体绩效度量。

(三) 供应链绩效评价与企业绩效评价区别

一般来讲,单个企业绩效评价指标的数据源于财务结果,在时间上略微滞后,不能反映供应链动态运营情况。而且单个企业绩效评价主要评价企业职能部门工作完成情况,不能对企业业务进程进行评价,更不能科学、客观地评价整个供应链的运营情况。另外,单个企业绩效评价指标不能对供应链的业务流程进行实时评价和分析,而是侧重于事后分析。

供应链管理的绩效评价与单个企业的绩效评价有着很大的不同:评价供应链运行绩效的指标,不仅要评价该节点企业的运营绩效,而且要考虑该节点企业的运营绩效对其上层节点企业或整个供应链的影响等。所以,对供应链绩效的界定要求更多地强调企业和合作伙伴之间的沟通协作。

二、供应链绩效评价的意义

评价供应链的实施给企业群体带来的效益的一种方法是对供应链的运行状况进行必要的度量,并根据度量结果对供应链的运行绩效进行评价。因此,供应链绩效评价主要有以下4个方面的意义。

(1) 用于对整个供应链的运行效果做出评价。主要考虑供应链与供应链间的竞争,为供应链在市场中的存在(生存)、组建、运行和撤销的决策提供必要的客观依据。目的是通过绩效评价而获得对整个供应链运行状况的了解,找出供应链运作方面的不足,及时采取措施予以纠正。

(2) 用于对供应链上各个成员企业做出评价。主要考虑供应链对其成员企业的激励,吸引企业加盟,剔除不良企业。

(3) 用于对供应链内企业与企业之间的合作关系做出评价。主要考察供应链的上游企业(如供应商)对下游企业(如制造商)提供的产品和服务的质量,从用户满意度的角度评价上、下游企业之间的合作伙伴关系的好坏。

(4) 除对供应链企业运作绩效的评价外,对供应链的运行状况进行度量还可起到对企业激励的作用,包括核心企业对非核心企业的激励,供应商、制造商和销售商之间的相互激励。

总而言之,供应链绩效评价有利于核心企业掌握供应链上节点企业的运行状况,从而对其做出准确的评价,改进、提高供应链运行效率和效益,从而更好地管理和控制整条供应链。

三、供应链绩效评价的原则

供应链绩效评价既要体现出供应链上节点企业的运行状况,又要体现企业间合作情况,最终衡量出供应链总体运行情况。其重心还在于供应链企业间的协调、合作、运营管理之上。因此,供应链绩效评价应遵循以下原则。

(1) 强调供应链的整体绩效。根据系统论的观点,供应链上的每个企业可以看作整个供应链系统中的一个子系统,子系统之间相互关联。因此,研究绩效如何实现优化,必须建立起供应链的个体企业与供应链总体目标之间的关联,确保整条供应链目标的统一。要强调组织之间的协调、合作、运营管理,而不是基于所有制的控制管理及层次型的纵向集成。

(2) 供应链的各个企业之间存在联动关系,在进行供应链绩效评价时,需要从企业供应链管理的业务流模型入手,着重就供应链运作的整体绩效的内外驱动力进行全面的分析,绩效既要能够反映出结果,也要反映出结果的驱动指标。

(3) 供应链绩效是战略执行的结果,因此,要求其与企业战略相一致,反馈战略的执行。绩效评价只有在有规划目标和期望结果的环境中才更加重要,所以,需要有明确的规划和所期望的结果来实现绩效的改善。

(4) 供应链战略从单个企业向多个企业协调集成,从市场反应型发展为客户导向型进行运作。因此,绩效评价也要从单方评价扩展到多方评价,从单纯的财务指标拓展到综合指标。

拓展阅读 8.1　供应链绩效评价的特点

第二节　供应链绩效评价的内容

供应链管理的绩效评价问题实质上对供应链整体运行情况、供应链成员和供应链企业间的合作关系的度量,一般涉及供应链上企业内部绩效、供应链上企业外部绩效和供应链整体绩效 3 个方面。

一、供应链上企业内部绩效

供应链内部绩效度量主要是对供应链上的企业内部绩效进行度量。它着重将活动和过程同以前的作业和目标比较。内部绩效度量通常有如下指标：客户服务、成本管理、质量、生产率、资产管理等。

(一) 客户服务

客户服务包括服务可得性、服务作业绩效和服务的可靠性。

服务可得性是指当顾客需要产品或服务时，组织所拥有的库存能力或提供服务的能力。服务可得性可以用3个指标进行衡量：缺货频率、供应比率和订单完成比率。

缺货频率＝(缺货次数/用户要求次数)×100%

供应比率＝(满足要求数量/用户要求数量)×100%

订单完成比率＝(完成交付给客户的订单数量/客户订单数量)×100%

使用订单完成比率来衡量与产品可得性有关的绩效，是一种比较严格的方法。根据这种评价标准，如果在某个产品线上哪怕仅仅遗漏了一件货物，订单也被看作没有完成。因此，管理中也常常以某个时期内出现的缺货数目和延迟交货的数量作为服务可得性的评价指标。

服务作业绩效可以通过速度、一致性、灵活性和故障与恢复4个方面来衡量。作业绩效涉及物流活动或服务作业期望完成的时间以及活动中可接受的变化因素等。

服务可靠性中的关键因素是各供应商能否提供准确无误的信息。服务过程中意外总有可能发生，顾客通常讨厌意外事件，但如果他们能够事先收到明确的信息，就可以对意外情况做出相应的调整。

(二) 成本管理

最直接反映内部绩效的是完成特定的运作目标而发生的实际成本。由于成本绩效经常以每一项职能所花费的总额作为评价指标，因此，常常需要对具体的物流职能，如仓储、运输和订单的处理等的成本数据进行监控。企业也常常需要对成本占销售额的百分比数或每个单位产品的成本消耗进行监控。

(三) 质量

评估质量绩效的方法有很多。较典型的评估指标包括损坏比率，即计算损坏的货物数量占全部货物的数量的比率。还有一些重要的质量绩效指标与信息有关。许多公司特别注重评估它们自己提供信息的能力，即当公司没有出现客户所需的信息的情况时，公司自身是否具有提供相关信息的能力。另外，如果出现信息不准确的情况，企业也常会对这些情况进行跟踪。

(四) 生产率

生产率是一种关系,通常会用一个比率或指数来表示,即货物产量、完成的工作或创造的服务,与用于生产该产品的投入或资源的数量之间的比率。在很多情况下,生产率的评估会有很多困难。比如,在一定的时间段内,产量难以衡量,同时所用的投入与产量难以匹配,投入与产出相混淆或类型不断变化,数据难以得到。

(五) 资产管理

资产管理的重点是投资在设备和设施上的资本的利用,同时还有投资在库存上的营运资本的利用。例如,物流设施、设备和库存可以代表一个公司的资产的很大部分。设施与设备经常以容量的利用,即总容量的利用比率来进行评估,这种评估方法表明了资本资产投资的有效或无效利用。资产管理同时也关注库存,库存周转比率是最常见的绩效评估方式:库存周转率=销售成本/平均存货。

二、供应链上企业外部绩效

外部绩效度量主要是对供应链上的企业之间运行状况的评估。外部绩效度量的指标主要有客户满意度和实施基准等。

(一) 客户满意度

客户作为供应链市场导向和利润来源,成为供应链绩效的主要驱动。客户不断变化的、加强的客户化要求和消费的偏好增加了供应链在运作成本上的压力。同时产品的质量、计划的柔性不能有丝毫的下降。客户对产品为自身带来的价值增值或成本节约愈发注重,使得供应链要在链中的每一个环节加以客户理念的作用。

企业内部生成的关于基础服务的所有统计数据,都可以作为衡量客户满意度的内部指标,但是,要量化满意度就要对来自客户的信息进行监控、评估。

典型的满意度评估方法要求企业对客户的期望、需求和客户对企业各方面运作绩效的印象和理解进行仔细的调查。例如,典型的调查会就客户的期望和绩效印象进行评估。客户的期望和绩效印象包括可用性、信息有效性、订单准确性、问题处理情况等方面。只有通过收集来自客户的数据信息,才能够真正地评估满意度。更进一步说,必须从客户的角度去衡量那些为提升客户成功而付出的努力。

(二) 实施基准评估

基准同样是绩效评估的关键方面,它使管理者了解到一流的经营运作。关于基准的一个关键问题是选择基准评估的对象。许多公司对企业内部设计相似运作单元的绩效或出于不同地区的运作单元的绩效进行比较,由于从事多种经营的大公司的运作单元经常不知道其他单元中所发生事情,因此内部基准提供了共享信息和改进绩效的渠道。

此外,关于竞争者的绩效信息可以用来判定哪些地方是最需要加以改进的。

三、供应链整体绩效

供应链的绩效包括企业内部、外部绩效,但最终体现供应链综合竞争实力的还是供应链的整体绩效,这就要求供应链的绩效评价能够从总体上度量供应链运作绩效。一般情况下,可以通过以下 3 个方面体现:供应链总运营成本、供应链响应时间、闲置时间。

(一) 供应链总运营成本

供应链总运营成本是供应链上所有企业成本的聚合,而不仅是单个企业的成本。具体计算如下:

$$供应链总成本 = 原材料来源成本 + 基本产量的初始生产成本 + 制造商成本 + 分销商成本 + 零售商成本$$

供应链总运营成本越低,反映在供应链产品中的成本也就越低,那么供应链产品的利润率就高,说明供应链的运营越有效率,从而在供应链之间的竞争中越具有竞争力。

(二) 供应链响应时间

供应链响应时间可以通过相应需求的时间来计算,即一个企业认识到市场需求的根本性变化,将这一发现内在化,然后重新计划和调整产量来满足该需求所需要的时间。例如,在汽车制造业中,当发现市场上对运动型汽车的需求较高时,汽车公司往往要花好几年的时间来开发充足的生产量和能力,重新安排供应商关系,并满足消费者的需求。

当考虑到整个供应链(包括从原材料来源到最终分销)需要多长时间才能准备好以面对产品需求波动比预期大很多的情况时,供应链响应时间就显得极其有用。供应链的响应时间标志着供应链的反应速度和响应能力,是决定供应链竞争力的关键因素之一。

(三) 闲置时间

闲置时间是另一个用来衡量整体供应链在资产管理方面绩效的指标。库存闲置时间是在供应链中库存闲置不用的天数与库存被有效地利用或配置的天数的一个比率。闲置时间同时也可以用于其他资产的计算,如运输设备的闲置时间。

第三节　供应链绩效评价指标的选择

反映供应链绩效的评价指标有其自身的特点,其内容比现行的企业评价指标更为广泛,它不仅代替会计数据,同时还提出一些方法来测定供应链的上游企业是否有能力及时满足下游企业或市场的需求。在实际操作上,为了建立能有效评价供应链绩效的指标体系,应遵循如下原则。

(1) 应突出重点,要对关键绩效指标进行重点分析。

(2) 应采用能反映供应链业务流程的绩效指标体系。

(3) 评价指标要能反映整个供应链的运营情况,而不是仅仅反映单个节点企业的运营情况。

(4) 应尽可能采用实时分析与评价的方法,要把绩效度量范围扩大到能反映供应链实时运营的信息上去,因为这要比仅做事后分析有价值得多。

(5) 在衡量供应链绩效时,要采用能反映供应商、制造商及用户之间关系的绩效评价指标,把评价的对象扩大到供应链上的相关企业。

供应链绩效评价指标是基于业务流程的绩效评价指标,应能够恰当地反映供应链整体运营状况以及上下节点企业之间的运营关系。具体指标如下。

一、供应链流程评价指标

对于供应链管理而言,只有相关协作方团结起来共同做出改善的努力,才能产生巨大的协作力量。而这种改善在流程上体现得更为突出。通过基于流程的绩效分析,可以高效地找到流程改进的关键点,并共同做出努力。

供应链的流程评价指标主要反映了供应商的流程响应能力,确定如何在合理的成本下,以高效的方式进行生产。因为产品、服务和市场的分布在业务流程上无论是分散采购、集中制造,还是集中采购、分散制造,都由所提供的产品和服务所决定,而不同的市场层面也使业务流程在设置上有相当的差异。供应链绩效所关注的方面也因为流程的差异而有所差异。

该类指标主要包括以下几个方面。

1. 产销率指标

企业供应链产销率是指一定时期内供应链各节点已销售出去的产品和已生产的产品数量的比值。

该指标可反映供应链各节点在一定时期内的产销经营状况、供应链资源(包括人、财、物、信息等)有效利用程度、供应链库存水平。该指标值越接近1,说明供应链节点的资源利用程度和成品库存越小。

2. 产需率指标

产需率是指在一定时期内,供应链各节点已生产的产品数(或提供的服务)与其下游节点(或用户)对该产品(或服务)的需求量的比值。其具体分为以下两个指标。

(1) 供应链节点企业产需率

该指标反映上下游节点企业之间的供求关系。产需率越接近 1,说明上下游节点间的供需关系越协调,准时交货率越高;反之则说明上下游节点间的准时交货率低或综合管理水平较低。

供应链节点企业产需率=(一定时间内节点企业已生产的产品数量)/
(一定时间内上下游节点企业对该产品的需求量)

(2) 供应链核心企业产需率

该指标反映供应链整体生产能力和快速响应市场的能力。若该指标数据大于或等于 1,说明供应链整体生产能力较强,能快速响应市场需求,有较强的市场竞争能力。

供应链核心企业产需率=(一定时间内核心企业生产的产品数量)/
(一定时间内客户对该产品的需求量)

3. 产品出产(或服务)循环期指标

供应链产品出产(或服务)循环期是指供应链各节点产品出产(或服务)的出产节拍或出产间隔时间。该指标可反映各节点对其下游节点需求的响应程度。循环期越短,说明该节点对其下游节点的快速响应性越好。

在实际评价中,可以将各节点的循环期总值或循环期最长的节点指标值作为整个供应链的产品出产(或服务)循环期。

4. 供应链总运营成本指标

供应链总运营成本包括供应链通信成本,各物料、在制品、成品库存费用,各节点内外部运输总费用等,反映的是供应链的运营效率。

二、供应链整体绩效评价经济效益评价指标

供应链经济效益评价可采用传统关键性的财务评价指标。实现供应链伙伴目标后,供应链应该在财务上取得成功。经营目标的实现使得成本大为降低,提高了边际收益率;现金流量得以更好优化,获得更高的收益和资本回收率。

以上几个方面绩效的提高保证财务上有长期收益,因此整个供应链的财务优化依旧是重中之重。在这里,将财务评价的基础建立在现金流量的驱动上,把驱动现金流量的行为和流程作为主要目标。

1. 供应链成本收益率

该指标由客户的利润除以在此期间使用的供应链的平均资产,它反映了使用其资产

的增值性绩效的大小。

2. 现金周转率

这是一个联系供应链的整个流程的关键指标，评价供应链运作过程中现金在原材料、劳动力、在制品、完工产品直至现金的全过程。供应链系统通过先进的信息技术以及产品流集成，协调合作伙伴之间的运作，可以达到更快的现金周转。

3. 供应链的库存天数

该指标反映了资本在供应链运营中的库存形式的占用天数。它等于某个时期的物料、在制品、产品库存等形式占用的时间。

4. 客户销售增长及利润

客户销售增长及利润表现为主要客户在供应链产品上的年销售收入和利润率增长。这类指标反映了供应链下游在3个主要方面的绩效：客户的销售量按年增长的情况、对于特定客户服务所获的收益随着合作关系的增进而进一步提高的情况、接受服务的技术增加的情况。扩大销售量、增加新的客户都将是新的利润增长点。

三、供应链运作能力评价指标

优秀的客户绩效来自组织的流程决策和运作。供应链内部运作角度就是回答如何经营才能满足或超越客户需求的问题。供应链哲学的本质是将企业内部和企业之间的功能进行集成、共享和协调，达到减少浪费和提高供应链绩效的目的。

由于供应链流程牵涉到供应链成员的生产运作，这样的指标就将不同成员的绩效联系成为供应链的整体效果。这一联系使得供应链成员企业对于各自的运作有了明确的目标，其所做的改进也将有利于整个供应链的改进。就供应链运作角度而言，实现此目标主要有4个目的：减少提前期、提高响应性、减少单位成本、构成敏捷企业。为此，设计有如下几个指标。

1. 供应链有效提前期率

该指标反映了供应链在完成客户订单过程中有效的增值活动时间在运作总时间中的比率。其中，包括供应链响应时间和供应链增值活动总时间两个指标。

供应链响应时间＝客户需求及预测时间＋预测需求信息传递到内部制造部门时间＋采购、制造时间＋制造终结点运输到最终客户的平均提前期（或者订单完成提前期）

供应链增值活动总时间等供应链运作的相关部门增值活动的时间之和。

2. 供应链有效循环期率

该指标体现了减少供应链内部运作的非增值时间和流程浪费的空间的大小。

供应链有效循环期率＝供应链增值活动总时间/供应链响应时间

通常情况下，企业之间的传递空间和时间很大部分为非增值活动所占用，很多资源被大大浪费。想要达到精益的供应链，必须保证企业之间的信息共享以及合作机制的完备，以实现流畅的无缝连接，减少无谓的时间和空间的浪费。

3. 库存闲置率

库存闲置率即供应链中库存闲置的时间和库存移动时间的比率。其中闲置时间包含以物料、在制品、产品库存等不同形式在供应链运作中的总停滞和缓冲时间。库存移动时间则是指库存在加工、运输、发运中的总时间。该指标表现了库存在整体运作中时间占用，提供了库存经营效率的提高空间。

4. 供应链生产时间柔性

该指标定义为由市场需求变动导致非计划产量增加一定比例后，供应链内部重新组织、计划、生产的时间。

5. 供应链持有成本

供应链持有成本是对物流系统运作的有效性和成本集约性的考察。它包括采购、库存、质量以及交货失误等方面的内容。

供应链采购成本的评价包括订货、发运、进货质量控制的总和。

供应链库存成本包括供应链过程中发生的原材料、在制品、完工产品库存成本以及滞销和在途库存成本等。

供应链质量成本是指在运作过程中由于质量问题而导致的成本，包括产品残缺成本、维修成本和质量保证成本。

6. 供应链目标成本达到比率

该指标从单一产品和流程的角度分析其在质量、时间和柔性上的流程改进是否达到预定的目标成本。

四、供应链创新与学习能力评价指标

供应链未来发展性直接关系到供应链的价值。平衡计分卡法中客户角度和内部运作角度的评价分析了供应链成功的竞争力，但是成功的目标是不断变化的。严峻的市场竞争要求供应链必须不断改进和创新，发觉整合供应链内部和外部的资源，提高现有流程、产品/服务质量和开发新产品的能力。

供应链的改进是一个动态的过程，主要通过4个方面进行。第一，重新设计产品及其流程；第二，通过企业集成对组织间活动进行有效的调节和整合；第三，持续改进供应链的信息流管理，使供应链伙伴能够共享决策支持所需要的准确信息；第四，每个供应链都需要随时注意外部市场的潜在威胁和机遇，重新定义核心价值。

1. 专有技术拥有比例

该指标反映企业供应链的核心竞争力。企业核心竞争力的一个重要组成部分是核心产品。该指标值越大,说明供应链整体技术水准高,核心竞争力强,其产品不能被竞争对手模仿。

专有技术拥有比例＝(供应链企业群体专利技术拥有数量)/

(全行业专利技术拥有的数量)

2. 新产品(服务)收入比率指标

新产品(服务)收入比率是指企业(供应链)在一定时期内由于提供新型产品或服务所获得的收入占总收入的百分比。该指标反映的是企业的产品(服务)研发能力和对新产品的综合营销能力,新产品(服务)收入比率指标值越大,说明企业(供应链)的新产品(服务)设计、开发能力越强,对新产品(服务)的综合营销能力也越强。

3. 员工建议增长率指标

员工建议增长率指标是指一定时期内企业(供应链)员工向公司提交的合理化建议数量与上一评价期相比的增长率。该指标值与企业内民主管理意识、员工的参与意识成正比。从一定程度上而言,员工建议增长率指标也是企业(供应链)管理活力强弱的具体体现之一。

4. 组织之间的共享数据占总数据量的比重

供应链的特点之一就是信息共享,这是维持供应链伙伴关系成功的关键。否则,供应链很难降低重复劳动、减少浪费和成本。信息共享的内容包括需求预测、销售点数据、生产计划、战略方向、客户目标等,以实现组织之间集成。由此可见,重要信息的共享程度体现了一个企业的实际实施供应链管理的程度。

第四节 供应链绩效评价的一般方法

一、供应链运作参考模型法

供应链运作参考模型(supply chain operations reference model,SCOR)是由供应链协会(Supply Chain Council,SCC)主持开发的,是一套全面的供应链管理理论,由计划、采购、生产、配送、退货和支持6个基本过程组成。它可以描述、分类和评价一个复杂的管理过程,为企业供应链管理提供一个跨行业的普遍适用的共同标准。

模型通过对供应链流程的分层分析为供应链的改善提供了有效途径,提出了评价指标,包括：交货情况(perfect order fulfillment)、订货满足情况(fill rates)、完美的订货满足情况(perfect order fulfillment)、供应链响应时间(supply chain response time)、生产柔性（production flexibility）、总供应链管理成本（total supply chain management cost）、附加价值生产率（value-added employee productivity）、担保成本和回收处理成本（warranty/return processing costs）、现金流量周转时间（cash-to-cash cycle time）、供应周转的库存天数和资产周转率（inventory days of supply、asset turns）等。

目前，该模型已经被世界500强中的绝大部分企业接受和应用，是实践证明可以用来提高企业供应链业绩的模型。

二、供应链绩效标杆法

标杆法是美国施乐公司确立的经营分析手法，以定量分析自己公司现状与其他公司现状，并加以比较。标杆法就是将那些出类拔萃的企业作为企业测定基准，以它们为学习的对象，迎头赶上，并进而超过之。一般来说，标杆法除要求测量相对于最好公司的企业的绩效外，还要发现这些优秀公司是如何取得这些成就的，利用这些信息作为制定企业绩效目标、战略和行动计划的基准。

值得指出的是，这里的优秀公司也并非局限于同行业中的佼佼者。它可以在各种业务流程的活动中，与那些已取得出色成绩的企业相比较。

供应链绩效标杆法（supply chain benchmarking）是基于供应链运作参考模型发展起来的，是以定量分析自己公司的供应链现状与其他公司现状，并加以比较，找到自己公司和一流公司以及竞争对手之间的差距，辨别和吸收其优秀的管理功能，从而有针对性地激励目标，优化公司的供应链管理。

供应链绩效标杆可以通过很多种形式进行，主要有内部标杆、竞争性标杆、行业/功能标杆、协作性标杆、公开性标杆等。

拓展阅读8.2　企业标杆管理的基本步骤

三、平衡计分卡法

平衡计分卡法，最早是由哈佛商学院教授罗伯特·S.卡普兰（Robert S. Kaplan）和复兴全球战略集团总裁大卫·P.诺顿（David P. Norton）经过与在业绩评价方面处于领先地位的12家公司进行的为期一年的项目研究后于1992年提出的。平衡计分卡法的核心思想反映在一系列指标间形成平衡，即短期目标和长期目标、财务指标和非财务指标、滞后型指标和领先型指标、内部绩效和外部绩效之间的平衡。

将平衡计分卡方法应用到供应链绩效评价中，从客户、财务、学习与成长、内部业务流程4个方面来综合评价供应链的绩效，不仅能够反映供应链业务流程集成的绩效，而且能够反映整个供应链运营情况和供应商、制造商及顾客之间的关系。

拓展阅读8.3　平衡计分卡的4个维度

四、模糊层次综合评价法

模糊层次综合评价法是将模糊数学与层次分析法相结合的一种系统评价方法，它能比较好地解决系统多指标的综合评价问题。但在进行模糊综合评价时，一般很少考虑评价对象的特性值随时间变化而变化的情况，而是把评价指标作为常量进行评价，或者只根据某时间点的一组指标值进行评价，然后将评价结果推及整个时间段。

而动态模糊评价法对供应链绩效进行评价时，对评价结果根据不同时点的指标值进行修正，能够实现实时的动态评价。

五、层次分析法

作为系统工程对非定量事件进行评价的一种分析方法，层次分析法是1973年由美国学者T. L. 萨蒂(T. L. Saaty)最早提出的。运用它解决问题可以分为3个步骤：

(1) 分解原问题，并建立层次结构模型。
(2) 收集数据，用相互比较的方法构造判断矩阵。
(3) 层次单排序及一致性检验，找出各个子目标对总目标的影响权重，并以此作为决策依据。

第五节　供应链企业的激励

一、建立供应链企业激励机制的重要性

在供应链中，制造商与供应商之间历来都是短期竞争性的对立关系。对制造商而言，为了有效地降低产品生产成本，以降低产品的市场价格，进而提高企业及其产品的市场竞争能力，它们总是通过各种方式极力压低原材料和零部件的进货成本；同样，对于供应商而言，利润空间的急剧缩小迫使它们使用性能较差的低价原材料，最终影响到产品质量。

另外，制造商为了防止有缺陷的原料进入制造环节，只好加大对原材料的质量检验甚至重新加工，增加了额外支出；而供应商由于没有将制造商作为长期客户的意识，每次交易都是"一锤子买卖"，所以伴随其产品的服务不会那么周到细致，甚至可能影响到制造企业制造过程的连续。在这样一种对立模式的格局下，制造商与供应商之间是一种典型的

零和博弈，一方所得必为另一方所失，双方都追求自身利益的最大化，最终导致两败俱伤。

根据博弈论，博弈双方在一次博弈中往往倾向采用零和博弈方式以求得自身利益最大化。而在重复博弈中，为了获得长期利益，以及惧怕不合作引起对方在后面阶段的对抗和报复，人们往往会进行合作博弈，博弈的结果往往是共赢、互利。因此，供应链管理首要内容，是使供应链上的节点企业建立一种以合作和信任为基础的战略合作伙伴关系，从传统的零和博弈向合作博弈思维转变，着眼于长期的共同发展，以长期利益为目标，力求供应链物流的顺畅、低成本和高效率。

供应链企业之间要保持长期的战略合作伙伴关系，还要建立起有效的激励机制，使供应链企业的利益紧密联系在一起，加强管理上的整合，促进共同发展。由于供应链横跨了多个职能部门，涉及多家企业，其中每家企业又有各自的首要事项和目标，要实现总体利益的最大化确实不易。

要确保供应链以快速、高效的方式提供产品和服务，所有这些职能部门和公司就必须劲儿往一处使。然而，企业高管往往忙于处理组织内部的问题，而忽视了各个企业之间的协调问题，因为后者一般很难察觉。而且他们觉得对于一系列自己不直接管理的企业，要界定它们在供应链中的作用、职责和责任，不仅乏味枯燥，而且太费时间。

此外，协调各个企业的行动也不是件容易的事，因为不同的企业有不同的企业文化，不能指望凭借共同信念或相互忠诚来激励这些合作成员。要想鼓励供应链成员采取行动时兼顾各方利益，企业必须提供合理和协调的激励手段。

如果供应链成员的激励因子（或称激励措施）是合理和协调的，即业务往来的风险、成本和收益在整个供应体系内得以公平地分摊，供应链就能有效运作；反之，就无法使供应链达到最优化。事实上，激励因子不合理、不协调常常是库存过剩、缺货、预测错误、销售投入不够，甚至客户服务水平低劣的原因。

建立激励机制的另一原因是，基于供应链节点企业之间的委托代理关系。由于供应链环境下各成员企业是以动态联盟的形式加入供应链，并以"委托-代理"的合作关系存在，因此委托代理机制所带来的道德风险必然存在，最突出的是信息不对称带来的风险。产生道德风险的原因之一在于代理人拥有私有信息，这从道德风险对策环境中看得很清楚：委托人与代理人签订合同时，双方所掌握的信息是相互对称的（至少双方都认为他们自己已经掌握了对方了解的信息）。

然而，建立委托-代理关系后，委托人无法观察到代理人的某些私有信息，特别是代理人的努力程度方面的信息，在这种情况下，代理人可能会利用其私有信息采取某些损害委托人利益的行动。为了克服道德风险带来的危害，委托代理理论普遍发展了以合作和分担风险概念为中心的信息激励机制理论。

对于委托人来讲，只有使代理人行动效用最大化，才能保证其自身利益最大化。而要使代理人采取效用最大化行动，必须对代理人的工作进行有效的激励。因此，委托人与代理人,即制造商与供应商或制造商与经销商之间的利益协调,就转化为激励机制的设计问题。由此可见,设计出供应链上节点企业之间的有效激励机制,对保证供应链的顺畅高效运行(包括供应链物流)是非常重要的。

适当地监督成员企业并建立有效的激励机制,从委托代理理论看来,代理人总是选择使自己效用最大化的行为,为了实现供应链整体利益的最大化,委托人应建立一套有效的激励机制,使企业的个别利益和供应链整体利益相联系,激励其在追求自身利益最大化的过程中实现供应链整体利益最大化。

同时,应予以适当的监督,在最大范围内保证供应链成员企业间交易合同的公平性,减少成员企业的投机行为,促进供应链组织合理有序的运行,以最有效的合作方式完成供应链的目标。

二、供应链企业激励机制的特点

激励机制并不是一个新话题。在组织行为学中就专门讨论激励问题,在委托代理理论中也研究激励问题。这里我们将激励的概念和范围扩大到了整个供应链及其相关企业上,从广义的激励角度研究供应链管理环境下的激励和激励机制的建立问题。

激励是委托人在非对称信息条件下影响代理人的手段,激励是指当事人 A 诱使具有私有信息的当事人 B 选择对当事人 A 有利的行动。当事人 A 无法确切知道当事人 B 的努力水平,只能通过一些信号来推断当事人 B 的努力水平,在此根据努力的信号给予当事人 B 报酬,间接地影响当事人 B 的努力水平,人们把这种影响方式称为激励。

根据组织行为学的基本观点,一个人的工作成绩可以用公式表示:工作成绩=f(能力×动机),即一个人工作成绩的好坏,既取决于人的能力,也取决于人的动机。如果一个人的积极性被调动起来,即动机被激发,那么他取得的成绩就大。

🛸 小贴士

美国哈佛大学心理学家威廉·詹姆士(William James)在对职工的激励研究中发现,按时计酬的职工仅能发挥其能力的 20%~30%,如果受到充分激励则可以达到 80%~90%。也就是说,同样一个人,在通过充分激励后所发挥的作用相当于激励前的 3~4 倍。它反映的是这样一个问题:在现代企业中,人们往往不是不会做,而是不积极地去做。

因此,企业管理重要问题之一是调动职工的工作积极性,而职工工作积极性是与个人需要和动机相联系,是由动机推动的。可以说,影响积极性的基本因素是人的需要和动机。我们应该明确这样一个观点:人人有待激励,人人可以激励。只有了解人的需要和动机的规律性,才能预测、引导和控制人的行为,才能达到激励职工、调动职工积极性的目的。这就是"需要—动机—行为—目标"激励模式。

从供应链的委托-代理特征去理解,所谓激励,就是委托人拥有一个价值标准或一项社会福利目标,这些标准或目标可以是最小个人成本或社会成本约束下的最大预期效用,也可以是某种意义上的最优资源配置或个人的理性配置集合。现在,委托人希望能够达到这些目标,那么,委托人应该制定什么样的规则,使其他市场参与者(代理人)都能够使利己行为的最后结果与委托人给出的标准一致呢?

更进一步地分析,激励就是委托人如何使代理人在选择或不选择委托人标准或目标时,从自身利益效用最大化出发,自愿或不得不选择与委托人标准或目标一致的行动。由于每个经济模型都是一个机制,因此,设计激励机制必然要求既定模型应符合参与约束和激励相容约束。

激励是一个心理学范畴,在管理学的应用中,对激励的研究一般限于个人行为的范围。供应链激励因其对象包括团体(供应链和企业)和个人(管理人员和一般员工)两部分而将研究范围扩大为团体的心理和个人的心理。

一般来讲,供应链涵盖的社会范围很大,具有社会性,供应链的团体心理即社会心理。供应链的社会心理作为一个"整体",具有"个体"——个人心理的一般特性,即基于需要产生动机,进而产生某些行为以达到目标。但是整体毕竟不是个体的简单相加,供应链的社会心理同时又具有其独特的一面。

委托-代理契约实际上是一种不完备的契约。由于人的自利性、有限理性和风险回避性,以及委托双方的条件各异、需要有别、利益目标不尽相同,"如果这种关系的双方当事人都是效用最大化者,就有充分的理由相信,代理人不会总以委托人的最大利益而行动"。

因此,委托人就有必要设计监督机制,防止代理人牺牲委托人的利益而追求自身利益的最大化,但委托双方的信息不对称以及由此而产生的道德风险和逆向选择问题,使监督变得非常困难。

不仅如此,因验证信息成本较高,试图获得代理人完全信息的成本实际上很高而导致监督成本很高。因此,委托人应事先设计一种激励机制,采用奖励和惩罚的措施,诱使代理人通过实现委托人利益的最大化而实现自己利益的最大化,使二者的行为目标最大限度地趋于一致。

作为众多企业的集合,供应链管理系统也存在同样的问题。成员企业的积极性不够,核心企业的开拓精神不强烈,有些企业是小富即安,更有一些企业仅安于维持现状、做到不亏损就心满意足了,或者是受到竞争压力和外部某些压力(如项目失败,市场需求疲软等)而退缩、丧失进取心等。一个企业如同一个人一样,也有需要、行为、动机和目的,也有心理活动,也有惰性,当然也需要激励。

供应链激励是供应链管理的一项重要工作。供应链包含组织层(即供应链层)、企业层和车间层3个层面,可激励对象包括供应链自身、成员企业、企业管理人员、一般员工。

其中，管理人员（企业家）和一般员工的激励属于企业激励机制的范畴，因此供应链激励主要专注于供应链环境下的成员企业。

三、供应链协议

供应链是目前新兴的一种生产组织模式，其研究正处于探索阶段。随着对供应链研究的深入进行，以及供应链生产组织模式被运用于实践，供应链生产组织模式需要某种规范形式的管理。供应链协议（supply chain protocol，SCP）正是针对这种需要而提出的。

供应链协议是将供应链管理工作进行程序化、标准化和规范化的协定。供应链协议将供应链管理工作进行程序化、标准化和规范化，为供应链绩效评价和激励的实现提供了一个平台。供应链协议为激励目标的确立、供应链绩效测评和激励方式的确定提供基本依据。激励目标要与激励对象的需要相联系，同时也要反映激励主体的意图和符合供应链协议。激励方式视绩效评价结果和激励对象的需要具体而定。

供应链的运作以快速、高效、敏捷等特点而显示出竞争优势，兼容并蓄了许多先进管理方法如 JIT、MRP Ⅱ、计算机集成制造系统、柔性制造系统等的优点。但是，供应链在运作时存在着安全性、法律法规、协商时间、供应链优化、主动性限制、供应链淘汰机制等现实问题。这些问题的存在，制约了供应链功能的发挥。

针对这几个根本性问题，相应地提出供应链协议，以规范对供应链运作的管理。供应链协议是根据供应链产品生产模式的特点，结合《关税及贸易总协定》(General Agreement on Tariffs and Trade，GATT)、ISO 9000、EDI、传输控制协议/互联协议（transmission control protocol/internet protocol，TCP/IP）等多方面知识，将供应链管理工作程序化、标准化和规范化，使供应链系统能有效控制、良好运作、充分发挥功能。

简单地讲，供应链协议就是在一系列标准（供应链协议标准，简称 SCP 标准）支持下的拥有许多条目的文本（供应链协议文本，简称 SCP 文本），并且这些文本固化于一个网络系统（供应链协议网，简称 SCPNet）中。供应链协议强调供应链的实用性和供应链管理的可操作性，重视完全信息化和快速响应的实现。

供应链协议的内容分为 3 个部分：SCP 文本；SCP 标准；SCPNet。

SCP 文本是供应链管理规范化、文本化、程序化的主体部分，包括以下 10 个部分。

(1) 定义。

(2) 语法规范。

(3) 文本规范。

(4) 供应链的组建和撤销。

(5) 企业加入供应链条件、享受权利、应担风险及应尽义务。

(6) 供应关系的确立与解除。

(7) 信息的传递、收集、共享与发布。

(8) 供应、分销与生产的操作。

(9) 资金结算。

(10) 纠纷仲裁与责任追究。

SCP 标准包括产品标准、零配件标准、质量标准、标准合同、标准表(格)单(据)、标准指令、标准数据、标准文本及 SCPNet 标准等。SCPNet 分为硬件和软件两部分。硬件为互联网/内联网/外部网、客户机、工作站、网管中心。软件为数据库、网络系统、SCPNet 支撑软件。

在供应链协议环境下,企业以期货形式在 SCPNet 上发布订单(接受订单),寻求供应商(得到销售商)。在这种灵活机制下,保持企业的主动性,并将不能适应的企业从供应链上淘汰出局。企业以接受 SCP 文本某某条款的形式在供应链中运作,极大地减少加入、组建供应链所需花费的较长谈判时间。

供应链通过网管中心来协调由于供应链的优化而带来的利益问题。网管中心一般设在核心企业,并由核心企业负责管理。在经济活动中,供应链由于有供应链协议的严格规定而实实在在地存在,并广泛地形成供应链与供应链间的竞争。

四、供应链激励机制的内容

供应链激励机制旨在激励供应链成员企业为了整个供应链目标的实现和本企业竞争力的提升,向合作博弈、互利共赢的方向努力。从一般意义上讲,激励机制的内容包括激励的主体与客体、激励的目标和激励的手段。

(一) 激励主体与客体

激励主体是指激励者,激励客体是指被激励者,即激励对象。激励的主体从最初的业主转换到管理者、上级,到今天已经抽象为委托人。相应地,激励的客体从最初针对蓝领的工人阶层转换到白领的职员阶层以及今天的代理人。

供应链管理中的激励对象(激励的客体)主要指其成员企业,如上游的供应商企业、下游的分销商企业等,也包括每个企业内部的管理人员和员工。

在这里主要讨论对以代理人为特征的供应链企业的激励,或对代理人的激励。因此供应链管理环境下的激励主体与客体主要有。

(1) 核心企业对成员企业的激励。

(2) 制造商(下游企业)对供应商(上游企业)的激励。

(3) 制造商(上游企业)对销售商(下游企业)的激励。

(4) 供应链对成员企业的激励。

(5) 成员企业对供应链的激励。

(二) 激励目标

激励目标主要是通过某些激励手段，调动委托人和代理人的积极性，兼顾合作双方的共同利益，消除由于信息不对称和败德行为带来的风险，使供应链的运作更加顺畅，实现供应链企业共赢。

(三) 激励手段

供应链管理模式下的激励手段有多种多样。从激励理论的角度来理解的话，主要就是正激励和负激励两大类。

正激励和负激励是一种广义范围内的划分，如图 8-1 所示。正激励是指一般意义上的正向强化、正向激励，鼓励人们采取某种行为；而负激励则是指一般意义上的负向强化，是一种约束、一种惩罚，阻止人们采取某种行为。

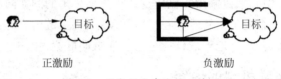

图 8-1　正激励和负激励示意图

从图中可以看出，正激励是指在激励客体和激励目标之间形成一股激励力，使激励客体向激励目标进发；负激励是对激励客体实施诸多约束，仅预留指向激励目标一个方向给激励客体发展，从而达到向激励目标进发的激励目的。通常的激励方式基本上都是正激励，负激励被作为约束机制来研究。

对于激励的手段，在现实管理中主要采取 3 种激励模式：物质激励模式、精神激励模式和感情激励模式。

物质性刺激是唯一或者是主要的激励手段。在物质性刺激因素中，金钱的作用是首要的。对于供应链管理来讲，物质激励模式可以理解为利润的刺激。要保证代理人企业获得理所应当追求的经济利益，同时又能鼓励它积极工作，就要在物质利益上设立满足代理人经济需求的激励指标。

根据 Y 理论及"自我实现人"假设，人是有智慧且有责任心的，他们追求挑战性和有意义的工作。从事这些工作并取得成功将会产生内在的精神上的激励，极大地调动人的积极性。供应链和企业拥有社会心理，同样追求挑战性和有意义的工作。更多的订单对于供应链来说就是一种挑战。

精神激励模式有公开表扬或批评、工作的承认、权力和责任、在同行中获得高的信誉和在公众中获得高的声誉等。

感情激励模式既不以物质为刺激,也不是以精神理想为刺激,而是以企业与企业之间的感情联系为手段的激励模式,主要有沟通思想式、排忧解难式等。

但是对供应链企业的激励不仅如此。例如,一条供应链因为获得比别的供应链更多的信息而被激励。信息既不属于精神,也不属于物质,所以我们称为信息激励模式。

一般而言,有以下几种激励模式可供参考。

1. 价格激励

在供应链环境下,各个企业在战略上是相互合作关系,但是各个企业的利益不能被忽视。供应链的各个企业间的利益分配主要体现在价格上。价格包含供应链利润在所有企业间的合理分配、因供应链优化而产生的额外收益或损失在所有企业间的均衡。

供应链优化所产生的额外收益或损失大多数时候是由相应企业承担,但是在许多时候并不能辨别相应对象或者相应对象错位,因而必须对额外收益或损失进行均衡,这个均衡通过价格来反映。高的价格能增强企业的积极性,不合理的低价会挫伤企业的积极性。供应链利润的合理分配有利于供应链企业间合作的稳定。因此,价格激励必须确保利润在供应链所有企业间的合理分配,以及因供应链优化而产生的额外收益或损失在所有企业间的均衡。

价格对企业的激励是显然的。但是,价格激励本身也隐含着一定风险,这就是逆向选择问题。即制造商在挑选供应商时,由于过分强调低价格的谈判,它们往往选中了报价较低的企业,而将一些整体水平较高的企业排除在外。其结果是影响了产品的质量、交货期等。

当然,看重眼前的利益是导致这一现象的一个不可忽视的原因,但出现这种差供应商排挤好供应商的最为根本的原因是:在签约前对供应商不了解,没意识到报价越低意味着违约的风险越高。因此,使用价格激励机制时要谨慎从事,不可一味强调低价策略。

2. 订单激励

供应链获得更多的订单是一种极大的激励,在供应链内的企业也需要更多的订单激励。一般来说,一个制造商拥有多个供应商。多个供应商竞争来自制造商的订单,多的订单对供应商是一种激励。

3. 商誉激励

商誉是一个企业的无形资产,对于企业极其重要。商誉来自供应链内其他企业的评价和在公众中的声誉,反映企业的社会地位(包括经济地位、政治地位和文化地位)。委托代理理论认为:在激烈的竞争市场上,代理人的代理量(决定其收入)决定于其过去的代理质量与合作水平。

从长期来看,代理人必须对自己的行为负完全的责任。因此,即使没有显性激励合同,代理人也有积极性去努力工作,因为这样做可以改进自己在代理人市场上的声誉,从而提高未来收入。

从我国目前的情况看，一个不可否认的事实是：外资企业和合资企业更看重自己的声誉，也拥有比较高的商业信誉。这些企业为着自己的声誉，也为着自己的未来利益，努力提高自身代理水平与合作水平。这是经过市场经济的长期洗礼而形成的无形资产，是这些企业在激烈的市场竞争中颇具实力的一个重要原因。

我国有些较差的国有企业在计划经济条件下成长，长期以来习惯于听命上级领导的指示，对纵向关系十分重视，而对横向关系则没有提高到一个战略的高度来认识。久而久之，这些企业没有养成良好的合作精神。除履行合同的意识较差外（如不能按交货期按时交货、不按合同付款、恶意欠债等），企业之间相互拖欠货款已经不是个别现象，甚至发展成按期付款反而被看作不正常的奇怪现象。这些行为严重影响了这些企业的声誉。因为声誉差，一方面使企业难以获得订单，另一方面埋下了风险的种子。

为了改变这种状况，应该从企业长远发展的战略目标出发，提高企业对商业信誉重要性的认识，不断提高信守合同、依法经营的市场经济意识。整个社会也要逐渐形成一个激励企业提高信誉的环境，一方面通过加强法治建设为市场经济保驾护航，严惩那些不遵守合同的行为；另一方面则要大力宣传那些遵纪守法、信守合同、注重信誉的企业，为这些企业获得更广泛的认同创造良好的氛围。通过这些措施，既可打击那些不遵守市场经济规则的企业，又可帮助那些做得好的企业赢得更多的用户，起到一种激励作用。

4. 信息激励

在信息时代里，信息对企业意味着生存。企业获得更多的信息意味着企业拥有更多的机会、更多的资源，从而获得激励。信息对供应链的激励实质属于一种间接的激励模式，但是它的激励作用不可低估。如果能在供应链企业群体中建立起信息共享机制，就会增加供应链各方在需求信息方面获得的及时性和透明性，从而避免"牛鞭效应"的产生。

如果一个企业能够快捷地获得合作企业的需求信息，能够主动采取措施提供优质服务，必然使合作方的满意度大为提高，这对企业在合作方之间建立起信任有着非常重要的作用。因此，企业在新的信息不断产生的条件下，始终保持着对了解信息的欲望，也更加关注合作双方的运行状况，不断探求解决新问题的方法，这样就达到了对供应链企业激励的目的。

信息激励机制的提出，也在某种程度上克服了由于信息不对称而使供应链中的企业相互猜忌的弊端，消除了由此带来的风险。

5. 淘汰激励

优胜劣汰是市场竞争的重要法则，供应链自身也会面临淘汰。为了保持供应链的整体竞争力，供应链必须建立对成员企业的淘汰机制，从而在供应链内形成一种危机淘汰机制，使所有企业都有一种危机感。企业为了能在供应链体系获得群体优势的同时自己也获得发展，就必须承担一定的责任和义务，从而有效地防止供应链成员企业的各种短期行为。

淘汰激励是负激励的一种。优胜劣汰是世间事物生存的自然法则，供应链管理也不例外。为了使供应链的整体竞争力保持在一个较高的水平，供应链必须建立对成员企业的淘汰机制，同时供应链自身也面临淘汰。

淘汰弱者是市场规律之一，保持淘汰对企业或供应链都是一种激励。对于优秀企业或供应链来讲，淘汰弱者使其获得更优秀的业绩；对于业绩较差者，为避免淘汰的危险它更需要求上进。

淘汰激励是在供应链系统内形成一种危机激励机制，让所有合作企业都有一种危机感。这样一来，企业为了能在供应链管理体系获得群体优势的同时自己也获得发展，就必须承担一定的责任和义务，对自己承担的供货任务，从成本、质量、交货期等负有全方位的责任。这一点对防止短期行为和"一锤子买卖"给供应链群体带来的风险也起到一定的作用。危机感可以从另一个角度激发企业发展。

6. 新产品/新技术的共同开发

新产品/新技术的共同开发和共同投资也是一种激励机制。新产品/新技术的共同开发和共同投资是一种有效的参与激励，它可以将供应链成员企业的利益捆绑在一起，从而起到较好的激励作用。例如，供应链管理成功的企业大都将供应商、经销商甚至用户结合到产品的研究开发中来，按照团队的工作方式开展全面合作，这种做法可以让供应商全面掌握新产品的开发信息，有利于新技术在供应链企业中的推广和开拓供应商的市场。

传统的管理模式下，制造商独立进行产品的研究与开发，只将零部件的最后设计结果交由供应商制造。供应商没有机会参与产品的研究与开发过程，只是被动地接受来自制造商的信息。

这种合作方式最理想的结果也就是供应商按期、按量、按质交货，不可能使供应商积极主动关心供应链管理。因此，供应链管理实施好的企业，都将供应商、经销商甚至用户结合到产品的研究开发工作中来，按照团队的工作方式（team work）展开全面合作。

在这种环境下，合作企业也成为整个产品开发中的一分子，其成败不仅影响制造商，也影响供应商及经销商。因此，每一方都会关心产品的开发工作，这就形成了一种激励机制，构成对供应链上企业的激励作用。

7. 组织激励

在一个较好的供应链环境下，企业之间的合作愉快，供应链的运作也通畅，少有争执。也就是说，一个良好组织的供应链对供应链及供应链内的企业都是一种激励。

减少供应商的数量,并与主要的供应商和经销商保持长期稳定的合作关系是制造商采取的组织激励的主要措施。但有些企业对待供应商与经销商的态度忽冷忽热,产品或零部件供不应求时和供过于求时对经销商的态度两个样:产品供不应求时对经销商态度傲慢,供过于求时往往企图将损失转嫁给经销商,因此得不到供应商和经销商的信任与合作。

产生这种现象的根本原因,是企业管理者的头脑中没有建立与供应商、经销商长期的战略合作的意识,管理者追求短期业绩的心理较重。如果不能从组织上保证供应链管理系统的运行环境,供应链的绩效也会受到影响。

拓展阅读 8.4　Flextronics 如何利用供应链绩效管理提高采购灵活性

课后习题

一、单选题

1. 供应链管理建立的是一种(　　)的协作,覆盖了从原材料到最终产品的全部过程。

　　A. 跨企业　　　　B. 上游企业　　　C. 下游企业　　　D. 核心企业

2. 供应链绩效评价指标是基于(　　)的绩效评价指标。

　　A. 供应业务　　　B. 渠道业务　　　C. 生产业务　　　D. 业务流程

3. 平均产销绝对偏差指标反映在一定时间内供应链总体库存水平,其值越大,说明供应链成品库存量越大,库存费用(　　)。

　　A. 节约　　　　　B. 超出　　　　　C. 越低　　　　　D. 越高

4. 供应链管理绩效评价的一个最终标准是(　　)。

　　A. 整体满意度　　　　　　　　　　B. 运营满意度
　　C. 资金满意度　　　　　　　　　　D. 最终用户对产品的满意度评价

5. 供应链运作参考模型采用(　　)模式,包括分析公司目标和流程的现状,对作业绩效量化,将其与目标数据对照分析。

　　A. 流程参考　　　B. 职能参考　　　C. 业绩参考　　　D. 收益参考

二、多选题

1. 从时间来看,供应链的绩效评价包括(　　)。

　　A. 供应绩效　　　B. 分销绩效　　　C. 事前绩效　　　D. 事中绩效

    E. 事后绩
2. 供应链产品质量是指供应链各节点企业生产的产品或零部件的质量,主要包括( )。
    A. 合格率　　　　B. 废品率　　　　C. 退货率　　　　D. 破损率
    E. 破损物价值
3. 标杆法有 3 种基本的绩效标杆:( )。
    A. 业务标杆　　　B. 战略性标杆　　C. 操作性标杆　　D. 支持活动性标杆
    E. 流程标杆
4. 供应链的激励机制包含( )。
    A. 激励对象　　　　　　　　　　B. 激励的目标
    C. 供应链绩效测评　　　　　　　D. 激励方式
    E. 供应链协议和激励者
5. 供应链协议的内容分为 3 个部分:( )。
    A. 供应链协议文本　　　　　　　B. 供应链协议标准
    C. 供应链协议网　　　　　　　　D. 语法规范
    E. 文本规范

三、名词解释

1. 供应链绩效
2. 供应链绩效标杆法

四、简答题

1. 供应链绩效评价与企业绩效评价区别是什么?
2. 简述 SCOR 的涵盖范围。

五、论述题

论述供应链激励机制的内容。

第九章

供应链客户关系管理

学习目标

- 了解客户关系管理的定义、意义与核心指导思想；
- 熟悉客户关系管理的功能与应用的要点；
- 掌握客户服务绩效的基本衡量指标，客户服务检查的目标与步骤。

技能目标

- 根据实际情况进行客户服务检查与改进；
- 运用理论知识对交易前、中、后的客户服务要素进行分析。

开篇案例

关于客户关系管理数据挖掘提供的最有趣的例子
——沃尔玛啤酒加尿布的故事

导读： 一般看来，啤酒和尿布是顾客群完全不同的商品。但是沃尔玛一年内数据挖掘的结果显示，在居民区中尿布卖得好的店面啤酒也卖得很好。原因其实很简单，一般太太让先生下楼买尿布的时候，先生们一般都会犒劳自己两听啤酒。因此，啤酒和尿布一起购买的机会是最多的。这是一个现代商场智能化信息分析系统发现的秘密。这个故事被公认为是商业领域数据挖掘的诞生。

沃尔玛能够跨越多个渠道收集最详细的顾客信息，并且能够造就灵活、高速供应链的信息技术系统。沃尔玛的信息系统是目前最先进的，其主要特点是投入大、功能全、速度快、智能化和全球联网。

目前，沃尔玛中国公司与美国总部之间的联系和数据都是通过卫星来传送的。沃尔玛美国公司使用的大多数系统都已经在中国得到充分的应用发展，已在中国顺利运行的系统包括存货管理系统、决策支持系统、管理报告工具及扫描销售点记录系统等。

这些技术创新使沃尔玛得以成功地管理越来越多的营业单位。当沃尔玛的商店规模成倍地增加时，它们不遗余力地向市场推广新技术。比较突出的是借助RFID技术，沃尔玛可以自动获得采购的订单，更重要的是，RFID系统能够在存货快用完时，自动地给供应商发出采购的订单。

另外，沃尔玛打算引进到中国来的技术创新是一套"零售商联系"系统。"零售商联系"系统使沃尔玛能和主要的供应商共享业务信息。举例来说，这些供应商可以得到相关的货品层面数据，能通过这些数据观察销售趋势、存货水平和订购信息甚至更多。

通过信息共享，沃尔玛能和供应商们一起增进业务的发展，能帮助供应商在业务的不断扩张和成长中掌握更多的主动权。沃尔玛的模式已经跨越了企业内部管理(ERP)和与外界"沟通"的范畴，形成了以自身为链主，链接生产厂商与顾客的全球供应链。沃尔玛能够参与到上游厂商的生产计划和控制中去，因此能够将消费者的意见迅速反映到生产中，按顾客需求开发定制产品。

沃尔玛超市"天天低价"广告表面上看与客户关系管理中获得更多客户价值相矛盾。但事实上，沃尔玛的低价策略正是其客户关系管理的核心，与前面的"按订单生产"不同，以"价格"取胜是沃尔玛所有信息技术投资和基础架构的最终目标。

资料来源：https://www.sohu.com/a/324353269_757207,2019-07-02.[2022-06-18]

案例导学

沃尔玛的信息系统是目前最先进的，其主要特点是投入大、功能全、速度快、智能化和全球联网。

"零售商联系"系统使沃尔玛能和主要的供应商共享业务信息。客户关系管理的目标是客户，重点是关系管理，在沃尔玛的客户关系管理中，此系统能使供应商共享业务信息，它极大地节约了购买的成本，满足了潜在需求，同时也可以满足终端客户的需求，提供更好的服务。

第一节　客户关系管理概述

一、客户关系管理的定义

客户关系管理的产生是市场与科技发展的结果，是通过计算机管理企业与客户之间的关系，以实现客户价值最大化的方法。其核心思想是将客户（包括最终客户、分销商和合作伙伴)作为最重要的企业资源,通过深入的客户分析和完善的客户服务来满足客户的需求,建立稳定、庞大的客户资源群体,进一步提升客户资源的价值量,以实现企业的最佳经济效益。

它是以现代客户管理为基础,包括对企业相关的部门和外部客户——业务伙伴之间发生的从产品(或服务)设计、原料和零部件采购、生产制造、包装配送直到终端客户全过程中的客户服务的管理。客户关系管理从松散到紧密、从混乱到规范,逐步形成整的管理体系和运作系统。

二、客户关系管理的意义

现代企业理论经历了几个发展阶段,从以生产为核心到以产品质量为核心,再到现在的以客户为中心,这些变化的主要动力就是社会生产力的不断提高。在以数码知识和网络技术为基础,以创新为核心,以全球化和信息化为特征的新经济条件下,企业的经营管理进一步打破了地域的限制,竞争也日趋激烈。

如何在全球贸易体系中占有一席之地,赢得更大的市场份额和更广阔的市场前景,保持现有的客户和开发潜在的客户已成为企业发展的关键问题,客户关系管理为这些问题提供了解决思路。

三、客户关系管理的核心指导思想

客户关系管理系统中对客户信息的整合与集中管理,体现出将客户作为企业资源之一的管理。客户是企业发展最重要的资源之一,企业发展需要对自己的资源进行有效的组织与计划。随着人类社会的发展,企业资源的内涵也在不断扩展;早期的企业资源主要是指有形的资产,包括土地、设备、厂房、原材料和资金等;随后企业资源概念扩展到无形资产,包括品牌、商标、专利和知识产权等;再后来,人们认识到人力资源成为企业发展最重要的资源;时至工业经济时代后期,信息又成为企业发展的一项重要资源,乃至人们将工业经济时代后期称为"信息时代"。

由于信息存在一个有效性问题,只有经过加工处理变为"知识",才能促进企业发展。为此,"知识"成为当前企业发展的一项重要资源,首席信息官(chief information officer,CIO)让位于知识总监(chief knowledge officer,CRO),这在知识型企业中尤显重要。在人类社会从产品导向时代转变为客户导向时代的今天,客户的选择决定着一个企业的命运。在很多行业中,完善的客户档案或数据库就是一个企业具价值的资产,通过对客户资料的深入分析并应用销售理论中的"帕累托法则"可以改善企业营销业绩。

(一)对企业与客户发生的各种关系进行全面管理

企业与客户之间发生很多关系,不仅包括单纯的销售过程发生的业务关系,如合同签订、订单处理、发货和收款等;而且包括在企业营销过程中发生的各种关系,如在企业市场活动、市场推广过程中与潜在客户发生的关系,以及在与目标客户接触的过程中内部销售人员的行为、各项活动及其与客户接触全过程所发生的多对多的关系;还包括售后服务过程中,企业服务人员对客户提供关怀活动,各种服务活动、服务内容和服务效果的记录等,这也是企业与客户的售后服务关系。

对企业客户发生的各种关系进行全面管理,将会提升企业的营销能力,降低营销成本,有效地控制营销过程中可能导致客户抱怨的各种行为,这是客户关系管理系统的另一个重要思想。

(二) 进一步延伸企业供应链管理

20世纪90年代提出的ERP系统的实际应用,并没有达到企业供应链管理的目标,这既有ERP系统本身功能方面的局限性,也有信息技术发展阶段的局限性,最终ERP系统又退回到帮助企业实现内部资金流、物流与信息流一体化管理的系统。

客户关系管理系统作为ERP系统中销售管理的延伸,借助互联网、Web技术,突破了供应链上企业间的地域边界和不同企业之间信息交流组织边界,建立起B2B的网络营销模式,客户关系管理系统与ERP系统的集成运行才真正解决了企业供应链中的下游链管理,将客户、经销商、企业销售部全部整合到一起,实现企业对客户个性需求的快速响应。同时,也帮助企业消除了营销体系中的中间环节,通过新的扁平化营销体系,缩短响应时间,降低销售成本。

第二节　客户关系管理的功能与应用的要点

一、客户关系管理的功能

客户关系管理就是通过对企业与客户间发生的各种关系进行全面清理,以赢得新客户,巩固、保留既有客户,并提高客户利润贡献度。客户关系管理按功能分类,一般划分为运营型、分析型和协作型。

拓展阅读9.1　客户关系管理系统的类型

客户关系管理的功能主要分为四大部分。

1. 客户信息管理

整合记录企业各部门、每个人所接触的客户资料,进行统一管理。这包括对客户类型的划分、客户基本信息、客户联系人信息、企业销售人员的跟踪、客户状态和合同信息等。

2. 市场营销管理

制订市场推广计划，并对各种渠道（包括传统营销、电话营销和网上营销）接触的客户进行记录、分类和辨识，提供对潜在客户的管理，并对各种市场活动的成效进行评价。客户关系管理营销管理最重要的是实现"一对一营销"，即实现从"宏观营销"到"微观营销"的转变。

3. 销售管理

销售管理功能包括对销售人员电话销售、现场销售和销售佣金等进行管理，支持现场销售人员的移动通信设备或掌上电脑设备接入；进一步扩展的功能还包括帮助企业建立网上结算管理及与物流软件系统的接口。

4. 服务管理与客户关怀

服务管理与客户关怀功能包括产品安装档案、服务请求、服务内容、服务网点和服务收费等管理，详细记录服务全程进行情况，支持现场服务与自助服务，以实现客户关怀。客户关系管理可以集成呼叫中心（call center）技术，快速响应客户需求。客户关系管理系统中还要应用数据库和数据挖掘技术进行数据收集、分类和分析，以实现智能营销。

二、客户关系管理应用的要点

1. 转变管理思想，建立新的管理概念

客户关系管理系统的应用不仅是一项技术工程，而且要在系统应用之前，接受客户关系管理系统中的管理思想，建立以客户为导向的管理理念，不断提升企业的客户满意度。

2. 客户关系管理应用成功的关键在于营销体系重构

业务流程重构是 ERP 应用成功的前提，而业务流程重构又有两种方式：一种是渐进改良，二是彻底重新计划。同样客户关系管理应用成功的前提也取决于业务流程重构工作，在应用客户关系管理过程中的业务流程重构必须对企业原有的营销体系进行一次彻底的重新设计，因为客户关系管理应用将要帮助企业建立一套崭新的 B2B 扁平化营销体系，这将使设计企业原有分企业（办事处）岗位、职能重新定位，具体有销售体系与物流体系的分离、第三方物流的引入、银行结算体系设计、供应链上分布库存控制策略调整、企业营销组织架构的重新设计等。

客户关系管理应用能否取得成效在很大程度上取决于业务流程重构工作，这是客户关系管理成功应用的难点。客户关系管理的成功应用意味着企业成功实现了营销电子化，并为企业进入网上电子市场（E-market）做好了准备。

3. 客户关系管理应用的基础是企业内部 ERP 系统

客户关系管理系统应用的主要作用是提升企业营销能力，改善营销绩效。因此，客户

关系管理应用会给企业带来直接经济效益,这一点不同于关注内部成本控制与工作效率的 ERP 系统应用。

客户关系管理系统作为 ERP 系统销售管理功能的延伸,一般要求企业在 ERP 实施成功之后再应用客户关系管理系统。但由于 ERP 在中国的应用普及率不到 1%,这会导致很多企业先引入客户关系管理再考虑 ERP,可能出现的风险是企业从网上接收众多订单而难以靠人工方式进行高效处理,甚至会造成业务的混乱。

拓展阅读 9.2　客户关系管理的基本技术

第三节　客户关系管理的客户服务要素分析

一、交易前的客户服务要素分析

交易前的客户服务要素包括下列内容,如图 9-1 所示。

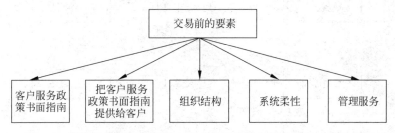

图 9-1　供应链管理环境下客户关系管理的客户服务要素——交易前

1. 客户服务政策书面指南

这个政策确定与客户需求相匹配的服务水平,是可以衡量和实施的,包括跟踪服务运行情况的度量标准、汇报实际服务运行情况的频率等。

2. 把客户服务政策书面指南提供给客户

服务书面指南使客户知道可以期望些什么服务,如果企业没有达到客户的期望服务水平,服务书面指南还应当告知客户如何反映情况。

3. 组织结构

组织结构应适于保证实现客户服务的目标,这些目标依组织的不同而有所区别;供应链的高级管理者处于组织高层,具有很高的透明度;并使企业内部和外部在政策、运作和纠正措施等方面的沟通都变得很容易。客户应可以很方便地与企业联系,当一个客户对产品递送或工作情况有疑问时,打电话询问销售部门却被搁置和推诿给其他代理商,他就会感到很受打击。从此以后,这个客户可能再也不会打电话给这个组织询问任何事情了。

4. 系统柔性

柔性和应急计划应当被纳入系统之中,它使组织能够成功地应对不可预见的事件,如工人罢工、物料短缺以及台风、洪水等自然灾害。

5. 管理服务

管理服务是在产品销售中为客户提供帮助,这些服务可以是免费的,也可以是收费的。具体有培训手册、专题讨论会或一对一的咨询形式等。

所有这些交易前的要素都应该让客户在正常的订货周期之外感受到,与交易要素相关的决策应该是相对稳定的、不经常变动的长期决策。

二、交易中的客户服务要素分析

交易中的客户服务要素通常受到最大的关注,因为对于客户来说,它们是最直接、最明显的,通常认为与客户服务紧密联系,具体包括下列内容,如图9-2所示。

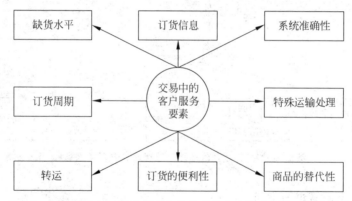

图 9-2　供应链管理环境下客户关系管理的客户服务要素——交易中

1. 缺货水平

缺货水平即指用于衡量产品的可得性。为更好地跟踪潜在问题,生产者和客户应当监测缺货的情况。一旦缺货,应提供合适的替代品,从其他地方直达装运给客户,竭尽全力地满足客户需求。

2. 订货信息

客户对于获取各种订货信息的期望值大幅度提高,这方面的信息包括库存状态、订货情况、期望的或实际的装运日期及迟延订货情况等。按客户或产品类型跟踪迟延订货的运作是非常重要的,因为客户非常注重发生的问题和递送的例外情况。

3. 系统准确性

客户除能快速获取广泛而多样化的数据外,还希望所收到的关于订单执行情况和库存水平的信息是准确的。对于客户和供应商来说,纠正时间延误和文件错误的代价是很高的。

4. 订货周期

订货周期是从客户开始订货直到收到产品或服务的时间的总和。因此,如果一个销售员从客户手中拿到订单,并在进入订货程序之前保留订单5天,那么就会使订货周期增加5天,而配送中心并不知晓这5天。订货周期的要素包括下达订单、订单录入、订单处理、拣货、包装、运输和货物到达。客户关注前置期的一贯性,而不是绝对的前置时间,随着基于时间竞争的强化,企业越来越重视减少订货周期的总时间。

5. 特殊运输处理

特殊运输处理与不能通过正常运货系统处理的订单有关,可能是由于需要加速运货或者有独特的运输要求而出现的。这种运输与标准运输相比较,所需的成本很高;然而,失去一个客户的成本同样会很高。企业应当确定哪些客户或哪些情况需要特殊对待,哪些不需要特殊对待。

6. 转运

转运是指为避免缺货,在不同的配送点之间运送产品。对于有多个配送点的企业,为应对迟延订货或直接从多个地点装运给客户,一些与转运有关的政策必须执行。

7. 订货的便利性

订货的便利性是指客户下订单的难易程度。客户希望其供应商是友好型的,如果形式混乱、条款不标准或者接电话的等待时间过长,客户可能会感觉很不满意。应通过直接与客户交流,监控和识别与订单有关的问题,并及时纠正存在的问题。

8. 商品的替代性

如果客户无法得到订购的商品,但是可以利用能完成原来商品职能的同种品牌、不同尺寸的商品或者其他品牌的商品代替,就出现了商品替代。拥有为客户提供可以接受的替代品的能力,可以显著地提高企业的服务水平。在利用一种商品替代另外一种商品之前,向客户询问意见是一种很好的方法。

三、交易后的客户服务要素分析

这是客户服务的三组要素分析中最容易忽视的部分,因为在客户对不良服务的投诉中,交易后的服务要素所占的比例相对较低。然而,留住客户和使现有客户满意比发现新客户所获取的利益更大,因此交易后的客户服务要素日益受到企业的重视。交易后的客户服务要素包括如下几点,如图9-3所示。

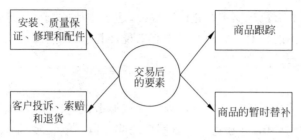

图 9-3 供应链管理环境下客户关系管理的客户服务要素——交易后

1. 安装、质量保证、修理和配件

这些要素对商品来说是重要的因素,特别是对于那些服务成本远大于商品本身成本的企业来说更是如此。

2. 商品跟踪

商品跟踪又称商品追踪,是很重要的一个客户服务要素。例如,企业一旦确认了潜在问题,在向客户通告的同时必须能够从市场上迅速调回有潜在危险的商品。

3. 客户投诉、索赔和退货

为了解决客户投诉,企业应有一个准确的在线信息系统,用于处理客户数据、监控走势,以及向客户提供最新信息。非常规的商品处理、客户退货成本是很高的。企业的政策应该基于有效益和高效率地处理这些投诉。

4. 商品的暂时替补

在某些商品接受客户服务时,可提供备用品。例如,一些汽车代理商在客户的汽车接受服务(如修理)时,免费借给客户备用汽车,这不仅可以消除客户的不便,还可以培养出更忠诚的客户。客户服务是物流系统的产物,而且是营销与物流的关键性接口。当竞争者在其他方面有与本企业相似的优势时,只有客户服务才能真正使客户再次光临。令人满意的服务或者合意的客户投诉解决方式,是供应链的各企业能真正在客户中提高商誉的主要途径。

第四节 客户服务绩效标准与检查

一、客户服务绩效的基本衡量指标

客户的合作,对公司获取速度、可靠性和运送的货物状态等方面的信息,是必不可少的,应该让客户坚信,企业对服务质量的管理是可以有助于服务水平的不断提高的。

客户服务绩效可以通过以下各项进行衡量和控制。

(1) 为每一项服务要素建立服务的定量标准。

(2) 衡量每一项服务要素的实际绩效。

(3) 分析实际提供的服务和标准的服务之间的差异。

(4) 在需要的地方,采取纠正措施,使实际服务符合标准。

如图 9-4 所示是客户服务标准的划分。被选择的标准应客观地反映客户的实际要求,而不是反映管理人员所认为的客户需要的服务。相关员工应该懂得如何衡量服务水平,并同标准进行比较,定期向管理人员汇报这些信息。公司的订单处理和财务信息系统可以提供建立"客户—产品获利模型"的必要信息和有用的客户服务管理报告。

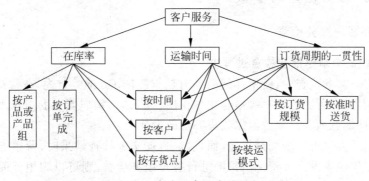

图 9-4 客户服务标准的划分

二、客户服务检查的目标

客户服务检查(customer service audit)是评估一个公司提供的服务水平的方法,是评估改变客户服务所带来的影响的基准。

(一) 客户服务检查的目标

客户服务检查的目标包括:识别关键的客户服务要素,如何控制这些要素的绩效,评估内部信息系统的质量和容量。

(二) 外部检查的主要目标

外部检查的主要目标如下。

(1) 识别客户认为在其购买决策中起重要作用的客户服务要素。

(2) 确定客户对本公司和主要竞争对手提供的服务的感知质量的差异。

确定客户认为哪些服务要素至关重要。这可以通过对公司客户的抽样访问调查完成。访问调查可以深入认识客户服务的问题,而这些问题中,有些可能并没有被公司意识到。零售商评估生产商的一些主要客户服务要素可能是订货周期的一贯性、订货周期的长短、供应商是否使用EDI、货物运送完成量、公司的迟延订货政策、收款手续等。因为许多服务随着行业的不同而变化,所以调查客户,以满足其服务要求,就显得十分重要了。

(三) 内部检查的主要目标

内部检查的主要目标是找出公司的客户服务与客户要求之间的差距。应当确定客户对当前服务水平的看法。如果客户把预期服务水平看得比实际的服务水平更差,就应该通过引导客户把握对顾客期望的正确定位,而不是去提高公司的服务水平。

三、客户服务检查的步骤

(一) 外部客户服务检查

1. 营销职能必须包括在检查过程中

在外部客户服务检查中,营销部门的参与是非常有好处的。首先,在营销组合中进行客户服务权衡方面,营销通常对决策起主导作用;其次,营销职能有助于深入理解客户需要,把相关的问题融入客户服务数据收集方法的设计中。

营销部门的参与可以增加销售量,而且,当贯彻实施检查结果时,营销部门会提供更多支持。如果组织中没有营销部门帮助进行客户服务检查,则可以聘用外面的研究公司或咨询公司,或与本地的大学合作。

2. 使用调查问卷得到客户信息反馈

调查问卷用于确定不同的客户服务要素和其他营销组合要素的相对重要性,衡量公司和主要竞争对手对每一要素采取的行动;可以帮助管理人员在考虑特定竞争对手的优势和劣势的同时,通过客户细分建立客户服务战略。

使用调查问卷来了解客户的每一个供应商的相对的市场份额,以及它们对供应商的整体感觉满意度,是很重要的。使用调查问卷还可以帮助公司检查它的销售量和客户眼中的公司表现之间的关系。调查问卷也应探究现在和将来客户对一些关键事务的绩效水平的期望。人口统计数据帮助公司根据地理区域、客户类型和其他相关尺度评估现行绩效水平的差距。为得到最好和最有效的结果,调查问卷应先对一些客户样本进行调查,以保证没有忽略任何关键问题,并且使客户能理解并回答所提的问题。

3. 外部检查可以帮助公司发现客户服务问题和客户服务机会

客户服务调查中得到的结果,一方面可以揭示服务机会,另一方面可以发现服务中潜在的问题。受到客户高度重视的方面,应该是工作分析和行动的重点所在。比如,一家公司在一些关键评分方面比竞争对手的得分高出很多,那么它可以在营销组合中利用这些结果,也许可以因此增加销售收入。

如果一个组织在一些重要的差异服务方面,比竞争对手的得分低许多,或者期望的服务水平和实际服务水平之间存在巨大差距,那么它就面对着一些重大的潜在问题。如果不采取措施纠正,而且当竞争对手充分利用公司的这些弱点时,该公司的市场份额会减少。

4. 分析调查问卷的评分要素,寻找市场机会

评分最高的要素似乎应该在市场份额分配时起最大作用。然而,由于一些原因,并不总是这样:当一个行业的主要供应商服务水平很接近时,区别供应商就很困难。使供应商绩效产生重大差异的要素,可能是市场份额分配的更好的预言者;客户可能认为某一服务要素极端重要,但很少或没有供应商能够为这一要素提供令人满意的服务;某些服务要素为提供差异化服务创造了机会,可是没有单个的供应商提供恰当的服务水平。相反,有些客户并没有意识到在哪些要素上能够获得卓越服务,如果某一供应商在这些要素上改进了客户服务水平,则其市场份额很可能会增加。

企业应同时观察各种要素在竞争者那里的重要性和地位。如果客户认为企业在某些方面的服务较差,而这些方面又与企业的管理信条有关,则管理层应该确定企业衡量自身服务的方式与客户衡量组织的方式是否相同。如果不同,就应该调整衡量方式,以便和客户保持一致。

5. 基于服务检查的纠正措施

如果实际服务水平优于客户认为的服务水平,那么管理人员应该考虑如何向客户说明这种情况,并告诉客户实际的服务水平。这可能包括由客户向销售人员提供月度/季度运行报告,然后由销售人员逐一检查。

(二) 内部客户服务检查

1. 内部检查的问题

内部客户服务检查可以检查公司目前实际的服务状况。这为评估改变客户服务水平带来的影响打下了基础。进行内部客户服务检查时应提出下列问题。

- 当前公司内部如何衡量客户服务?
- 衡量服务的单位是什么?
- 服务的标准和目标是什么?
- 当前达到何种水平(结果与目标)?
- 如何从公司的信息/订单处理系统中得到这些衡量尺度?
- 什么是内部客户服务报告系统?
- 公司的每一个职能部门(如物流、营销)如何看待客户服务?

- 这些职能部门在交流和控制方面的关系如何？

2. 管理人员访问调查是信息的重要来源

管理人员应该对其负责的全部物流活动和与物流相关的活动，如会计/财务、销售/营销、生产的管理者进行访问调查。访问调查内容如下。

- 职责定义。
- 规模和组织结构。
- 决策权力和决策过程。
- 绩效衡量和结果。
- 客户服务定义。
- 管理人员对客户如何定义客户服务的看法。
- 公司改变或改善客户服务的计划。
- 职能部门内部的信息交流。
- 职能部门之间的信息交流。
- 同紧密联系的对象（如消费者、客户、承运人和供应商）之间的信息交流。

四、识别改进的方法和机会

外部客户服务检查使管理人员能够发现公司客户服务和营销战略的问题。把它同内部客户服务检查联合使用，可以帮助管理人员调整这些战略，细分客户，分别对待，以提高公司的获利性。但如果管理人员想要利用这些信息建立最佳的客户服务和营销战略，则必须利用这些数据，分析竞争对手，以确定赶超竞争对手的战略。

比较客户对竞争对手和自己的服务的评价，以及比较客户对供应商属性重要程度的评价，可以发现最有用的竞争性标准。一旦管理人员使用这种类型的分析方法确定可获取竞争优势的机会，就必须全力以赴地找出最优的实践方法。也就是说，找出最有效的成本利用技术和系统，以及行业内已经成功使用的方法。非竞争对手更愿意分享它们的经验，因此也可以通过联系它们找出潜在的机会。

五、建立客户服务水平

检查过程的最后一步是建立客户服务标准，进行不间断的服务衡量。管理人员必须在影响因素中，如客户类型、地理区域、分销渠道和生产线等，设定细分的目标服务等级。必须就这一信息与负责执行服务策略的全体员工进行交流，而且要建立相应的补偿程序，鼓励员工完成客户服务目标。

最后，管理人员必须定期重复进行这一过程，以保证公司的客户服务政策和计划反映当前的客户要求。在指导公司战略和公司内部不同职能部门的具体战略方面，最重要的是定期收集客户信息。

拓展阅读9.3　X物流企业客户关系管理

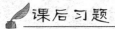

一、单选题

1. （　　）是指为避免缺货，在不同的配送点之间运送产品。
   A. 订货　　　　B. 转运　　　　C. 特殊运输　　　D. 装卸
2. （　　）的客户服务要素分析是客户服务的3组要素中最容易忽视的部分。
   A. 交易前　　　B. 交易中　　　C. 交易后　　　　D. 交易市场
3. 确定客户认为哪些服务要素比较重要可以通过对公司客户的（　　）完成。
   A. 抽样访问调查　B. 追踪　　　C. 问卷调查　　　D. 访谈
4. 客户服务内部检查的主要目标是找出公司的客户服务与（　　）之间的差距。
   A. 客户目标　　B. 客户要求　　C. 竞争对手　　　D. 公司
5. （　　）是客户关系管理的中心。
   A. 客户服务　　B. 客户关系　　C. 客户管理　　　D. 客户关怀

二、多选题

1. 管理服务是在产品销售中为客户提供帮助，这些服务可以是免费的，也可以是收费的。具体有（　　）形式。
   A. 培训手册　　B. 线上培训　　C. 专题讨论会　　D. 一对一的咨询
   E. 开放平台
2. 管理人员访问调查是信息的重要来源。管理人员应该对其负责的全部物流活动和与物流相关的活动，如（　　）的管理者进行访问调查。
   A. 生产活动　　B. 会计/财务　　C. 销售/营销　　D. 生产
   E. 仓储情况
3. 管理人员必须在影响因素中，如（　　）等，设定细分的目标服务等级。
   A. 客户类型　　B. 地理区域　　C. 分销渠道　　　D. 生产线
   E. 运输配送
4. 客户关系管理按功能分类，一般划分为（　　）。
   A. 运营型　　　B. 客服型　　　C. 业务型　　　　D. 分析型
   E. 协作型

5. 客户关系管理系统中还要应用( )进行数据收集、分类和分析，以实现智能营销。

    A. 数据仓库   B. 数据库   C. 数据挖掘技术
    D. 元数据   E. 信息分析

三、名词解释

1. 客户关系管理
2. 客户服务检查

四、简答题

1. 客户关系管理的功能有哪些？
2. 交易后的客户服务要素包括有哪些？

五、论述题

论述客户关系管理应用的要点。

第十章

供应链风险管理

学习目标

- 了解供应链风险管理的现状和趋势;
- 熟悉供应链风险的定义以及供应链风险管理的定义;
- 掌握供应链风险的来源以及供应链风险管理的内容和过程。

技能目标

- 学会运用理论知识分析解决企业供应链风险管理中存在的实际问题;
- 学会识别、分析和解决重构供应链系统。

开篇案例

供应链风险管理史诗级案例——拯救福特汽车

导读：2018年5月2日,福特的一家关键零部件供应商英国之宝(Meridian)在密歇根州的工厂发生火灾,直接导致福特3家工厂停产。其中影响最大的车型是F-150系列皮卡。在美国,F-150是福特旗下的最经典皮卡,是F-Series系列中销量最高的车型,2017年创造了410亿美元的销售额,占福特公司总销售额的28%。因此,F-150系列承载着福特太多的希望,是集团销售和利润最稳定的来源,是绝对不能停产的生命线。

根据福特退休的雇员爆料,"福特公司100%的卡车散热器都来自Meridian发生火灾的工厂",因此,Meridian供应的散热器短缺,造成供应链的断裂,迫使位于密苏里州堪萨斯城的卡车装配厂和迪尔伯恩的卡车工厂关闭。而F-150只在这两个工厂制造,从而导致该车型全线停产。当一款车型的销量占公司销量的1/4时,任何生产供应的中断都会引起内部巨大的恐慌,特别是福特几乎将所有"鸡蛋"都放在卡车和SUV这个"篮子"里,公司的经营风险是非常大的。

面对这场突如其来的供应危机,福特公司立即展开行动,力图恢复零部件供应。福特迅速组建了一支团队,负责翻新和重新安置生产汽车部件所需的模具。就在5月2日火灾发生的数小时后,这支团队已经到达了Meridian工厂附近待命,只等火灾熄灭,得到消防局的准许后,冲进厂房内抢救出一些最重要的设备。

在危机之下,福特必须寻求一切能获得的援助,不管是从合作伙伴,还是从竞争对手那边。当供应链断裂的事发生时,每个人都是你的朋友,即使是你的竞争对手也是你的朋友。在找遍了美国、加拿大、英国、德国和中国的各种资源以后,福特和Meridian很快找到了生产替代方案。福特在英国诺丁汉找到了一个替代工厂,并把从火灾中整理出来的19副冲压模具空运到英国,把加工完成后的零件从英国每天空运回美国福特的工厂。

随着零部件的供应回到正轨,福特公司宣布,F-150的生产于5月18日和21日,分别在迪尔伯恩和堪萨斯城的工厂恢复,超级载重卡车的生产也在5月21日复工。在停产10天以后,福特终于可以恢复F-150系列的生产,也为此次的断供事件画上了一个句号。

资料来源:https://www.sohu.com/a/233350073_168370,2018-05-29.[2022-06-18]

案例导学

对于福特公司这样的情况,把如此关键的零部件供应仅仅放在一家供应商生产,而且需求量又是如此巨大,供应风险评估应该是在做战略采购的时候就要谨慎考虑的。应该考虑开发培养备选的供应商。在全球范围内,福特能够迅速地调度各种供应商资源,包括替代工厂、运输资源,这说明其供应链管理团队成熟度很高。

风险具有不确定性,同时也是客观存在的,只要是有供应链活动的地方,就会有风险。那么,企业该如何控制供应链的风险?可以从事前、事中和事后3个步骤来控制和减少供应链的风险。这3个步骤相互关联,使得风险管理体系更加完善,成为一个完整的闭环(closed-loop)。

第一节 供应链风险的含义

一、供应链风险的含义

供应链风险是一个比较新的概念,提出的时间并不长,国内外专家、学者对供应链风险的概念从不同的角度进行了界定,但到目前为止,还没有形成对供应链风险概念的统一认识。

供应链是由多个企业构成的,从原材料的供应开始,经过链中各参与供应链运行的企业的加工制造、组装、分销等各种活动，直至最终的用户，这不仅是物资链、信息链、资金链，还是一条增值链。供应链系统涉及的众多角色以及面临的复杂因素使得供应链上的风险界定变得相当困难。

我们知道，供应链风险是由供应链内外的不确定因素带来的，包括供应链上的各个成员、面对的市场环境和政策变化，自然环境等带来的威胁甚至破坏。

由于供应链风险和其他风险一样，都是由风险因素、风险事故、风险结果3个部分组成的，因此我们可以将供应链风险理解为：在特定条件下，由不确定的风险因素的存在而引发的供应链运行的实际结果偏离预期目标的风险事故，使得供应链面临风险结果（风险损失）的可能性。

为了提高供应链的竞争力，获取竞争优势，企业需要高度重视供应链的风险管理，它不仅是供应链管理理论体系的核心内容之一，而且是供应链管理的内在要求。企业必须采取措施使供应链避免可能对其产生破坏的风险，尽量减少风险给供应链带来的损失。

二、供应链风险存在的客观性

1. 供应链本身结构的复杂性导致了风险的客观存在

从组织结构来看，供应链本身是一个复杂的网络，由具有不同目标的经营角色组成，因此供应链的运作比单个企业的运作要复杂得多，物资从供应商开始进入供应链，直到最终以商品的形式到达用户手中，经历了供应体系、制造体系和分销体系等众多节点企业，包括运输、储存、装卸、搬运、包装、流通加工、配送、信息处理等诸多环节，而每个节点的企业都有着各自的经营战略、目标市场、技术水平、管理制度等。这些都增加了供应链管理的复杂性和难度，从而也导致了风险的产生。

2. 供应链所处的内外部环境的不确定性导致了风险的客观存在

供应链所处的不确定环境包括两方面，即系统外部环境的不确定性和系统内部环境的不确定性。系统外部环境主要是指自然环境、市场需求环境、经济环境、资源环境等，这些是客观存在的，而且是不能改变的，只能调节自身去适应；系统内部环境是指供应链上各节点企业运作的不确定性、运输问题、货源问题，以及制造商生产系统的可靠性、计划执行效果等，这些内部不确定性也是不能完全避免的。因此，系统这些内外部不确定因素的客观存在决定了供应链风险的客观存在。

3. 供应链全球化趋势增加了风险

由于全球化市场竞争越来越激烈，企业面临的风险也越来越大，仅靠自身力量难以取得竞争优势，只有上下游企业联合起来，形成各种虚拟组织，才能在市场竞争中处于领先地位。全球化的供应链和生产可能减少采购成本和劳动力成本，但也可能带来更长的提前期、更多的安全库存和更高的报废率，从而增加风险。另外，全球化趋势使得供应链企业分布的范围更广泛,受到不稳定的政治局势的影响也会越来越大,影响供应和生产,增加供应链运作的风险。

三、供应链风险的特征

1. 客观性与必然性

自然灾害是不以人的主观意志为转移的客观存在,这就决定了供应链风险的产生具有客观性。供应链环节中的企业彼此存在潜在利益冲突和信息不对称,在这种不稳定的系统内,各节点企业是通过不完全契约方式来实现企业之间的协调的,因而供应链必然存在风险性。

2. 偶然性和不确定性

虽然供应链风险具有客观性和必然性,但是我们并不知道它什么时候发生、在哪发生,这种风险带来的损失是不确定的,所引起的损失往往是以偶然和不确定的形式呈现在人们面前的。供应链风险是作为一种具有发生和不发生两种可能的随机现象而存在的。

3. 多样性与复杂性

供应链从诞生之日起就面临着许多风险,它要面对普通单个企业所要面对的系统风险与非系统风险、财务资产风险、人力资产风险、危害性风险与财务性风险、技术与信息资源传递风险等,同时还有企业间的合作风险、技术与信息资源传递的风险,合作利润在不同企业间的分配风险、市场风险等。这些风险是复杂的,而且是很难预测的。

4. 传递性与放大性

由于供应链从产品开发、生产到流通过程是由多个节点企业共同参与的,因而风险因素可以通过供应链流程在各个企业间传递和累积。供应链上的一个企业出现问题,会影响其他企业的运转。比如,供应商供应出现了问题就会影响到生产商、销售商等。

第二节 供应链风险识别与分析

一、供应链风险来源及分类

(一) 供应链风险类型

根据供应链风险来源,我们可以将其分为5个不同的类型。

1. 环境风险源

环境风险主要是由外在不确定因素造成的,大致可分为三类。
(1) 政治,如海湾战争引起的石油危机和"9·11"恐怖袭击。

(2) 疾病与自然灾害,如暴发流感和火灾、地震等。
(3) 社会,如金融危机等。

2. 需求风险源

任何在外向物流中都有可能会发生的风险,基本属于需求风险范畴。另外,还包括产品需求的变动,如季节性变化、流行趋势所引起的需求变化、新产品上市等。

3. 供应风险源

供应风险源是一个多层面的概念,大致分为两大类:第一类来自供应商,第二类来自供应市场的特征。供应风险源的分类如表 10-1 所示。

表 10-1　供应风险源的分类

供 应 商	供应市场的特征
新产品开发	单一/有限货源
配送过程中突发状况	市场短缺
与上游供应商的关系	商品价格上涨
供应商对客户应尽的义务	供应商位于同一区域
供货质量出现问题	供应商是否拥有专利
价格/成本上升	
供货不足	
科技落后	
供货突然发生中断	

4. 流程风险源

流程风险源指的是在关于供应链中各合作伙伴之间的执行与联结方式。在随着产品的不同特性而采取不同的供应链策略的时候,特定供应链上的合作关系及执行方式也会随之改变,也会给供应链的正常运行带来一定的风险。

5. 控制风险源

控制风险源指的是在供应链中决策的机制、政策或是规定,包括订货量、批量及安全库存。从严格意义上来讲,流程风险源和控制风险源并不能算是真正的风险源,但是二者能够主导风险事件的发生后果,使之持续扩大或得以减缓。比如,当客户的需求突然出现变化时,如果关于订货量的政策不具备弹性,那么这个需求变动所带来的后果将被放大。流程风险源和控制风险源的完善和弹性可以决定环境风险源、供应风险源以及需求风险源对供应链所造成的影响程度的大小。

(二) 供应链的风险来源

根据上面的分析,我们可以将供应链的风险分为两个方面。

1. 供应链内生风险

(1) 道德风险

道德风险是指由于信息的不对称,供应链合约的一方从另一方那里得到剩余的收益,使合约破裂,导致供应链出现危机。在整个供应链管理环境中,委托人往往比代理人处于一个更不利的位置,代理企业往往会通过增加信息的不对称,从委托合作伙伴那儿得到最大的收益。例如,供应商由于自身生产能力上的局限或者为了追求自身利益的最大化而不择手段,偷工减料、以次充好,所提供的物资达不到采购合同的要求,给采购带来风险。

(2) 信息传递风险

由于每个企业都是独立经营和管理的经济实体,供应链实质上是一种松散的企业联盟,当供应链规模日益扩大、结构日趋繁复时,供应链上发生信息错误的机会也随之增多。信息传递延迟将导致上下游企业之间沟通不充分,对产品的生产以及客户的需求在理解上出现分歧,不能真正满足市场的需要。同时会产生"牛鞭效应",导致库存过量。

(3) 生产组织与采购风险

现代企业生产组织强调集成、效率,这样可能导致生产过程刚性太强,缺乏柔性。若在生产或采购过程的某个环节上出现问题,很容易导致整个生产过程的停顿。

(4) 分销商的选择产生的风险

分销商是市场的直接面对者,要充分实施有效的供应链管理,必须做好分销商的选择工作。在供应链中,如果分销商选择不当,则会直接导致核心企业市场竞争的失败,也会导致供应链凝聚力的涣散,从而导致供应链的解体。

(5) 物流运作风险

物流活动是供应链管理的纽带。供应链要加快资金流转速度,实现即时化生产和柔性化制造,离不开高效运作的物流系统。这就需要供应链各成员之间采取联合计划,实现信息共享与存货统一管理。但在实际运行中是很难做到这一点的,导致在原料供应、原料运输、原料缓存、产品生产、产品缓存和产品销售等过程中可能出现衔接失误,这些衔接失误都可能导致供应链物流不畅通而产生风险。

例如,运输障碍使原材料和产品不能及时供应,造成上游企业在承诺的提前期内无法交货,致使下游企业的生产和销售受到不利影响。

(6) 企业文化差异产生的风险

供应链一般由多家成员企业构成,这些不同的企业在经营理念、文化制度、员工职业素养和核心价值观等方面必然会存在一定的差异,从而导致对相同问题的不同看法,采取不一致的工作方法,最后输出不同的结果,造成供应链的混乱。

2. 供应链外来风险

(1) 市场需求不确定性风险

供应链的运作是以市场需求为导向的,供应链中的生产、运输、供给和销售等都建立在对需求准确预测的基础之上。市场竞争的激化,大大增强了消费者需求偏好的不确定性,使准确预测的难度加大,很容易增加整个供应链的经营风险。

如果不能获得正确的市场信息,供应链就无法反映出不断变化的市场趋势和顾客偏好。一条供应链也会由于不能根据新的需求而改变产品和供应物,从而不能进入一个新的细分市场。最后,市场机会也会由于不能满足顾客快速交货的需要而丧失。

(2) 经济周期风险

市场经济的运行轨迹具有明显的周期性,繁荣和衰退交替出现,这种宏观经济的周期性变化使供应链的经营风险加大。在经济繁荣时期,供应链在市场需求不断升温的刺激下,会增加固定资产投资,进行扩大再生产,增加存货,补充人力,这些都相应地增加了现金流出量。而在经济衰退时期,供应链销售额下降,现金流入量减少,而未完成的固定资产投资仍需大量资金的继续投入。此时市场筹资环境不理想,筹资成本加大,这种资金流动性差的状况就增大了供应链的经营风险。

(3) 政策风险

当国家经济政策发生变化时,往往会对供应链的资金筹集、投资及其他经营管理活动产生极大影响,使供应链的经营风险增加。例如,当产业结构调整时,国家往往会出台一系列的产业结构调整政策和措施,对一些产业的鼓励,给供应链投资指明了方向;对另一些产业的限制,使供应链原有的投资面临着遭受损失的风险,供应链需要筹集大量的资金进行产业调整。

(4) 法律风险

供应链面临的法律环境的变化也会诱发供应链经营风险。每个国家的法律都有一个逐渐完善的过程,法律法规的调整、修订等的不确定性,都有可能对供应链运转产生负面效应。

(5) 意外灾祸风险

意外灾祸风险主要表现在地震、火灾、政治的动荡、意外的战争等,都会引起非常规性的破坏,从而影响到供应链的某个节点企业,然后影响到整个供应链的稳定,使供应链中企业资金运动过程受阻或中断,使生产经营过程遭受损失,使既定的经营目标、财务目标无法实现,等等。

二、供应链风险管理的概念与特点

(一) 供应链风险管理的概念

供应链风险是由于物资经由供应链流经众多的生产流通企业到用户,产生商流、物流、信息流,涉及运输、储存、装卸、搬运、包装、流通加工、配送、信息处理等诸多过程,其中任一环节出现问题都会造成供应链的风险,影响其正常运作。

供应链风险管理是指管理供应链中出现意外事件或变化所带来的风险的一个系统的过程。供应链风险管理的目的在于:加强供应链成员企业对于风险信息的了解、沟通;通过对潜在意外和损失的识别、衡量和分析,以最小成本、最优化组合对风险实现有效规避和实时监控,以保证供应链的安全、连续和效率。

(二) 供应链风险管理的特点

虽然供应链风险管理的概念、过程等都是在一般风险管理的理论基础上发展起来的,但是供应链风险本身所具有的特点决定了并不能完全按照一般风险管理的理论与方法进行供应链风险管理。所以,供应链风险管理与企业风险管理相比,表现出以下一些特点。

1. 立足点和角度的不同

供应链风险管理既要站在本企业的角度,又要着眼于整个供应链的角度,特别强调从合作伙伴的选择、与合作伙伴的沟通以及信任机制的角度进行风险管理。供应链的风险主要来自合作风险,因此,供应链合作伙伴的选择是风险管理中非常重要的工作。一方面要充分利用各种互补性以发挥合作竞争优势,另一方面要考量合作伙伴的合作成本与敏捷性。另外,还要加强合作伙伴之间的沟通和理解,建立合作伙伴之间的信任机制,降低供应链的结构成本,减少内部交易成本。

2. 协调成员的行动

供应链是由许多关联企业组成的,供应链环节中各成员企业有着各自独立的经济实体,相互之间仍然存在着潜在的利益冲突和信息不对称的情况。在这种不稳定的系统里面,各个节点企业是通过不完全契约方式来实现企业之间的协调,这就必然会导致供应链风险的存在。而要消除这种风险,就必须通过各种方法来减少各成员之间的冲突、竞争和内耗,采取协调一致的行动。

3. 风险管理方法的多样性

常用的单一企业的风险管理方法有风险转移、风险自留、损失融资、风险控制等,这些风险管理方法也适用于整个供应链上各成员企业进行内部风险管理的需求。

在对供应链整体风险管理的时候,通常要注意从整个供应链流程、合作伙伴关系等角度出发，整合供应链流程、加强供应链成员企业间的信息共享、柔性化设计供应链等。因此，在进行供应链风险管理的时候，无论是针对整体风险还是个体风险，都要根据不同的类型选择相适应的管理方法。

4. 管理组织的独立性

在供应链环境下，风险管理面临的对象是整个供应链，而不是其中的某个单独的企业，执行风险管理的组织也应该具有管理供应链全局的权力和能力。因此，独立供应链管理机构或者供应链的核心企业独立的风险管理部门，才能成为供应链风险管理的组织，行使对整个供应链风险进行管理的权力。

三、供应链风险的识别

用感知、判断或归类的方式可以对现实的和潜在的风险性质进行鉴别。风险识别是风险管理的第一步，也是风险管理的基础。只有在正确识别出自身所面临的风险的基础上，人们才能够主动选择适当有效的方法进行处理。

存在于人们周围的风险是多样的，既有当前的也有潜在于未来的，既有内部的也有外部的，既有静态的也有动态的，等等。风险识别的任务就是要从错综复杂的环境中找出经济主体所面临的主要风险。

风险识别一方面可以通过感性认识和历史经验来判断，另一方面可以通过对各种客观的资料和风险事故的记录来分析、归纳和整理，以及通过必要的专家访问来找出各种明显的和潜在的风险及其损失规律。因为风险具有可变性，所以风险识别是一项持续性和系统性的工作，这要求风险管理者必须密切关注原有风险的变化，并随时发现新的风险。

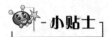
小贴士

供应链风险识别的程序

(1) 定义整体供应链的流程。
(2) 将整体流程细化为一系列彼此独立又相关的运作活动。
(3) 系统地审视每一项运作活动的细节。
(4) 识别存在于每一项运作活动中的风险及其特点。
(5) 描述出最具影响的风险。

供应链风险识别是供应链风险管理的首要步骤，是指对供应链正在面临的及潜在的风险加以判断、归类和鉴定的过程。

1. 德尔菲法

德尔菲法又称专家意见法，它是一种比较简单、容易操作又很实用的方法，是美国著名咨询机构兰德公司于20世纪50年代初发明的，此后德尔菲法被广泛应用到各种预测和决策过程中。在进行风险识别时,特别是涉及原因比较复杂、影响比较重大而又无法用分析的方法加以识别的风险时,德尔菲法是一种十分有效的风险识别方法。运用德尔菲法进行供应链风险识别一般可采取以下程序:

(1) 供应链风险管理主体(机构)制订风险调查方案,确定风险调查内容。

(2) 聘请若干名专家。由供应链风险管理人员以发放调查表的方式向他们提出问题并提供供应链运营的有关资料。向不同领域的专家提供的资料应该全面,特别是有关供应链运营流程方面的资料。

(3) 专家们根据调查表所列问题并参考有关资料,相应地提出自己的意见。

(4) 风险管理人员汇集整理专家们的意见,再将不同意见及其理由反馈给每位专家,让他们第二次提出意见。

(5) 多次反复使意见逐步收敛,由风险管理人员根据实际需要决定在某时点停止征集意见,将基本上趋于一致的结果最后汇总分析。

2. 财务报表法

财务报表法,即根据企业的财务资料来识别和分析企业每项财产和经营活动可能遭遇的风险。财务报表法是企业使用最普遍也是最为有效的风险识别和分析方法。因为企业的各种业务流程、经营的好坏最终体现在企业资金流上,故风险导致的损失以及企业实行风险管理的各种费用都会作为负面结果在财务报表上表现出来。所以,企业的资产负债表、损益表、财务状况变动表和各种详细附表就可以成为识别和分析各种风险的工具。

供应链是由各企业组成的价值增值链,供应链风险的影响最终还是会落实到各成员企业中,并通过相应的财务报表反映出来。因此,可借助财务报表法来识别和分析各企业中存在的风险,并通过归纳总结得到供应链的整体风险。

3. 事故树法

事故树法又称故障树法,是分析问题时广泛使用的一种方法。它是利用图解的形式将大的故障分解成若干小的故障,或对各种引起故障的原因进行分解。由于某种原因分解后的图形呈树枝状,因而称故障树法。在对供应链风险进行识别时,事故树法可以将整个供应链所面临的主要风险分解成若干细小的风险,也可以将产生风险的原因层层分解,排除无关因素,从而准确地找到真正产生影响的风险及原因。运用事故树法对供应链的销售风险进行识别分析,如图10-1所示。

4. 环境扫描法

环境扫描是一个复杂的信息系统,是搜集和整理供应链系统内部和外部各种事件、趋势的信息,了解和掌握供应链所处的内外环境的变化,辨别所面临的风险和机遇。

通过环境扫描,一旦捕捉到风险信号,必须马上进行分析并做出反应,并传递到后续风险管理阶段。

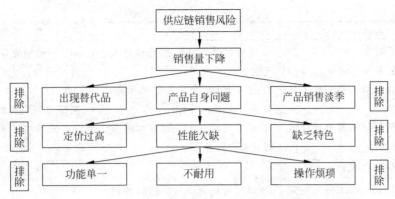

图 10-1 销售风险事故树分析图

环境扫描主要有 3 种模式：非定期模式、周期性模式和连续性模式。

5. 风险问卷法

风险问卷又称风险因素分析调查表。风险问卷法是以系统论的观点和方法来设计问卷并发放给供应链各节点企业内部各类员工去填写，由他们回答本企业所面临的风险和风险因素。一般来说，供应链各企业基层员工亲自参与到供应链运作的各环节中，他们熟悉业务运作的细节，了解供应链的影响因素和薄弱环节，可以为风险管理者提供许多有价值的、有关局部的信息，帮助风险管理者系统地识别风险、准确地分析各类风险。

6. SWOT 分析法

SWOT 分析法是一种环境分析法。所谓的 SWOT 是英文"优势"（strength）、"劣势"（weakness）、"机遇"（opportunity）、"挑战"（threat）的简写。在了解企业自身特点的基础之上，企业风险管理者通过分析企业内外环境条件对企业经营活动的作用和影响，发现风险及可能发生的损失，如表 10-2 所示。

表 10-2 SWOT 分析法——以中国邮政快递为例

	内 部 能 力	
	优势（strength）	劣势（weakness）
外 部 因 素	1. 作为国家机关、拥有公众的信任 2. 顾客对邮政服务的高度信任感和亲近感 3. 拥有全国范围的物流网 4. 具有众多的人力资源 5. 具有创造邮政金融的可能	1. 上门取件相关人力及车辆不足 2. 市场及物流专家不足 3. 组织、预算、费用等方面灵活性不足 4. 包裹破损可能性很大 5. 追踪查询服务不够完善

续表

机会(opportunity)	SO 战略	WO 战略
1. 随着电子商务的发展,对寄件需求的增加(年平均增加38%) 2. 能够确保应对市场开放的自由度 3. 物流及信息技术等关键技术的飞跃性发展	1. 以邮政网络为基础,积极进入宅送市场 2. 进入大型购物中心配送市场 3. 电子邮政活性化 4. 开发灵活具有关键技术的多样化邮政服务	1. 构成邮政包裹专门组织 2. 对实物与信息的统一化进行追踪及物流控制 3. 制定增值服务与一般服务差别化的价格体系以及对服务内容进行再整理
挑战(threat)	ST 战略	WT 战略
1. 通信技术发展后,对邮政的需求可能减少 2. 现在宅送企业的设备投资及代理增多 3. 加入 WTO 后邮政服务市场开放的压力 4. 国外宅送企业进入国内市场	1. 灵活运用范围宽广的邮政物流网络。树立积极的市场战略 2. 与全球化的物流企业进行战略联盟 3. 提高国外邮件的收益及服务 4. 为了确保企业客户,树立积极的市场战略	1. 根据服务的特性,对包裹详情单与包裹运送网分别运营 2. 对已经确定的邮政物流运营提高效率,由此提高市场竞争力

7. 情景分析法

情景分析法常以头脑风暴会议的形式,来发现一系列主要与经济、政治、技术、文化等相关的影响供应链表现的风险因素,这种方式可以识别世界将来发展的一个趋势。一旦某种趋势被识别出来后,紧跟着就要分析这种趋势对企业或供应链将会产生怎样的影响,然后发现一系列存在的或潜在的风险因素。

从战略层次看情景分析法,对于识别新技术的出现、产业结构和动态以及经济状况的变化等这些宏观环境所导致的风险特别有效。情景分析法也能被用在偏策略的层次,来发现一些现存的风险因素,以及这些风险因素所产生的影响。

拓展阅读 10.1　供应链风险度量

第三节　供应链风险响应与管理方法

在识别和分析了供应链风险以后,关键是如何做出响应,也就是选择和应用合适的措施来应对识别和分析得出的供应链风险。供应链的风险响应和管理方法包括风险的规划、风险控制和风险监视等。

拓展阅读 10.2　供应链企业对于风险的态度

一、响应风险的策略

根据企业对风险的不同态度,我们分析出企业通过对供应链的风险规划,可以从如何减小风险发生的概率、改变风险后果的性质、减少风险后果的影响等多方面入手来有效地响应和规避供应链风险。

(一) 风险的预防

面对供应链中复杂的运行环境,从可能发生风险的因素入手,减少风险发生的概率。回顾发生供应链风险的各种因素,有来自外部环境的,有供应链结构不合理造成的,有供应链参与主体行为不当造成的,有供应链参与主体之间的协调失误造成的,也有产品本身的原因造成的,等等。针对各种可能造成风险的因素,要做好供应链的基础管理工作、利用一切可以利用的手段,充分减少风险发生的概率,是供应链风险控制的优先策略。

建立完善的规章制度和科学的绩效评价体系并认真执行,完善供应链管理信息系统与数据管理,优化供应链的结构,保证供应链各部分资源和能力与需求的均衡,选择优质的合作伙伴,寻求有效降低库存的策略,保证设备可靠运行,提高人员的素质,改进业务流程,严格监督对国家法律法规的执行,注意所处地区的物流环境等,这些都是防范供应链风险的基础措施。

(二) 忽视风险或接受风险

面对风险的发生,不同的供应链企业可能会采取不同的应对防范,有一种情况就是:忽视风险,什么都不做。对于采用这种应对防范的企业来讲,有必要弄清楚风险发生的后果很小,或者风险发生后带来的影响和损失小于采取措施而产生的成本。如果不能确定,那么必须采取接受风险的策略。

当然,也有一种情况是:为了响应一个风险而产生的成本过大,或者导致风险加剧,或者有新的风险产生,企业也可以选择忽视风险或接受风险的发生。

企业也有可能过低地估计风险的影响,而导致错误的选择,忽视和接受风险。

(三) 降低风险产生的后果

风险已经发生,为了减缓风险传递的速度、缩小影响面,从而最大限度地减少风险导致的损失。这是一种事后行为,对于管理者而言,降低风险产生的后果比降低风险发生的可能性要容易一些。比如,轿车安全带不会降低风险发生的可能性,但是它可以降低风险造成的伤害。

供应链风险的性质差别很大,有的风险是可以规避和防范的,有的则很难或者即使可以规避和防范也会导致重大机会的丧失,或需要花费很大的代价。比如,极少发生的地震等自然灾害,简单意义上的防范就不是什么好的策略。作为供应链企业的管理者,更多是应该考虑风险发生以后,如何才能最大限度地减少损失;如果供应链中断,如何才能在最短时间里将供应链恢复到原状。因此,需要建立一套行之有效的应急处理方案,最好平时就建立一定的"缓冲"或"冗余"。

(四) 转移、分担风险

供应链风险转移是将供应链中可能发生风险的一部分转移出去的风险防范方式,它可分为非保险转移和保险转移两种。非保险转移是指将供应链中一部分风险转移给供应链以外的企业或由整个供应链企业来共同承担;保险转移是指以合同形式将自然灾害、意外事故可能造成的损失、人身伤亡及对他人的经济赔偿责任造成的经济损失转移给保险公司。

不过,需注意,转移的是风险,不是风险管理的责任,因为供应链是企业自己的供应链。例如,你给自己的车买了保险,你仍然要设法降低风险,因为一旦发生事故,最终受伤害的不是保险公司而是你自己。

1. 合同转移

合同转移是指通过签订合同,将风险转移给一个或多个参与者。具体包括以下几种方式。

(1) 外包(或转包)

外包,即将全部或部分非核心业务通过外包的方式将风险转移至其他企业。有些全球企业外包全部生产流程给外部方,这意味着这些公司不需要处理劳工和生产设备的问题,但是外包本身会带来失去控制、泄露公司秘密的风险。

(2) VMI

VMI 是一种以客户和供应商的成本最低为目的,在一个共同的协议下由供应链管理库存并不断监督协议执行情况和修正协议内容,使库存管理得到持续改进的合作性策略。

(3) 担保

在与信用不明的供应链成员企业签约时,为了防止对方企业不能履行承诺而导致损失,而与对方企业的担保方签订担保合同,一旦对方企业违约,则将风险转移给担保方。

2. 保险转移

保险转移是指通过订立保险合同,将风险转移给保险公司,这是使用最广泛的风险转移方式。需要指出的是，并不是所有的风险都能通过保险来转移，因为保险是以保险费换取风险发生后导致财务损失的补偿的，所以当保险费高到企业难以承受的时候，企业往往就不愿意投保。而且，购买保险只能是在风险发生后得到一定程度的补偿，而不能阻止风险的发生。

(1) 建立应急计划或后备措施

事先制订规避风险的应急计划或后备措施，有利于一旦发生风险事件或出现风险因素，企业可以快速做出响应，将风险应急计划或后备措施投入使用。后备措施并不针对具体可能的风险，只是为风险控制预留必要的资源、能力和措施。为了应对可能发生的风险事件，企业应适当准备一定数量的人力资源、物资储备、资金设备等，增加供应链系统的柔性和能力容量，以备不时之需。

(2) 风险自担

风险自担是指供应链企业承担风险造成的损失，管理者接受某个风险是不可避免的，并调整运作流程以适应新的变化环境。风险自担可以分为计划性承担和非计划性承担。计划性承担是指企业当事人经过合理的判断和谨慎的分析，以提取准备金的方式有计划地主动承担风险；非计划性承担是指企业为某些风险所导致的损失，或因为疏忽或无法通过其他方式转移而事先无计划地承担风险。

供应链风险管理是一项长期而艰巨的工作，不是一蹴而就的事情，必须定期重复风险管理过程的每个步骤，以使这一过程融入供应链管理运作中。供应链风险的核心企业在供应链风险管理中应起到主要作用，协调上下游之间的关系，制定各种协议；其他供应链节点企业也应该根据自身业务的特点减少供应链风险。

二、风险防范措施

针对供应链合作企业存在的各种风险及其特征，我们应该采取不同的防范措施，主要有以下几种方法。

(一) 风险的事前监测与控制

风险的事前监测与控制，也称为事先控制，是指根据风险分析的结果和风险规划，事先采取措施防范风险的发生，并准备风险应对手段，以保障经营活动安全正常开展，保证其经济利益免受损失的管理过程。

从管理的角度来讲，供应链风险预警是一种主动型的供应链风险管理，供应链风险预警机制一般由四大要素构成：预警分析组织机构、信息收集传递机制、风险分析机制、风险处理机制。

预警分析组织机构的成员由涉及整个供应链中各主要环节的有实践经验的资深专家组成，包括企业管理者、经济师、会计师等各类专家；预警分析组织机构相对独立于企业的组织体系,独立开展工作,但不直接干涉供应链的运营,它只对企业最高管理层负责;在组建预警分析组织机构的时候,遵循"专人负责、职责独立"的原则,确保供应链风险预警工作能够有人落实,且不受其他组织机构的干涉和影响。预警分析组织机构的建立可以使供应链风险预警工作经常化、持续化,进而产生预期的效果。

供应链风险预警机制要能够有效地预知供应链可能发生的各种危机,预先防范风险的发生,还必须建立供应链风险信息收集传递机制,及时收集和传递导致或可能导致的各种风险信息。

通过风险分析机制,将监测的实际值与预警值进行对比分析,以发现供应链运营过程中的异常情况,并将其以数值形式表示。

供应链风险处理机制包括应急计划、补救办法和改进方案等。其中,应急计划主要是针对供应链风险可能产生的破坏,应采取何种手段去规避,控制事态进一步恶化;补救办法主要针对风险程度采取有效措施,尽可能减少损失,将损失控制在一定的范围内;改进方案主要是改进供应链运营中的薄弱环节,杜绝和避免类似的风险再度发生。

比如,制定应变措施和应对风险事件的工作流程,建立应变事件的领导小组,以便在风险难以避免和转移的情况下,企业有能力承担最坏的后果,将损失有效地控制在企业自身可以接受的范围内,在风险事件发生后,运用各种风险控制工具,对损失的后果及时进行补偿,以便能尽快恢复,企业可以免遭灭顶之灾;在风险事件过后,也要将在风险识别、风险分析及风险处理中得到的经验和知识,或者是从损失或接近损失中获取的有价值的经验教训,集中起来加以分析并反馈到供应链相关经营活动中,以避免再犯同样的错误。

(二) 建立战略合作伙伴

供应链企业要实现预期的战略目标,客观上要求供应链企业进行合作,形成共享利益、共担风险的双赢局面。因此,与供应链中的其他成员企业建立紧密的合作伙伴关系,成为供应链成功运作、风险防范的一个非常重要的先决条件。

建立长期的战略合作伙伴关系:第一,要求供应链的成员加强信任;第二,应该加强成员间信息的交流与共享;第三,建立正式的合作机制,在供应链成员间实现利益分享和风险分担;第四,加强契约规定等规范建设,促使伙伴成员以诚实、灵活的方式,相互协调彼此的合作态度和行为。

除选择好的合作企业外,选择流通的产品也是一条重要的途径。供应链最有威力的是有规模的流通产品,在供应链中会显示优势。例如:矿泉水就是流通的产品,大家都可以喝,风险相对较小;而如果供应的物品不是矿泉水而是治疗癌症的药物,那么就不是流通的产品,而且是专业性产品,风险就会很高。

(三) 加强节点企业的风险管理

供应链从采购、生产到销售过程是由多个节点企业共同参与而形成的串行或并行的混合网络结构。其中某一项工作既可能由一个企业完成,也可能由多个企业共同完成。供应链整体的效率、成本、质量指标取决于节点指标。由于供应链整体风险是由各节点风险传递而成。因此,通过对节点企业风险的识别与判断及调整,将大大加强整个供应链的风险控制。

(四) 加强信息交流与共享,优化决策过程

提高信息沟通效率,信息技术的应用加强了企业的通信能力,很大程度地推倒了以前阻碍信息在企业内各职能部门之间流动的"厚墙"。供应链企业之间应该通过建立多种信息传递渠道,加强信息交流和沟通,增加供应链透明度,加大信息共享程度来消除信息扭曲。例如,通过共享有关预期需求、订单、生产计划等信息,从而降低不确定性和风险。

一般来说,企业上下游间的信息有先进的通信方式、及时的反馈机制、规范化的处理流程,这样供应链风险就小;反之,供应链风险就大。

(五) 重视柔性化设计,保持供应链的弹性

供应链合作中存在需求和供应方面的不确定性,这是客观存在的规律。在供应链企业合作过程中,要通过互相提供柔性,可以部分消除外界环境不确定性的影响,传递供给和需求的信息,柔性化设计是消除由外界环境不确定性引起的变动因素的一种重要手段。

另外,当今供应链管理强调 JIT 方法,减少库存以降低成本,这种运作模式一旦遇到突发事件或需求有较大波动,就会显得缺乏弹性,因此在注重效率的同时仍应保持供应链适度弹性。

(六) 优化合作伙伴选择

供应链合作伙伴选择是供应链风险管理的重要一环。一方面要充分利用各自的互补性以发挥合作竞争优势,另一方面要考量伙伴的合作成本与敏捷性。合作伙伴应将供应链看成一个整体,而不是由采购、生产、分销、销售构成的分离的块功能。只有供应链上合作伙伴坚持并最终执行对整条供应链的战略决策,供应链才能真正发挥成本优势,占领市场份额。

选择合作伙伴须考察其综合素质,如合作伙伴所拥有的核心资源与地理位置、经营业绩、R&D、现场管理、质量体系、成本控制、用户满意度等;同时,要求合作伙伴具有良好的商业信誉和信用水平。要注意识别合作伙伴加盟供应链的动机和发生投机行为的可能性,可通过设立一个进入供应链的最低信用度,让那些高于最低信用度的企业成为供应链

的真正伙伴，最大限度地将具有潜在危险者排除在供应链系统之外。

由于供应链战略联盟是建立在合同（或协议）基础之上的组织形式，单纯依靠合同规避风险仍然不够，供应链企业之间需强化基于合作利益有效分配的信任激励：一方面要保证供应链总收益分配中伙伴间的利益共享，即各成员间都"有利可图"；另一方面必须通过制定严格的标准和要求来约束各厂商的行为，采用恩威并施、双管齐下的激励措施，必将大大降低供应链风险。

(七) 加强供应链文化建设，打造共同的价值观

良好的供应链文化能在系统内形成一股强大的凝聚力，增强成员企业之间的团结协作，减少不必要的矛盾冲突，从而减少内耗，并且形成一种相互信任、相互尊重、共同创造、共同发展、共享成果的双赢关系。使供应链的成员与整体有相同的利益要求和共同的价值标准，从而维持供应链的稳定与发展。

(八) 与供应链上下游共同制订风险防范计划

供应链是一个由多节点企业共同加盟串行相连的复杂系统，链上任何一个环节出现问题都会波及整条供应链。为此，集团企业必须与供应链上下游共同制订风险防范计划，建立起操作简便、灵敏有效的风险防范机制，借助产品质量、合同履约、库存周转、客户满意度等监控指标，进行供应链风险的识别、评估与预警，以达到及时预防、控制和转移风险，保证整条供应链连续、平稳、有效地运行，实现利益共享、风险共担。

第四节　重构弹性供应链

当今企业处在一个不确定和动荡的市场环境里，近年来自然灾害、事故等供应链风险问题备受人们关注，而它们给供应链带来的损害又随着供应链长度的增加、供应链全球化、产品周期缩短和难以预见的市场需求变化而放大。为了应对这些难以克服的高风险、低概率事件，供应链弹性的研究应运而生。

一、供应链弹性

在过去的几年中，地震、金融危机、非典、罢工以及恐怖袭击不断地给供应链运作带来中断，供应链中断对于公司短期绩效会造成重大的影响。例如，爱立信（Ericsson）在其供应商的半导体制造厂 2000 年失火后损失了 4 亿欧元；苹果公司（Apple）在 1999 年台湾地震后，由于 DRAM 芯片供应不足损失了大量的客户订单。同时，供应链中断也会对公司的财务绩效造成长期的负面影响。例如，Hendricks 和 Singhal 在他们的报告中提到，由于供应链中断，他们的公司股价比预期标杆下跌了 33%～40%。为了减轻供应链中断

以及各种各样的供应链风险(不确定经济周期、不确定顾客需求以及不可预知的自然和人为灾害),许多学者开发了不同的策略和模型来管理供应链风险。

但是,虽然供应链风险的评价和管理体系已经被开发,人们仍然没有确定的办法来克服所有这些风险,尤其是高风险、低概率事件,如非典和口蹄疫的暴发、集中式的恐怖袭击。这是由于对于历史数据的缺乏使各种预测和统计工具无法奏效。

然而,某些组织却在这些不可测量风险的发掘和认知上表现杰出,它们的共同点不是某个公式或者处理风险的过程,而是一个关键的特性:弹性。增强供应链弹性的方法在于增加冗余、提高供应链柔性和调整企业文化,而最直接有效的方法就是改良供应链本身结构。在材料科学中,弹性是指材料在变形后恢复原形的能力。在企业界,弹性是指公司供应链受到中断后恢复的能力。例如,公司恢复其绩效(生产、服务、订单满足率等)的速度。

供应链的弹性不仅仅是指管理风险的能力,我们界定的供应链弹性是:供应链作为一个复杂系统,在风险发生后,能快速恢复到初始状态,或者进化到下一个更有利于供应链系统运作的状态的能力,而且涉及如何在供应链中断的环境下比竞争者更好地重新定位。

二、增强供应链弹性

(一) 增加冗余

理论上,弹性企业可以通过供应链冗余的增加来建立。组织可以保持更高的库存量、低生产能力使用率,同时拥有更多的供应商。虽然冗余可以保证供应链在中断后继续运作,但这种方法是暂时的且费用高。公司必须为冗余的库存、生产能力和工人支付更多的成本。同时,这样的生产方式会使生产运作更加迟滞,产品质量降低,成本提高。

与此相反,目前受人推崇的先进生产战略,如 JIT 模式、精益生产过程、6Sigma 生产方式都致力于创造高效率企业——利用极少的库存产生高质量的产品和及时的物流。因此,如果企业试图通过增加冗余来增加弹性,必然会抑制这种效率的提高。所以,增加冗余只能是临时性的方法。

(二) 提高柔性

如果企业提高了柔性,它就不仅能承受严重的中断,而且能更好地对需求波动做出反应。建立供应链柔性需要采取的措施是采用标准化过程、并行工程、计划延迟、发展供应商合作战略。

1. 采用标准化流程

标准化流程是指在具有相似功能的工厂和工人中将生产过程标准化,并在不同产品中使用可以互换的标准化零件。这种可互换的零件、生产设备和工人允许公司在发生中断时迅速做出反应,将资源配置到最需要的地方去。例如,英特尔就在其半成品工厂中完全使用相同的设备布局和生产程序。得益于这种标准化的生产设计,当需求变化时英特尔可以在不同工厂任意分配生产任务。

2. 并行工程

在产品开发、生产和销售等关键领域使用并行工程可以加速企业在中断后的恢复过程,同时提高对市场需求反应的速度。朗讯(Lucent)科技公司通过集中化的供应链组织来将公司各种职能(包括工程、销售等)集中式管理形成并行工程。通过这种手段,公司可以非常容易地观察各个领域的工作,并且在紧急时刻对于各项活动做出迅速的判断,快速评估不同运作流程的状态,在紧急事件发生时通过协同快速地应对。

3. 计划延迟

计划延迟是指在供应链运作过程中尽可能长地保持产品的半成品状态,可以实现产品在过多和不足市场之间的调拨。这种方式对防止产品过剩和不足非常有效。同时它能在不提高库存量的情况下提高订单满足率和顾客满意度,因为公司能够在更精确的顾客需求产生后再进行最后一道加工。

意大利服装生产和零售商贝纳通(Benetton)就是采用这种方法,对于那些对需求变化极其敏感的产品,Benetton 会将它们先生产至未染色的通用版,在更精确的需求信息到达之后再进行最后的加工。

4. 发展供应商合作战略

发展供应商合作战略是建立企业柔性的重要方法。一方面,如果公司依赖于少数几个关键供应商,那么它就必须与每个这样的供应商保持紧密的合作。这些供应商对于企业非常重要,它们的任何事故、风险都会给企业带来灾难性的影响。通过深入了解每个供应商,企业能够更好地控制这些供应商以预见可能发生的问题。另一方面,如果一家公司不是那么强烈地依赖于少数几个供应商,那么它的供应商网络最好是广泛的,以建立弹性和对市场的反应能力。由于公司对于那些关系较浅的供应商很难有深入的了解,所以很难在风险发生前得到警告。因此,保持广泛的、可直接利用的供应商网络是这类企业分散风险的最好方法。

两种供应商策略孰优孰劣没有确定的答案,这要根据具体的环境和公司生产策略而定。路虎(Land Rover)险些因为对于供应商控制的失误而破产,2001 年 12 月其 Discovery 车型的底座主要供应商 UPF-Thompson 出乎意料地突然破产,而 Land Rover 完全没有准备,以至于被迫为 UPF 支付债务以确保底座的供应。如果 Land Rover 能够与 UPF 保持更深入的合作,就很可能事先得到警告。

(三) 调整企业文化

在供应链中断过后，那些迅速恢复甚至盈利的公司与那些失败者的明显区别就是企业文化。成功的企业文化包括：保持与良好员工之间的信息沟通；权力分散，使个体有权采取必要行为；具有工作热情；时刻准备遭遇中断。

1. 保持良好的与企业员工之间的信息沟通

保持良好的与企业员工之间的信息沟通，能够使企业所有员工可以清楚地理解企业的战略目标，掌握企业的日常运作甚至每分每秒的进展。因此，当供应链风险发生的时候，员工可以很清楚地掌握当前状况，他们可以快速地运用掌握的信息，并快速地做出判断和制定准确的应对措施。

2. 权力分散

权力的分散，可以保证在供应链风险发生的时候，有适当的员工可以做出快速的响应。例如，丰田公司的总装线就是这样的，总装线上的任何一个员工都可以按下一个特定的警报按钮，以快速地解决装配过程中出现的问题，而不用等到这些风险被一层层上报。等到风险被高等管理人员意识到之前，风险已经被员工处理了。这样的权力分散机制保证了在风险发生或者供应链中断的早期，企业可以快速地做出响应。

3. 富有工作激情

要使员工意识到自己是在搭建房子而不是在堆积砖块。适当的激励措施可以保证企业员工的工作激情，从而避免风险的发生，或者对产生的风险做出快速的响应。

构建弹性供应链带来的好处是显而易见的。那些"坚固"的企业不仅能够承受各种类型的中断，同时也具有更强的竞争力。不可预见的中断使需求突变、产品短缺。弹性供应链能够在变化的需求市场面前比其竞争对手做出更快的反应。

三、供应链柔性与供应链弹性的比较

(一) 内涵比较

由于供应链是一个网络的组织，通过上下游连接，以不同的进程和活动将产品或服务传递给最终客户而创造价值。因此，供应链网络上存在很多风险及脆弱性，可以说供应链柔性和供应链弹性都是为了弥补供应链本身存在的风险及脆弱而产生的。

首先兴起了供应链柔性的研究，目的是应对供应链的风险，快速地适应变化。供应链柔性是多维的，它包括：①健壮性，表示现有供应链能应对的一切市场变化的范围；②重配置性，通过重配置或重设计供应链以应对（预期）市场变化的能力；③关系性，为新产品发展建立供应链上下游合作关系的能力；④物流性，在供给和需求发生变化时以低成本快速发送和接受产品的能力;⑤组织性,为满足需求而整合或拆分供应链整体技能的能力;⑥信息系统性,使供应链信息系统不断调整以适应不断变化的信息需求的能力。

然而,一些突发事件导致供应链的运行严重偏离正常轨迹,损失惨重,人们逐渐认识到突发事件对供应链的影响,因此,强调供应链应该建立弹性机制以应对各类突发事件的袭击,由此产生了供应链弹性的研究。对供应链弹性的研究也有不同的角度,具体包括以下几个方面:①弹性,系统被干扰之后恢复到最初的结构和功能的方式和速度;②弹力,干扰之后迅速恢复到稳定状态的能力;③振幅,系统被干扰之后恢复到初始状态的变形区域;④滞后性,系统在被干扰发生偏离之后多久能恢复原状态,两者的路径不是简单的重合;⑤柔韧性,系统从被干扰之后恢复到稳定状态与初始状态的差异程度;⑥阻力,系统偏离所受的外力。

通过比较发现,两者为了应对供应链风险,都从供应链的整体进行考虑。但不同的是:供应链柔性更多地强调适应能力(如适应市场变化、供需变化、环境变化等);而供应链弹性则强调供应链系统偏离原状态的原因,极力寻找使供应链恢复原状态的方法,当然恢复路径不可能与偏离路径完全重合。

(二) 类型比较

供应链柔性是指企业在不可预见的市场机会和不断变化的市场竞争中发展壮大的能力,可以用效率、灵活、坚固和适应指标来衡量。供应链柔性是指供应链对顾客需求做出反应的能力,包括以下4项:

(1) 生产柔性,即供应商应对顾客需求量波动的能力,是供应链在生产系统能够有效运行的前提下,所能够提供的各类产品总产量的变动范围,用生产能力和生产能力利用之差来衡量。

(2) 产品柔性,是以一定时期内新产品引进数量或种类占产品总数量或种类的比例作为评价指标,可用替换或新加入产品所需要的时间和费用来衡量柔性的大小。

(3) 交货柔性,反映了供应商满足顾客需求的速度,体现了顾客需求的时间价值。

(4) 文化柔性,表示适应柔性要求的新型文化体系,建立学习型组织,鼓励学习与创新,适应变化的环境。

供应链柔性的目标是快速调整企业战略,以应对需求不断变化的市场以及供应链上存在的风险,以尽可能低的成本和尽可能高的服务水平,快速应对市场和顾客需求的变化。而当供应链的业务及服务由于受到突发事件等一切不确定环境影响使其产生损失或中断时,供应链弹性的目标就是使其恢复到保持业务在期望水平上连续运营的能力。因此,供应链弹性的类型主要是从突发事件及不确定环境的影响来界定的,供应链环境不确定包括市场需求不确定、消费者喜好不确定、环境影响不确定,相应的有:①产量弹性,针对需求的变化,有效地增加或减少生产的能力;②产品弹性,针对不同顾客的需求,生产不同规格、特性、大小的产品,包括新产品及产品多样化的能力;③危机弹性,处理无法预期的事件或危机事件的能力。

(三) 评判标准比较

供应链的柔性可以定义为整个供应链以尽可能低的成本和尽可能高的服务水平,快速应对市场和顾客需求的变化。其柔性能力是指快速而经济地处理企业生产经营活动中环境或由环境引起的不确定性的能力,包括:①缓冲能力,即供应链系统抵御外部环境发生变化的能力;②适应能力,即供应链系统在外部环境发生变化时做出的应变能力;③创新能力,即供应链系统采用新行为使外部环境改变的能力构成。同时,也由这三种能力来评判供应链柔性的强弱。

供应链弹性的评判包括反应能力、信息可视度、柔性能力及业务整合能力,也就是供应链快速反应变化的能力、对需求及供应信息的可视化能力、供应链柔性能力和整合环境及提供端到端的订单、库存、运输、分发的交互能力。

综上所述,柔性是系统以变应变的能力,不是消除影响而是去适应改变,所以柔性表示改变或反应的能力,柔性的供应链能够调整结构或运营流程对环境的变化做出反应;弹性是以不变应变,面对巨大破坏性的冲击,系统虽然会发生改变,但会快速恢复到正常功能的能力,弹性是采取措施快速减小影响。

四、构建弹性供应链

我们可以从以下几个方面来研究如何构建弹性供应链。

(一) 供应链的再设计

通常,我们都是根据成本或客户服务的最优化来设计供应链,但是如果供应链面临某个风险,那就应该依据弹性来设计供应链。供应链的再设计应该包括以下几个内容。

1. 供应链分析

要确保企业里面所有部门,以及本企业供应链上所有有联系的部门都能够对供应链的内容和目标有共同的理解。每一个人都应该理解供应链中"什么、为什么、谁、在哪里"的准确含义。这是改进供应链、提高供应链弹性的前提,更好地理解供应链网络结构,更好地理解供应链以及供应商的供应商,或者客户以及客户的客户,都是有效地进行供应链设计和重构的基础。

由于供应链网络的强弱程度是由其节点和连线决定的,而这些节点和连线又可能数以千计,因而关键就是如何确定这其中哪些是"关键路径"。供应链节点往往有能力限制,因此通常是供应链的瓶颈部分,如港口的集装箱吞吐能力,或主要配送工具的作用(如果主要配送工具不起作用,那将影响整个供应链系统的能力)。供应链中的关键路径有下列一个或多个特征。

(1) 前置时间太长,如从下订单到交货补充库存的时间。

(2) 原材料供应采取的是单一供应源供应。

(3) 可见性很低,节点之间几乎没有或很少有信息共享。

(4) 可确认的风险程度很高(如供应、需求、流程、管理和环境风险等)。

2. 基本供应战略

许多企业都在不断地削减供应商数量,甚至只保留一个供应商,实现单源供应。这种做法有利于节约成本,提高质量和服务,但是却降低了供应链的弹性。因此,在企业确定采购政策和进行供应商管理的时候,就应该将潜在的风险考虑进去。保险的供应战略应至少有一个后备供应商,这样在必要的时候能避免供应中断。

在选择供应商的时候,一个关键标准是供应商的风险意识。供应商是否评估了供应链的风险状况?是否有适当的监控和减轻风险的措施?对于核心企业来说,应该采取主动的供应商发展战略来与主要供应商紧密合作,对上下游的潜在风险进行监控和防范。

3. 供应链再设计的原则

在对供应链进行再设计的时候,应该考虑以下两条原则以增进供应链的弹性。

(1) 选择供应链战略时确保有其他后备可选项。

在短期内这可能不是成本最低的运行方案,但是当风险发生的时候有助于降低中断影响。

(2) 再次检查效率和冗余之间的平衡。

剩余的能力和库存往往被看成是浪费而不受欢迎。然而,瓶颈处的额外能力和库存战略对提高供应链的弹性非常有益,剩余能力和库存都会使得供应链"松弛"以避免涌浪效应,从而更好地管理需求的不确定性。

(二) 供应链协作

供应链的脆弱性是一个网络范围的概念,因此,供应链风险管理也从企业的范围扩展到整个网络的范围。高水平的供应链协作有助于控制和减缓风险,现在有不少企业已经开始认识到合作的重要性。供应链协作的关键之一就是通过信息共享来降低供应链的不确定性,企业之间良好的合作要求供应链中企业之间有充分的信息交流。

通过充分的信息共享能实现"供应链智能",供应链上的各个企业能更加清楚地了解供应链的风险以及风险的变化。

(1) 敏捷性

供应链的敏捷性可以看作是快速反应不可预知的需求或供应变化的能力。许多企业对需求变化或供应中断的反应时间太长,因此处于风险中。敏捷性涉及整个供应链上的企业,供应链敏捷反应的关键是核心企业有敏捷的上游和下游合作者。敏捷性的两个主要要素是供应链可视性和供应链速度。

① 供应链可视性。

可视性可以简单定义为一个渠道从头到尾的能见度,包括对库存、需求、供应状况、生产计划、采购计划等信息的清晰掌握。如果核心企业的上下游企业之间存在中间库存,则会降低可见性;"牛鞭效应"会进一步降低可见性,因为"牛鞭效应"会放大市场需求的改变,从而扭曲市场信息。可视性的实现依赖于企业和上下游合作伙伴之间的紧密协作,与客户的协作计划是确保需求可视的关键,与供应商之间的协作计划和时间管理逻辑是确保供应不会中断的关键。

当然,要提高供应链的可视性,也要求核心企业的内部进行整合,职能化的组织结构容易导致部门之间缺乏沟通,这也相应地导致与企业外部合作伙伴之间的沟通困难。跨职能部门的流程团队是一个很好的解决途径。

② 供应链速度。

为了提高速度,时间必须被缩短。这里的时间是指"端到端"的渠道时间,如将产品和原材料从供应链的一个端点流通到另一个端点所花费的时间。

提高供应链的速度有 3 个基本方法。

- 改进流程,缩短交货的前置时间,以及减少无价值的附加时间。改进流程是指削减流程的阶段数量,改进后的流程是基于电子的而不是纸面的,用来完成相互平行的而非连续的活动。同时,改进后的流程是根据最小的批量(订单数量、生产批量或运送数量)而设计的,因为关键是灵活性而不是规模经济。
- 提高供应链速度的方法是缩短交货的前置时间。因此,应该将供应商在交货方面的快速反应能力和处理订单短期变化的能力作为选择供应商的一个标准。
- 提高速度就是减少供应链中无价值的附加时间。从客户的观点来看,花费在供应链中的时间大多都没有增值价值,如库存时间。

(2) 形成供应链风险管理文化

很多企业都认识到,实现全面质量管理有赖于企业文化的培养,需要营造一种人人都重视质量的文化氛围。同样,供应链风险管理的实现,也要人人重视风险,在企业形成相应的供应链风险管理的文化,而且这种文化应该是跨企业的,而不是仅仅局限在企业内部,从而形成整个供应链的连贯性管理。

同时,供应链风险评估应该成为每一层次决策过程中应该考虑的部分。供应链风险管理团队的设置也是非常必要的,而且这个团队应该是跨职能部门的。

拓展阅读 10.3　沃尔玛的国际供应链风险管理

课后习题

一、单选题

1. 供应链外来风险是（　　）。
   A. 市场需求不确定性风险　　　　B. 成本风险
   C. 人才风险　　　　　　　　　　D. 资金风险
2. 供应链面临下列（　　）的变化也会诱发供应链经营风险。
   A. 法律环境　　B. 气候环境　　C. 市场环境　　D. 经营方式
3. 下列（　　）常常以头脑风暴会议的形式，来发现一系列主要与经济、政治、技术、文化等相关的影响供应链表现的风险因素。
   A. 专家法　　　B. 时间数列法　　C. 问卷调查　　D. 情景分析法
4. 供应链的风险响应和风险管理的方法包括风险的规划、风险控制和风险（　　）等。
   A. 评估　　　　B. 监视　　　　C. 预测　　　　D. 转移
5. （　　）转移是指通过签订合同，将风险转移给一个或多个参与者。
   A. 风险　　　　B. 目标　　　　C. 保险　　　　D. 合同

二、多选题

1. 供应链是由多个企业构成的，从原材料的供应开始，经过链中各参与供应链运行的企业的（　　）等各种活动。
   A. 流通　　　　B. 加工制造　　C. 组装　　　　D. 分销
   E. 销售
2. 环境风险源主要是由外在不确定因素造成的，大致可分为（　　）三类。
   A. 政治　　　　B. 疾病与自然灾害　　　　C. 社会
   D. 法律　　　　E. 意外事故
3. 供应链内生风险包括（　　）。
   A. 道德风险　　B. 信息传递风险　　C. 生产组织与采购风险
   D. 分销商的选择产生的风险　　　　E. 物流运作风险
4. 常用的单一企业的风险管理方法有（　　）。
   A. 风险转移　　B. 风险自留　　C. 损失融资
   D. 风险控制　　E. 不相容原则
5. 供应链风险的识别方法有（　　）。
   A. 财务报表法　B. 事故法　　　C. 环境扫描法　D. 情景分析法
   E. 序列分析法

三、名词解释
1. 供应链风险
2. 供应链风险管理

四、简答题
1. 供应链风险管理的特点是什么？
2. 供应链风险防范措施有哪些？

五、论述题
论述供应链柔性与供应链弹性的区别。

参考文献

1. 克里斯托弗.物流与供应链管理[M].何明珂,等,译.北京:电子工业出版社,2006.
2. 屈冠银.电子商务物流管理[M].3版.北京:机械工业出版社,2012.
3. 程晓华.制造业库存控制技巧[M].北京:中国财富出版社,2013.
4. 王远炼.库存管理精益实战手册[M].北京:人民邮电出版社,2015.
5. 陈胜利,李楠.仓储管理与库存控制[M].北京:经济科学出版社,2015.
6. 刘宝红.供应链管理:高成本、高库存、重资产的解决方案[M].北京:机械工业出版社,2016.
7. 张远.物流成本管理[M].北京:北京大学出版社,2017.
8. 王海兰,张帅.物流标准与法规[M].2版.上海:上海财经大学出版社,2018.
9. 刘华.物流仓储与配送实务[M].2版.北京:清华大学出版社,2018.
10. 李耀华.供应链管理[M].3版.北京:清华大学出版社,2018.
11. 李玉.物流仓库的造价编制及经济分析[J].水运工程,2018(10):136-141.
12. 王瑞君,曾艳英.会展物流[M].北京:高等教育出版社,2019.
13. 李联卫.物流案例精选与评析[M].北京:化学工业出版社,2019.
14. 刘宝红.采购与供应链管理:一个实践者的角度[M].北京:机械工业出版社,2019.
15. 王爽.基于区块链的应急物流体系建设[J].市场周刊,2020(6):15-16.
16. 赵群海.某冷链园区投资项目定位分析与研究[J].中国水运,2020,20(6):46-48.
17. 李文发.采购和供应链全流程控制与运营管理[M].北京:人民邮电出版社,2020.
18. 李峰,刘海,等.浅析5G技术在现代军事物流中的应用[J].物流技术,2020,39(4):133-137.
19. 周文泳.现代仓储管理[M].北京:清华大学出版社,2020.
20. 柳荣.新物流与供应链运营管理[M].北京:人民邮电出版社,2020.
21. 陈静,刘玨玨.生鲜农产品冷链物流的研究与探讨[J].中国储运,2021(7):134-136.
22. 罗静.实战供应链:业务梳理、系统设计与项目实战[M].北京:电子工业出版社,2021.
23. 廖利军.中国式供应链管理:大国博弈时代的供应链战略与运营[M].北京:电子工业出版社,2022.

教师服务

感谢您选用清华大学出版社的教材！为了更好地服务教学，我们为授课教师提供本书的教学辅助资源，以及本学科重点教材信息。请您扫码获取。

》 教辅获取

本书教辅资源，授课教师扫码获取

》 样书赠送

物流与供应链管理类重点教材，教师扫码获取样书

 清华大学出版社

E-mail: tupfuwu@163.com
电话：010-83470332 / 83470142
地址：北京市海淀区双清路学研大厦 B 座 509

网址：https://www.tup.com.cn/
传真：8610-83470107
邮编：100084